U0105339

名 家 通 识 讲 座 书 系

中国哲学
十五讲

□ 杨立华 著

北京大学出版社
PEKING UNIVERSITY PRESS

图书在版编目(CIP)数据

中国哲学十五讲/杨立华著.—北京：北京大学出版社，2019.3
（名家通识讲座书系）
ISBN 978 - 7 - 301 - 30257 - 6

Ⅰ.①中…　Ⅱ.①杨…　Ⅲ.①哲学史—中国　Ⅳ.①B2

中国版本图书馆 CIP 数据核字(2019)第 032834 号

书　　　名	中国哲学十五讲
	ZHONGGUO ZHEXUE SHIWUJIANG
著作责任者	杨立华　著
责 任 编 辑	田　炜
标 准 书 号	ISBN 978 - 7 - 301 - 30257 - 6
出 版 发 行	北京大学出版社
地　　　址	北京市海淀区成府路 205 号　100871
网　　　址	http://www.pup.cn　新浪微博：@北京大学出版社
电 子 邮 箱	编辑部 wsz@pup.cn　　总编室 zpup@pup.cn
电　　　话	邮购部 010 - 62752015　发行部 010 - 62750672
	编辑部 010 - 62750577
印 刷 者	三河市北燕印装有限公司
经 销 者	新华书店
	965 毫米 × 1300 毫米　16 开本　20 印张　256 千字
	2019 年 3 月第 1 版　2024 年 8 月第 12 次印刷
定　　　价	52.00 元

"名家通识讲座书系"
编审委员会

编审委员会主任

许智宏（原北京大学校长　中国科学院院士　生物学家）

委　员

许智宏

刘中树（原吉林大学校长　教育部中文学科教学指导委员会主任　　教授　文学理论家）

张岂之（清华大学教授　历史学家　原西北大学校长）

董　健（原南京大学副校长、文学院院长　教授　戏剧学家）

李文海（中国人民大学教授　历史学家　教育部历史学科教学指　　导委员会主任　原中国人民大学校长）

章培恒（原复旦大学古籍研究所所长　教授　文学史家）

叶　朗（原北京大学艺术系主任　教授　美学家　教育部哲学学　　科教学指导委员会主任）

徐葆耕（原清华大学中文系主任　教授　作家）

赵敦华（原北京大学哲学系主任　教授　哲学家）

温儒敏（原北京大学中文系主任　教授　文学史家　中国现代文　　学学会会长　原北京大学出版社总编辑）

执行主编

温儒敏

"名家通识讲座书系"总序

本书系编审委员会

　　"名家通识讲座书系"是由北京大学发起,全国十多所重点大学和一些科研单位协作编写的一套大型多学科普及读物。全套书系计划出版100种,涵盖文、史、哲、艺术、社会科学、自然科学等各个主要学科领域,第一、二批近50种将在2004年内出齐。北京大学校长许智宏院士出任这套书系的编审委员会主任,北大中文系主任温儒敏教授任执行主编,来自全国一大批各学科领域的权威专家主持各书的撰写。到目前为止,这是同类普及性读物和教材中学科覆盖面最广、规模最大、编撰阵容最强的丛书之一。

　　本书系的定位是"通识",是高品位的学科普及读物,能够满足社会上各类读者获取知识与提高素养的要求,同时也是配合高校推进素质教育而设计的讲座类书系,可以作为大学本科生通识课(通选课)的教材和课外读物。

　　素质教育正在成为当今大学教育和社会公民教育的趋势。为培养学生健全的人格,拓展与完善学生的知识结构,造就更多有创新潜能的复合型人才,目前全国许多大学都在调整课程,推行学分制改革,改变本科教学以往比较单纯的专业培养模式。多数大学的本科教学计划中,都已经规定和设计了通识课(通选课)的内容和学分比例,要求学生在完成本专业课程之外,选修一定比例的外专业课程,包括供全校选修的通识课(通选课)。但是,从调查的情况看,许多学校虽然在努力建设通识课,也还存在一些困难和问题:主要是缺少统一的规划,到底应当有哪些基本的通识课,可能通盘考虑不够;课程不正规,往往因人设课;课量不足,学生缺少选择的空间;更普遍的问题是,很少有真正适合通识课教学的教材,有时只好用专业课教材替代,影响了教学效果。一般来说,综合性大学这方面情况稍好,其他普通的大学,特别是理、工、医、农类学校因为相对缺少这方面的教学资源,加上很少有可供选择的教材,开设通识课的困难就更大。

这些年来,各地也陆续出版过一些面向素质教育的丛书或教材,但无论数量还是质量,都还远远不能满足需要。到底应当如何建设好通识课,使之能真正纳入正常的教学系统,并达到较好的教学效果?这是许多学校师生普遍关心的问题。从2000年开始,由北大中文系主任温儒敏教授发起,联合了本校和一些兄弟院校的老师,经过广泛的调查,并征求许多院校通识课主讲教师的意见,提出要策划一套大型的多学科的青年普及读物,同时又是大学素质教育通识课系列教材。这项建议得到北京大学校长许智宏院士的支持,并由他牵头,组成了一个在学术界和教育界都有相当影响力的编审委员会,实际上也就是有效地联合了许多重点大学,协力同心来做成这套大型的书系。北京大学出版社历来以出版高质量的大学教科书闻名,由北大出版社承担这样一套多学科的大型书系的出版任务,也顺理成章。

编写出版这套书的目标是明确的,那就是:充分整合和利用全国各相关学科的教学资源,通过本书系的编写、出版和推广,将素质教育的理念贯彻到通识课知识体系和教学方式中,使这一类课程的学科搭配结构更合理,更正规,更具有系统性和开放性,从而也更方便全国各大学设计和安排这一类课程。

2001年底,本书系的第一批课题确定。选题的确定,主要是考虑大学生素质教育和知识结构的需要,也参考了一些重点大学的相关课程安排。课题的酝酿和作者的聘请反复征求过各学科专家以及教育部各学科教学指导委员会的意见，并直接得到许多大学和科研机构的支持。第一批选题的作者当中，有一部分就是由各大学推荐的，他们已经在所属学校成功地开设过相关的通识课程。令人感动的是，虽然受聘的作者大都是各学科领域的顶尖学者，不少还是学科带头人，科研与教学工作本来就很忙，但多数作者还是非常乐于接受聘请，宁可先放下其他工作，也要挤时间保证这套书的完成。学者们如此关心和积极参与素质教育之大业，应当对他们表示崇高的敬意。

本书系的内容设计充分照顾到社会上一般青年读者的阅读选择，适合自学；同时又能满足大学通识课教学的需要。每一种书都有一定的知识系统，有相对独立的学科范围和专业性，但又不同于专业教科书，不是专业课的压缩或简化。重要的是能适合本专业之外的一般大学生和读者，深入浅出地传授相关学科的知识，扩展学术的胸襟和眼光，进而增进学生的人格素养。本书系每一种选题都在努力做到入乎其内，出乎其外，把学问真正做活了，并能加以普及，因此对这套书的作者要求很高。我们所邀请的大都是那些真正有学术建树，有良好的教学经验，又能将学问深入浅出地传达出来的重量级学者，是请"大家"来讲"通识"，所以命名为"名家通识讲座书系"。其意图就是精选名校名牌课程，实现大学教学资源共享，让更多的学子能够通过这套书，亲炙名家名师课堂。

本书系由不同的作者撰写，这些作者有不同的治学风格，但又都有共同的追求，既注意知识的相对稳定性，重点突出，通俗易懂，又能适当接触学科前沿，引发跨学科的思考和学习的兴趣。

本书系大都采用学术讲座的风格，有意保留讲课的口气和生动的文风，有"讲"的现场感，比较亲切、有趣。

本书系的拟想读者主要是青年，适合社会上一般读者作为提高文化素养的普及性读物；如果用作大学通识课教材，教员上课时可以参照其框架和基本内容，再加补充发挥；或者预先指定学生阅读某些章节，上课时组织学生讨论;也可以把本书系作为参考教材。

本书系每一本都是"十五讲",主要是要求在较少的篇幅内讲清楚某一学科领域的通识,而选为教材,十五讲又正好讲一个学期,符合一般通识课的课时要求。同时这也有意形成一种系列出版物的鲜明特色,一个图书品牌。

我们希望这套书的出版既能满足社会上读者的需要,又能有效地促进全国各大学的素质教育和通识课的建设,从而联合更多学界同仁,一起来努力营造一项宏大的文化教育工程。

2002 年 9 月

序

哲学家总有其无法超越的时代性。通过揭示哲学家的时代关切与其思想的关联，从而赋予哲学思想以历史的具体性，是思想史研究的一个重要的部分。但如果因此忽视了哲学思考的普遍意义和价值，历史的具体性就成了完全意义上的过去的遗存。历史的遗物最多只是当代的镜鉴——一种有益的提醒，而不能成为塑造今天的精神世界的真实力量。哲学史的工作如何才能更具当代性，如何让伟大的先哲们成为我们的同时代人，对我而言，是一个不容回避的问题。

这本小书只是对有代表性的中国古代哲学家的哲学体系的阐释，而不是通史意义上的哲学史写作。在代表性的选择上，明显有个人趣味的痕迹。揭示每一位哲学家的根本问题，呈显其思想展开的脉络和结构，明确其概念内涵以及具体的问题指涉，是本书各章的着力所在。问题的根源性、解决问题的路径的典型性以及具体展开中思理的普遍性，使得这些已经"过去了"的思想能保有恒久的生机。思想的具体性同时就意味着普遍性。从时代的历史细节中曲折地生长出来的普遍之思，总能克服"客观"历史的外在性，获得更为鲜活的当代品格。而只有通过经典文本的深细解读，才有可能在思的道路上与曾经的伟大心灵相遇。

本书是我多年来讲授中国哲学史课程的阶段性总结。以历年的讲稿、课堂录音的整理稿为基础，统一了行文风格和论述结构，并对关键问题做了更为深入和明确的阐发。将每一概念、命题的内涵清晰地表述出来，克服不同程度的语焉不详或含糊其辞，既是我一直以来的追求,也是写作中始终贯彻的自觉。

在本书的成书过程中,佟欣然同学对近几年课堂录音的整理给了我极大的帮助,在此特致感谢。同时也要感谢"凯风公益基金会"对我的工作的支持。于我而言,"凯风学者"既是鼓励,也是鞭策。

2000 年春季学期,我为北大哲学系 98 级学生讲授"中国哲学史"。那时候文人气重,常失眠,黑夜中会有些诗样的文字在眼前纷乱。结课的当晚,照例睡不着,次陆象山《鹅湖诗》韵,撰七言近体一首:

> 道崇自然德崇钦,
>
> 竹林伊洛两关心;
>
> 每寻嵇阮狷狂迹,
>
> 更慕程朱德业岑;
>
> 无意埃尘纷起落,
>
> 有心名相任浮沉;
>
> 惟期暗夜承薪火,
>
> 不因微薄忘古今。

诗本身无足观。但多年过去,当时的志趣竟还在那里。二十年的岁月,并没有改变什么。于是,我心底里多了份坚实的喜悦。

2018 年 9 月 13 日

目　录

第一讲

性与天道:孔子的哲学

孔子名丘,字仲尼,生于公元前551年,去世于公元前479年,春秋末年的伟大哲学家。在对此前两千多年文明积淀的总结、提炼和升华的基础上,孔子的哲学突破为此后的中国文明奠定了新的基础。

讲明孔子的哲学,首先要解决的是资料边界的问题。因为在先秦典籍中,以"子曰""子云"或"子言之"等形式出现的孔子的话太多了。《论语》之外,《墨子》《孟子》《庄子》《荀子》《韩非子》《左传》《易传》和《礼记》①等书当中,都有大量孔子的话。但究竟哪些是孔子本人的言论,哪些是孔子后学对其思想的发展(或者干脆是后人杜撰出来的),则很难确定。出于审慎的考虑,我们这里完全以《论语》作为理解孔子思想的文本基础,以呈显出信实可靠的孔子的哲学肖像。

一 关于《论语》

《论语》一书当然不是孔子的著作。它是由孔子的再传弟子编纂完成的。由于《论语》中提及有若和曾参时,必称"有子"和"曾子",所以,此书应该是由有若和曾参的弟子主持编纂的。《论语》编成于何

---

① 《礼记》虽编成于西汉,但其中的主要资料应该撰成于战国时期。

时,虽然不能完全确定,但由于其中记录了曾子临终前的话,①所以,应该是在曾子去世后编成的。曾子去世大概在公元前435年前后。这应该是《论语》成书时间的上限。至于下限,则很难确定。但应该也不会太晚。曾子比孔子小46岁,在孔门第一代弟子中是年纪最小的之一。他的去世,意味着亲炙孔子的一代人基本上凋零殆尽。而这恐怕正是《论语》编纂的原因。

我个人认为,《论语》并不是一次性完成的,其成书应该有一个过程。其中,前十篇编成较早,理由有两点:其一,前十篇里,各篇章数虽有多寡之别,但大体上较为齐整。与之相较,后十篇则参差不齐。最多的《宪问》篇有四十七章,最少的《尧曰》篇仅有三章;其二,前十篇的最后一章是《乡党》。其中记录的内容相当于孔子的"行状"。后世文集之编,往往以"行状"置其后。《论语》的早期编者汇集孔子的言说后,以有关孔子行事的记录为殿,是合乎情理的。

《论语》虽然不是孔子本人所作,但由于是学生对其言行的记录,所以,我们可以认为其中的孔子的言说,确实出自他本人。以《论语》作为阐发孔子哲学的依据,应该是可靠的。

孔子说道理,从不故弄玄虚,刻意做出高深的样子来。《论语》一书,丰富、朴素而具体。其中的议论并不超出日常生活的范围,但又自有人伦日用所不能穷尽的思致。有些人认为孔子不过是一个富有人生智慧的人,并没有什么深刻的哲学思考,更不要说哲学体系了。但是,如果不是基于对世界、人生的根本问题的深刻体察,那么,孔子面对生活世界的复杂情境时那种平正而又确信的目光是从何而来的呢?

---

① 《论语·泰伯》:"曾子有疾,召门弟子曰:'启予足!启予手!《诗》云:'战战兢兢,如临深渊,如履薄冰。'而今而后,吾知免夫!小子!'"朱熹:《四书章句集注》,北京:中华书局,1983年,第103页。

高深的道理对于普通人来说是抽象的,非但不能给人以具体的指引,反而容易破坏人赖以判断和选择的常识。孔子罕言之,是有其深刻的考虑的。

二 "不可得而闻"

子贡说:"夫子之文章,可得而闻也;夫子之言性与天道,不可得而闻也。"①值得注意的是,子贡没有说孔子不言"性与天道",而是说孔子关于性与天道的论说他本人没机会听到。② 子贡在孔子弟子中素以明敏著称,却不能与闻"性与天道"之言,或因其尚缺沉潜力行之质。

"教不躐等"是孔子教诲的重要原则。将道理讲到什么程度,一定要根据学习者的资质。不能给资质不足的人,讲超出其理解力的道理。读《论语》需要特别注意对话的语境。不能简单地将孔子所说的话都当成他对某一问题的最终理解。其中,至少要考虑到三种情况:其一,对话者资质的不同。比如,同样是问仁,答樊迟则曰"爱人",③答颜渊则为"克己复礼"和"为仁由己"。④ 樊迟愚钝,所以孔子应之以浅近的道理。颜渊高明,孔子就以其深思所得答之。人们现在还常常以爱来释仁,这等于是以樊迟的心智来揣度孔子了。其二,对话者身份的不同。"陈司败问昭公知礼乎"一章,⑤陈国司寇以是否知礼这样的问题问孔子,事涉孔子已亡故的先君,本已是不知礼的表现。若在其他场

---

① 《论语·公冶长》,《四书章句集注》,第79页。

② 《四书章句集注》引程子的话说"此子贡闻夫子之至论而叹美之言也",强调"子贡至是始得闻之"。大概是从语气上推断出来的,并没有可靠的依据。

③ 《论语·颜渊》,《四书章句集注》,第139页。

④ 同上书,第131页。

⑤ 《论语·述而》,《四书章句集注》,第100页。

合,孔子是可以不回答的。但以客人的身份,不答尊者之问,是违背礼的原则的。所以,孔子答之以"知礼"。其三,对话者性格特点的不同。子路和冉有同样问"闻斯行诸",孔子给出的是完全相反的答案,因为"求也退,故进之;由也兼人,故退之"。①

《论语》中所谈道理多是日常生活中的"应该"。这些看似平常的"应该",其实都是有其价值根源的。价值总体说来是生活道路的指引,它告诉人们应该追求什么样的生活。在具体的社会历史环境当中,价值往往有其盲目性。有的时候是出于偶然的习惯,甚至有的时候仅仅是因为无知。② 所以,每一个时代都需要重估价值的努力。当然,尽管具体的价值取向有随时代变化而变化的方面,但根源性价值则有其恒常性。而具有恒常性的根源价值,必定是以人性和天道为基础的。人之所以应该这样生活,是因为人的本质倾向是这样的,天道也是这样的。换言之,正确的生活道路,既是符合人性的,也是符合天道的。

我们这里讲孔子的哲学,并不着眼于一般的社会伦理思想和人生智慧,而是关注他对世界、人生的根本问题的思考。

三 "性相近也"

孔子关于人性的直接论述,只有一条:"性相近也,习相远也。"③人

---

① 《论语·先进》,《四书章句集注》,第128页。

② 《礼记·檀弓》载:"陈子车死于卫,其妻与其家大夫谋以殉葬,定而后陈子亢至。以告曰:'夫子疾,莫养于下,请以殉葬。'子亢曰:'以殉葬,非礼也。虽然,则彼疾当养者孰若妻与宰? 得已,则吾欲已;不得已,则吾欲以二子者之为之也。'于是弗果用。"《礼记集解》,北京:中华书局,1989年,第278页。从这一则记载可以看出,儒家在当时是以理性的态度对治某些传统的价值趣味和陋俗的。

③ 《论语·阳货》,《四书章句集注》,第175页。

性指的是人不得不如此的本质倾向。这一界定虽然在《论语》中得不到直接的确证，但从《中庸》的"天命之谓性"和《孟子》的"人性之善也，犹水之就下也"可以得到佐证。值得注意的是，孔子并没有说"性相同"，而只是讲"性相近"，这一方面体现了孔子言说的审慎，另一方面也从侧面透露出孔子的这一哲学洞见，是经验的总结，而非哲学思辨和论证的结果。关于人的本质倾向的更明确的阐发和论证，还是要到孟子那里才得到彰显。在孔子生活的时代，虽有以"礼坏乐崩"为表征的价值基础的动摇，但共同的价值基础还并没有在根本上缺失。所以，终孔子一生，并没有遇到过真正意义上的思想的挑战。这也使得孔子的论说只是直陈所见，并没有证明和辩护的意识。

人的本质倾向相近，现实中之所以有这么大的差别，是环境影响所致。"性"和"习"这一结构，是一个绝大的发明。它既揭示出了人的相近的本质倾向，从而为根源于普遍的人性基础上的根本价值找到了确实的基础，又通过指出环境对人的影响，为人与人之间的现实差距提供了有说服力的解释。后世儒家哲学在人性论上虽有种种歧异，但总体说来并没有超越这一基本的结构。

虽然孔子指明了人的本质倾向的相近，但却并没有对这一本质倾向的内涵给出具体的阐发。那么，在孔子的思想里，人的本质倾向的具体体现到底是什么呢？对于这一问题，我们只能在《论语》里记载的孔子的言说中寻找答案。

四　说和乐

我们首先来看看《论语》首章：

> 子曰：学而时习之，不亦说乎？有朋自远方来，不亦乐乎？人

　　不知而不愠，不亦君子乎？①

作为《论语》全书的第一章，这段看似平易的论说其实是有其纲领性的。其中的三个方面的主题，可以说贯通《论语》全篇：其一，为学和交友；其二，说和乐；其三，"为己"之学。

　　为学和交友是人提升自己的一般路径。为学是个人的努力，而交友则强调"友以辅德"的作用。事实上，单是"学"这个字的强调本身，即有重要的意义。强调"学"，意味着人可以通过后天的努力来改变和提升自己。与《老子》基于"自然"的"绝学"和"学不学"相比，《论语》对"学"的突显，为上下阶层的流动性提供了观念基础。换言之，《老子》的"自然"要人们接受自己被给定的一切，而孔子则以"学"开创了社会公平的新局面。当人可以通过"学"来改变自己命运的信念深入人心，宗法血缘制度的正当性便被削弱甚至瓦解了，这也就为废封建（贵族制）立郡县（官僚制）这一制度上的根本变革准备了观念基础。

　　以自我成长为目的的"学"，不是学给别人看的，所以，是"为己之学"。"为己之学"本就不求为人所知，则人不己知，何愠之有？学而时温，且能以身习之，由此而来的日新的成长，常与无可比拟的巨大喜悦相伴随。孔子之所以"发愤忘食，乐以忘忧"，其根源即在于此。

　　对说和乐的强调，是我们这里关注的重点。说和乐是有明显区别的："说在心，乐主发散在外。"②如果我们将这里的"说"理解为愉悦、"乐"理解为快乐，③可以发现它们有如下三个方面的不同：其一，快乐是表现出来的，而愉悦则并没有明显的表现；其二，快乐在时间上总是短暂的，而愉悦则可以经久持续；其三，快乐总有其个别而具体的对象，

---

　　①　《论语·学而》，《四书章句集注》，第47页。

　　②　同上。

　　③　当然，这样的对应关系并不是完全固定的。《孟子》"君子有三乐"中的"乐"，就更偏向愉悦，而非快乐。

而愉悦则来源于对生活世界的整体感受。总体说来，儒家更多强调的是愉悦，当然并不排斥快乐。

如果我们将"说"和"乐"统一起来，用一个今天的词来概括，那么，最合适的概念应该就是幸福。《论语》首章提点出了幸福在人生中的重要位置，同时也使得我们前面论及的人的本质倾向有了确定的内涵：追求幸福。总体说来，中国文明的根本品格是此世性的。与其他以彼岸追求为核心的文明不同，在中国文明的深层意识里，此世是唯一的目的，也是唯一的过程。基于对此世幸福的敏觉，而生出对人的普遍的本质倾向的洞察。《论语》开篇即突出地强调"说"和"乐"根源于此，孔子说"未知生，焉知死"的根源亦在于此。

五　通向幸福的道路

以幸福为目的，就要考虑实现这一目的的途径。就好比要达到某个地方，必须找到通往那地方的道路。但道路从来不是一段现成地摆在那里等待穿过的距离，而是各种主客观条件的综合。比如要登华山顶峰，体能足够且时间充裕的人，可以拾级而上；平时缺少锻炼又没有足够时间的人，则更倾向于缆车上下。由此看来，通向某一目的的道路，其实就是达成这一目的的条件。那么，实现幸福的条件是什么呢？

有关幸福的思考，在一个功利主义盛行的时代，首先要反对的是将幸福等同于外在物质条件的总和。抽空了精神的空洞的物质，并不能带给我们幸福。当然也要反对另一个极端：以为幸福只是主观的心境，与外在的物质生活条件无关。剥离了物质的空洞的精神，同样是抽象和虚幻的。孔子关于幸福，有这样一段朴素的论述：

　　饭疏食饮水，曲肱而枕之，乐亦在其中矣。不义而富且贵，于我如浮云。①

这里,孔子明确指出了构成幸福之必要条件的最低物质基础。

在对颜子之乐的肯定中,也从侧面提及了这一最低限度的物质基础:

> 贤哉,回也!一箪食,一瓢饮,在陋巷。人不堪其忧,回也不改其乐。贤哉,回也!②

孔子显然不能认同那种认为幸福完全取决于主观心境的观点。在最基本的物质生活条件都阙如的情况下,侈谈幸福是不真实的。

对比几种关于孔子厄于陈蔡的经历的记载,我们可以看出《论语》中所谈道理的朴素和具体:

> 在陈绝粮,从者病,莫能兴。子路愠见曰:"君子亦有穷乎?"子曰:"君子固穷,小人穷斯滥矣。"③

《论语》这一章的记述极为平实,只言君子不因绝境而改其心志,并无当此境遇仍能愉悦、快乐之意。

这样朴素平实的态度,与《庄子·让王》篇对这一事件的渲染全然异趣:

> 孔子穷于陈、蔡之间,七日不火食,藜羹不糁,颜色甚惫,而弦歌于室。颜回择菜,子路、子贡相与言曰:"夫子再逐于鲁,削迹于卫,伐树于宋,穷于商、周,围于陈、蔡,杀夫子者无罪,藉夫子者无禁。弦歌鼓琴,未尝绝音,君子之无耻也若此乎?"颜回无以应,入告孔子。孔子推琴喟然而叹曰:"由与赐,细人也。召而来,吾语之!"子路、子贡入。子路曰:"如此者,可谓穷矣。"孔子曰:"是何

---

① 《论语·述而》,《四书章句集注》,第 97 页。

② 《论语·雍也》,《四书章句集注》,第 87 页。

③ 《论语·卫灵公》,《四书章句集注》,第 161 页。

言也！君子通于道之谓通，穷于道之谓穷。今丘抱仁义之道，以遭乱世之患，其何穷之为？故内省而不穷于道，临难而不失其德，天寒既至，霜雪既降，吾是以知松柏之茂也。陈、蔡之隘，于丘其幸乎！"孔子削然反琴而弦歌，子路抗然执干而舞。子贡曰："吾不知天之高也，地之下也。"①

以松柏能茂于霜雪喻君子历患难而不渝初心，是合乎儒家义理的。但濒绝境而刻意欢愉，则未免有张大其事、惊世骇俗之意。后世陋儒，往往以振起世风为名，行耀俗夸世之实，从而有种种不近人情之论。表面上是对孔子的阐扬，实际上却从根本上背离了孔子的精神。

疏食、饮水这类最基本的物质条件，指向的是人的自我保存。一切生命体皆有自我保存的冲动。这种倾向甚至在没有生命的物质上面，也有体现。比如，我手里的这个矿泉水瓶子。我对它施加了外力，它却没有发生明显的变形，这说明它"拒绝"我对它的改变。由此可见，这矿泉水瓶子有维持其现有状态的倾向。一切物体都有维持其现有状态的倾向。这可以被理解为牛顿第一定律在哲学上的表达。

然而，人不可能仅仅停留在自我保存的层面上。虽然看起来，很多人都喜欢"饱食终日，无所用心"的生活。对于这样的人，孔子甚至说：哪怕是下棋和赌博，也强过于这等什么都不干的吧！②《论语·公冶长》有这样一则：

> 宰予昼寝。子曰："朽木不可雕也，粪土之墙不可杇也，于予与何诛？"③

---

① 钱穆：《庄子纂笺》，北京：九州出版社，2011 年，第 238 页。

② 子曰："饱食终日，无所用心，难矣哉！不有博弈者乎，为之犹贤乎已。"《论语·阳货》，《四书章句集注》，第 181 页。

③ 《论语·公冶长》，《四书章句集注》，第 78 页。

对于"昼寝"的含义,有注释者试图别作解释。因为"昼寝"虽然不好,似乎并不足以引致孔子这样的"深责"。但如果我们考虑到孔子所标举的根本价值,以及基于这一根本价值的正确的人生态度,就能够理解他之所以会如此严厉地批评"昼寝"这一偶然的懈怠的原因了。

将"好逸恶劳"理解为人的本质倾向,在今天的时代氛围中仍然是颇有市场的。在一个高扬启蒙的时代,未经理性检验的观念却总能堂而皇之地大行其道。"滔滔者天下皆是也",平正清醒的目光在一切时代里,恐怕都属难能吧。人真的是"好逸恶劳"的吗?我们只需做一个简单的思想实验就够了:设想给一个人最好的居住和饮食条件,但却禁止他从事任何意义上的活动,有谁能够承受这样的生活呢?看看我们身边那些痴迷于"博弈"的人,有谁不是乐不知倦的呢?稍作思考就能知道,人想要逃避的其实只是被强迫的劳动。因此,理想的社会不是让人免于工作,而是要创造条件让人们追求符合自己的性情或能够满足荣誉感的劳动。

六 立与达

人之为人,在自我保存之外,总要追求自我实现。在一般人的心目中,自我实现的具体表现就是富与贵。孔子并不简单地排斥富贵,而是指出,富贵的获得是有其偶然性的:

> 富而可求也,虽执鞭之士,吾亦为之。如不可求,从吾所好。①

既然富贵有偶然性,那么,人的自我实现的目标,应该朝向那些有真正必然性的东西——"我欲仁,斯仁至矣"。②

---

① 《论语·述而》,《四书章句集注》,第96页。

② 同上书,第100页。

由于经验世界某些关联的规律性,容易让人们产生错觉,以为经验世界的规律性关联是必然的。但实际情况并非如此。以质量守恒定律为例。一方面,反应物与生成物之间的质量完全相等,并不能在实验中精确地测量出来;另一方面,即使实验中得到了完全精确的结果,也无法证明其普遍有效。严格说来,经验世界的规律性关联,并不是必然的,而只是大概率的或然性。真正的必然性其实是内在于人的心灵的。只有那种你只要去追求就一定能实现的,才是真正必然的。想做到什么就能做到的必然是不存在的,但不想做什么就可以绝对不做的必然,却是人人备具的。

人总是在自我保存和自我实现的过程中达成幸福的。我们甚至可以说,幸福的基本内容就是人的自我保存和自我实现。虽然通常情况下,自我实现是以自我保存为基础的,但两者也会有不一致的时候。在某些极端境遇里,当自我实现和自我保存构成根本性的矛盾时,换言之,当选择自我保存就意味着要从根本上放弃自我实现的可能时,孔子认为人应该选择自我实现:"志士仁人,无求生以害仁,有杀身以成仁。"[1]在一个普遍习惯平庸的时代里,气节和大义常在笑谈中成了异类。好像牺牲只属于极少数性情激烈的人。好像只有苟且偷生才是人的正常的选择。然而,正如孟子所说:"非独贤者有是心也,人皆有之,贤者能勿丧耳。"[2]事实上,每个人都有对自己人格的期许,哪怕再懦弱的人,恐怕也不会在心底里接受这样的自我想象:我是一个只要能活下去,甭管多龌龊的事儿都肯干的人。既然每个人都难以接受随时准备出卖一切人的自我形象,那也就从侧面反映出人人都有为了某项事业或某些人做出自我牺牲的意识。

至少从表面上看,人们在追求自我实现的过程中,似乎不可避免地

---

① 《论语·卫灵公》,《四书章句集注》,第 163 页。

② 《孟子·告子上》,《四书章句集注》,第 333 页。

会产生彼此之间的冲突。比如,下棋的时候,赢的一方达成了自我实现,而输掉的一方的自我实现就被否定掉了。但这只是看似如此。《论语·雍也》中有这样一段孔子的话:

> 夫仁者,己欲立而立人,己欲达而达人。能近取譬,可谓仁之方也已。①

朱子于此章注曰:"近取诸身,以己所欲譬之他人,知其所欲亦犹是也。然后推其所欲以及于人,则恕之事而仁之术也。"②强调这一节的推己及人之义,当然并没有什么不妥。但如果深味其中的语意,则又能见到一层新的意思,即以"己欲立""己欲达"为目标、以"立人"和"达人"为方法的含义。换言之,每个人都是通过立人来立己、通过达人来达己的。

　　将自我想象成独立于他人的完整无分的个体,进而衍生出各种各样自我中心主义的主张,是这个"太自我"的时代的种种病征的根源所在。思想的错乱导致的行为的扭曲,触目皆是。这种扭曲甚至造成了某种"反向的知行不一":思想卑鄙到了行动上无法做到的地步。比如,很多人骨子里认定人天生就是自私自利的,人就应该自私自利,但在现实的生活里,却又无法将自己笃信的自私原则贯彻到底。那些侈言"我死之后,哪管洪水滔天"的人,其实是根本做不到全无牵挂地死去的。其所以如此,根本原因在于将自我理解为原子一样不可分的个体、从而将自我和他人从根源上割裂开来的思想,在道理上压根儿是说不通的。

　　以一般的经验看,越自私的人往往越不幸福,反而是那些有分享的愿望和忘我的热情的人,容易获得持久的幸福感。"太自我"的人得失

① 《论语·雍也》,《四书章句集注》,第 92 页。

② 同上。

心重,心思既全在得失之上,则究其一生不过是"患得患失"而已。正如孔子所说:"其未得之也,患得之;既得之,患失之。苟患失之,无所不至矣。"①

他人不在自我之外。我们至少可以从如下三个方面来理解这个道理:其一,就概念来说,自我和他人是逻辑地结合在一块儿的。没有他人的概念,自我的概念也根本无从谈起;其二,每个人的具体的自我,总是在与他人的对比中展开的。每个人的品格的具体体现,都呈显出与他人的品格的区别。在这个意义上,每个具体的自我的品格,都在对比中包含了他人的品格。比如,哪怕再超然的作者,在写作中也要考虑潜在读者的理解力。孤寂如庄子,也是向着"万世之后"那个"知其解者"在道说的;②其三,每个人都是在努力成为他人的自我保存和自我实现的过程中达成其自我实现的。既然他人不在自我之外,则好的他人的生存也自然就成了好的自我的生存的一个部分。以前面提到的下棋为例。虽然输掉的一方在表面上看,没有达到其自我实现的目标。但高水平对局中的胜负悬念,恰恰是围棋的魅力所在。如果根本没有输棋的可能,那么对局者在棋局上运用心力来实现自我的意义也就丧失了。

对于"己欲立而立人,己欲达而达人"一句,朱子在注释中说:"以己及人,仁者之心也。于此观之,可以见天理之周流而无间矣。状仁之体,莫切于此。"③以天理之公超越人欲之私,其根本在于破除人、己的限隔。天理、人欲之辨虽是两宋道学才发展出来的哲学讨论,但其所见道理并不违背孔子的思想。真正体会到他人不在自我之外,则一体之仁也就涵蕴其中了。

追求幸福是人的普遍的本质倾向。而幸福的基本内容就在于人的

① 《论语·阳货》,《四书章句集注》,第 179 页。

② 《庄子纂笺》,第 22 页。

③ 《论语·雍也》,《四书章句集注》,第 92 页。

自我保存和自我实现。而每个人的自我实现总是以他人的自我实现为前提的，或者说，每个人的自我实现当中都包含了他人的自我实现，这样一来，通过立人、达人来实现立己、达己的目标，也就成了人的普遍倾向。而这种倾向就体现为孔子哲学中最核心的概念——仁。换言之，仁就是人性的内涵。

七　论仁

《论语》中孔子言"仁"处甚多，且所论皆不相同。程子让学者"将圣贤言仁处，类聚观之，体认出来"，①正是因为孔子论仁的种种歧义。

我们前面已经谈到过《论语》中对话的语境问题。由于孔子跟学生谈道理时，总要考虑学生的资质，所以，不能将孔子所有的论述都放在同一个层面上来理解。孔子的弟子中，禀赋最高的当属颜回，所以，《论语》中孔子回答颜回提问的两章，②是需要格外留意的：

> 颜渊问仁。子曰："克己复礼为仁。一日克己复礼，天下归仁焉。为仁由己，而由人乎哉？"③

朱子解释"克己"为胜己之私欲，是在两宋道学天理、人欲之辨的架构下的阐发。至于以"本心之全德"讲仁，虽然自有其思想之深致，但于本章的上下脉络，仍有牵强割裂之嫌。细读原文，我们会发现前面的"克己"与后面的"由己"之间的内在关联。而这一内在关联，正是理解此章孔子论仁的关键。

---

① 程颢、程颐：《二程集》，北京：中华书局，2004 年，第 182 页。
② 即《颜渊》篇的"颜渊问仁"和《卫灵公》篇的"颜渊问为邦"（《四书章句集注》，第 163—164 页）。
③ 《论语·颜渊》，《四书章句集注》，第 131 页。

谈到"克己",首先要考虑的是谁来克己的问题。顺着这个问题，我们会发现"己"被分成了两个：被克制的"己"和克制的"己"。我们可以把被克制的"己"理解为"己"的被动部分，这样一来，"克己"也就是要让主动的"己"主导被动的"己"。如果暂且忽略是否"复礼"的问题，那么，我们就可以得出这样的结论：仁者是能够让主动的"己"主导被动的"己"的人。再看后面说到的"由己"。"由己"的反面是"由人"。"由人"也就意味着不能自主。这样一来，"由己"强调的就是人的自主性。表面上看，"克己"和"由己"之间存在着某种紧张。实则并非如此。既然只有做到"由己"的人才是仁者，也就是说，仁者是能够自主的人。而所谓自主，也就是不为他者所左右，能自我决定。换句话说，能够做得自己的主才是自主。这样一来，"由己"当中就已经包含了"克己"的意思。两者都强调了人的主动性的发扬，都是指让主动的自我支配或克制被动的自我。通过上述对"克己"和"由己"的关联的分析，我们可以得出这样的结论：**仁就是人的主动性的体现，而仁者就是充分实现了他的主动性的人。**

然而，主动性这个概念本身就是极为复杂的：一方面，主动与被动总是同时产生，彼此互涵的；另一方面，主动与被动又不断地相互转化。举例来说，人为了追逐某个确定的目标，而做种种积极的筹划。从积极作为的角度看，这是一种主动的表现。但就其一举一动都为那个具体的目标所左右看，他又失掉了自主性，因而是被动的。那么，什么才是真正的主动性呢？我们前面讨论过真正的必然性与存有间的规律性关联的区别。从根本上讲，存有间的规律性关联并不具有必然性，有的只是大概率的或然性。当人们被有偶然性的东西左右的时候，也就部分地沉陷到了被动当中。只有当人们追求真正的必然，即"我欲仁，斯仁至矣"的必然时，才有真正的主动性的实现。换言之，只有能够真正自我决定的部分，才是主动的。孔子所说的仁，就是让自我决定的主动性主导或克制不能自主的被动境遇。

接下来我们看看"克己"与"复礼"的关系。对于克己而不能复礼的情况，朱子有过非常深刻的讨论："然亦有但知克己而不能复于礼，故圣人对说在这里。却不只道'克己为仁'，须著个'复礼'，庶几不失其则。下文云：'非礼勿视，非礼勿听，非礼勿言，非礼勿动。'缘本来只有此礼，所以克己是要得复此礼。若是佛家，尽有能克己者，虽谓之无己私可也，然却不曾复得礼也。圣人之教，所以以复礼为主。若但知克己，则下梢必堕于空寂，如释氏之为矣。"①如我们前面所论，仁既是人的主动性的体现，那么，只有真正做到了自主的人才是仁者。一般而言，礼是外在的行为规范。以外在的行为规范来指引自己的行为，那还算得上自主吗？如果真正的自主就意味着摒除一切外在的偶然性对自己的影响，那么，也只有释氏崇尚的枯槁山林之中，才比较近似了。而这其实正是朱子后来批判的"下梢必堕于空寂"。通过人为地割断一切外向的关联而获得的自主，是"堕于空寂"的，换言之，也就是抽象的。而自主地面对与他者之间无法逃避的关联，让自我决定的主动性主导或支配那些或多或少总有其被动性的关系，才是主动性和自主性的具体实现。

我们在这里将礼理解为生活的形式感，是为种种具体的生活内容赋予形式的力量。相比于无限丰富的生活内容而言，礼已经是一种主动的要素。人的基本生活内容，其实相差不多。喜怒哀乐、饮食男女，都是常人所不能免的。礼赋予这些内容以"恰当"的形式。比如，同样是说话，有的人言语庄重，有的人则给人以挥抹不去的轻浮印象。当然，涉及行为的"恰当"，是没有一个统一的、普遍适用的标准的。古代社会认可的，有可能在现代世界里是不能接受的。作为一个社会长期以来的习惯和常识的积淀，礼总是某个时代人们普遍接受的行为范式。

---

① 黎靖德编：《朱子语类》，北京：中华书局，1986 年，第 1045 页。

通常情况下，合乎时代的礼的规范的行为方式，才能给关联着的彼此双方以正当的合宜感。习惯和常识中当然有许多不尽合理的地方。比如，清明扫祭时很多地方有烧纸钱的风俗，如果从科学主义的世界观来考察，这是完全没有道理的行为。但即使"极端理性"的人，完全背弃礼俗也会引起内心中持久的不安。人的举动从事能自主地依据礼俗的规范，甚至遵从那些不尽合理的习惯，是需要更强的主动性的。并且，在这种自主的遵循中，人的主动性得到了具体的实现。所以，《论语》此章不讲"克己为仁"，而要讲"克己复礼为仁"。

在现实的礼俗中，人的主动性才能得到具体的实现。人的主动性的具体实现，其实也就是人的自我实现的具体达成。而正如我们前面讨论人己关系时谈到的那样：每个人都是通过立人来立己、通过达人来达己的。换言之，在人的主动性的具体实现中，自我和他人都得到了成就。对他人的成就，体现为爱。所以仁者能爱：

> 樊迟问仁。子曰："爱人。"①

将仁与爱完全等同起来，显然是不对的。如果仁就是爱的意思，那么，孔子何必表达得那么复杂？程子说："仁者必爱，指爱为仁则不可。"②实在是见得真切。

仁者成就他人，当然也在成就自己，所以，仁者能幸福：

> 子曰："不仁者不可以久处约，不可以长处乐。仁者安仁，智者利仁。"③

朱子于此章注中说："不仁之人，失其本心，久约必滥，久乐必淫。"④无

---

① 《论语·颜渊》，《四书章句集注》，第 139 页。

② 《二程集》，第 1173 页。

③ 《论语·里仁》，《四书章句集注》，第 69 页。

④ 《论语·里仁》，《四书章句集注》，第 69 页。

论是拮据还是富足,都体会不到幸福,是今天这个时代的通病。而病根儿正在于"失其本心",因此丧失了感受生活的能力。人们常会在安适的生活里陷于麻木。当一切平稳安静下来,少有大的波折时,人们开始倦于生活的重复。这其实正是根本的错觉。设想一下,在物理学意义上,两个粒子在茫茫宇宙中第二次相遇,那是多么微小的概率。人居然能够靠着心灵的指引造就一段时空,在这段时空里,沿着某条固定的道路到达某个地方,就能见到那个人,这难道不是奇迹吗?有的时候,一转身就是永别。很多人都只能在真正错过以后,才知道自己曾经在怎样的幸福里。失去了主动性的心灵,也就丧失了基本的醒觉。仁的醒觉的含义,虽然并不能在孔子的言说中找到直接的印证,但还是不无根据的。

由于仲弓也是孔子最欣赏的弟子之一,①所以,"仲弓问仁"一章也值得注意:

> 仲弓问仁。子曰:"出门如见大宾,使民如承大祭。己所不欲,勿施于人。在邦无怨,在家无怨。"②

"出门如见大宾,使民如承大祭"提点出敬畏之心来,而敬畏则是唤醒心灵的主动性的根本所在。

八 天何言哉

《论语》中孔子论及天或命的地方并不多,可以印证子贡"不可得而闻"的感叹。有些议论,似仍有人格神观念的残留。比如,"获罪于

---

① 《论语》中有"四科十哲"的讲法,仲弓被列在了"德行"一科。《论语·先进》,《四书章句集注》,第 123 页。

② 《论语·颜渊》,《四书章句集注》,第 132—133 页。

天，无所祷也"①，"知我者其天乎"②。当然，这类表述恐怕只是一种说话的习惯，就像我们今天也时不时挂在嘴边的"对天发誓"之类。比较郑重地谈及天或命的，有两章值得留意：

> 子畏于匡。曰："文王既没，文不在兹乎？天之将丧斯文也，后死者不得与于斯文也；天之未丧斯文也，匡人其如予何？"③

> 公伯寮愬子路于季孙。子服景伯以告，曰："夫子固有惑志于公伯寮，吾力犹能肆诸市朝。"子曰："道之将行也与？命也。道之将废也与？命也。公伯寮其如命何！"④

从这两章的语脉看，天和命在孔子那里是基本上等同的概念，两者强调的都是人的主观作用无可如何的"力量"。天和命比作为个体的人拥有更高的主动性。

那么，在孔子那里，人与天处于什么样的关联当中呢？孔子虽然没有明确谈到这个问题，但我们仍可通过相关章节的论述，获得确定的理解：

> 子曰："大哉尧之为君也！巍巍乎！唯天为大，唯尧则之。荡荡乎！民无能名焉。巍巍乎！其有成功也；焕乎，其有文章！"⑤

尧既为圣人，则自然是充分地实现了人的本质倾向的。而孔子既然以为尧之德是对天的效法，则人的本质倾向也就当然是与天道相贯通的了。

孔子对于天的理解，集中体现在"天何言哉"这一章：

---

① 《论语·八佾》，《四书章句集注》，第65页。
② 《论语·宪问》，《四书章句集注》，第157页。
③ 《论语·子罕》，《四书章句集注》，第110页。
④ 《论语·宪问》，《四书章句集注》，第158页。
⑤ 《论语·泰伯》，《四书章句集注》，第107页。

子曰:"予欲无言。"子贡曰:"子如不言,则小子何述焉?"子曰:"天何言哉? 四时行焉,百物生焉,天何言哉?"①

这里,"四时行焉"着眼的不是时间,而是变化。也就是说,在孔子看来,天既是变化的基础,也是万物化生的根源。人的本质倾向正是从这变化生生的根本而来的。

---

① 《论语·阳货》,《四书章句集注》,第180页。

第二讲

以无为用：《老子》的哲学

关于老子的生平，《史记》有颇为确凿的记载："老子者，楚苦县厉乡曲仁里人也，姓李氏，名耳，字聃，周守藏室之史也。……老子修道德，其学以自隐无名为务。居周久之，见周之衰，乃遂去。至关，关令尹喜曰：'子将隐矣，彊为我著书。'于是老子乃著书上下篇，言道德之意五千余言而去，莫知其所终。"①根据这一记载，我们可以得出这样的印象：其一，老子是确有其人的，与孔子同时而年纪稍长；其二，孔子曾见过老子；其三，传世的《老子》五千言是老子本人所作。然而，《史记·老子传》并没有收结于此，而是以"或曰"二字引出了一段堪称不经的叙述。首先是将老子与老莱子混淆起来，更进而引入了比孔子还晚百余年的周太史儋。其次是列出了老子子孙的谱系，第一代就错得离谱："老子之子名宗，宗为魏将，封于段干。"钱穆先生于此讥评道："魏列为诸侯，已在战国了。若果老子年龄高过于孔子，试问他的儿子如何能为魏将呢？大概这封于段干的，最早也该和孔子孙子思同时了。《战国策》有段干崇为魏使秦割地求和事，依字形看，段干宗必然会便是段干崇。但已在魏安釐王时，连当太史儋的儿子也不配，如何说是孔子所见老聃的儿子呢？或许汉代李氏与战国段干氏，在其先世的血统上有关

---

① 司马迁：《史记》，北京：中华书局，1982 年，第 2139—2141 页。

系,这却说不定。至于那位胶西太傅,他自称系老聃后人,则大可不必重视了。"①钱穆甚至认为:"孔子见老聃,此老聃实是老莱子,即是《论语》中的荷篠丈人,乃南方一隐者。孔子南游时,子路曾向他问路,并曾在他家宿过夜。孔子又叫子路再去见他,但没有见到了。孔子见老聃的故事,即由此而衍生。"②这是干脆怀疑老子并不是真实的历史人物了。我们这里不采纳这样激烈的意见,但可以确定的是:早在司马迁的时代,就已经没有多少老子生平的可靠资料了。孔子见过老子这件事,虽然《论语》未载,但应该是可信的。《庄子·德充符》里面借叔山无趾之口讲出了庄子所知道的孔子与老子的关系:"孔丘之于至人,其未邪?彼何宾宾以学子为?"③庄的著述里虽然有很多想象的部分,但对于其中涉及的人物之间的关系,却并不作无谓的虚构。何况叔山无趾那一章的文本脉络里,并没有刻意虚构出孔子与老子之间关系的必要。

　　将《老子》五千余言记为老子本人亲笔所作,是《史记·老子传》最受争议的地方。关于《老子》成书年代,"古史辨"时期的学者们已做了非常多的研究和讨论。虽然很多问题迄今并无定论,但简单地接受《老子》为老聃本人所作这样观点的学者,已经极少了。在我看来,完整本的《老子》的出现,应该是比较晚的。晚到什么时候呢?我认为至少是在《论语》之后。而《论语》编成时,连孔子最年少的学生曾参都去世了。老聃既然比孔子年长,也就无论如何活不到《老子》成书的时候。《老子》一书中很可能包含了老子本人的思考,但既然是由其后学完成的,也就无从判断哪些部分是他本人的了。所以,严格说来,我们讲的只能是《老子》这本书的哲学,而非老子本人的思想。

①　钱穆:《庄老通辨》,北京:生活·读书·新知三联书店,2002年,第20—21页。

②　同上书,第19页。

③　《庄子纂笺》,第44页。

一　从《老子》第一章说起

　　《老子》一书,在先秦典籍中是非常独特的。如此高度结构化的著述,在那个时代,可以说绝无仅有。比如传世本《老子》第一章,在"道可道,非常道;名可名,非常名"之后,论述在无的序列和有的序列的对举中展开。其结构清晰、严谨。这样结构明晰的著述,要求我们的解读必须同样是高度结构化的。

　　虽然马王堆帛书《老子》甲、乙本都是《德经》在前、《道经》在后,即以传世本的第三十八章为第一章,但并不能因此就否定传世本《老子》第一章的纲领性。要想结构性地把握《老子》的哲学体系,传世本《老子》第一章仍是关键所在。

　　然而,《老子》第一章无论是文本还是思想,都有争议。当然,文本的问题更加突出。很多人读《老子》,就一味地盯着"道可道,非常道;名可名,非常名"这句话,总想从中体会出点儿玄妙的东西。在我看来,这不过是在强调哲学的语言困境:哲学总要讨论终极实在,但终极实在又不是概念或名相所能把握的。当然,这一语言困境并不导向对语言的舍弃。离开了语言,哲学也就不再可能了。

　　《老子》第一章最大的争议在于"无名,天地之始;有名,万物之母。故常无欲,以观其妙;常有欲,以观其徼"这段话的句读。分歧在于是应该读作"无名,天地之始""常无欲,以观其妙",还是应该读为"无,名天地之始""常无,欲以观其妙"。王弼《老子注》以"无名""有名""无欲""有欲"来读解此章,而王安石则以"无""有"为读:

　　　　道之本出于无,故常无,所以自观其妙。道之用常归于有,故常有,得以自观其徼。①

而之所以以"无""有"为读,是认为"有欲"这一概念与老子清静无为的思想相背。以俞樾为例:"司马温公、王荆公并于'无'字、'有'字绝句,亦当从之。'常'字依上文读作尚,言尚无者欲观其微也,尚有者欲观其归也。下云'此两者同出而异名,同谓之玄',正承有无二义而言,若以'无欲''有欲'连读,既有欲矣,岂得谓之玄乎?"②甚至在马王堆帛书《老子》甲、乙本整理公布以后,仍有学者固持此见,比如:"常常有欲之人,自难虚静,何能'观徼'?是如帛书虽属古本,'也'字应不当有,而此句亦当从'有'字断句,而'欲'字作'将'字解,为下'观'字之副词。"③

实际上,这一自北宋以来的争论,在马王堆帛书《老子》公布以后,已经有了根本上的解决。因为帛书《老子》甲、乙本当中,这句话都写作:"故恒无欲也,以观其妙;恒有欲也,以观其所徼。"④由于"欲"后面有个"也"字,"常无""常有"的断句就不能成立了。然而,仅以帛书本为依据,而不能在思想上疏通"有欲"这一概念与一般理解的老子思想之间的紧张,是无法从根本上消解相关的争议的。

以为"有欲"的概念与老子思想不合,或者以为清静无为就要主张"无欲",其实是一种来历不明的印象。"无欲"二字在《老子》全书仅三见。除有争议的第一章外,仅有第三章的"常使民无知无欲,使夫智者不敢为"和第五十七章的"我无欲而民自朴"。从第三章的脉络看,"使民无知无欲"的显然是理想的统治者——圣人。圣人使民无知无欲,目的在于使智者不敢为乱。这里并没有说圣人本身也是要无知无

---

① 陈鼓应:《老子注译及评介》,北京:中华书局,1984 年,第 57 页。

② 俞樾:《诸子平议》,上海:上海书店,1988 年,第 143 页。

③ 此严灵峰说,见高明:《帛书老子校注》,北京:中华书局,1996 年,第 225 页。

④ 同上书,第 224 页。

欲的。第五十七章虽然是讲统治者的无欲，但这一无欲应该是对自己的欲望有所节制的意思。作为理想的统治者，圣人应该"见素抱朴，少私寡欲"（第十九章）、"去甚、去奢、去泰"（第二十九章）。换言之，不是无欲，而是节制自己的欲望。正如我们前面提到过的那样，中国文明是根本上此世性格的，一切都围绕此世之饱满展开。由于此世是唯一的目的，也是唯一的过程，所以，是不可能像某些以彼岸为核心的文明那样讲无欲的。宋明道学强调存天理、灭人欲，所要灭除的也只是过度的欲望，而不是欲望本身。当然，这样讲来，第一章以无欲、有欲为读，似乎就更加说不通了。

如果我们注意到第一章的无欲、有欲是某种特定的"观"的条件，就会发现之前关于无欲、有欲是否符合老子宗旨的纠结，完全是多余的。以"观"为核心，则此句的含义可初步解为："以无欲观物之妙，以有欲观物之徼"。关于"妙"和"徼"的解释，王弼说："妙者，微之极也。……故常无欲空虚，可以观其始物之妙。徼，归终也。……故常有欲，可以观其终物之徼也。"[1]将"妙"和"徼"解为"始物之妙"和"终物之徼"，也就自然地跟前面一句中的"天地之始""万物之母"关联起来。这里的"终物之徼"既然与"万物之母"有关，则此"终物"应该强调的就不是终结，而是成就、成熟。也就是说，"妙"指的是物之生，"徼"指的是物之成。"常无欲，以观其妙；常有欲，以观其徼"可以进一步解释为："以无欲观物之生，以有欲观物之成。"

然而，什么是"物之成"呢？细读《老子》，我们会发现"用"这个概念的重要性。全书八十一章，以"用"为关键词的至少有五章，而且这五章对于理解《老子》的道论都非常切要：第四章"道冲而用之或不盈"，第六章"绵绵若存，用之不勤"，第十一章"故有之以为利，无之以

---

① 楼宇烈：《王弼集校释》，北京：中华书局，1980 年，第 1—2 页。

为用",第四十章"弱者,道之用",第四十五章"大盈若冲,其用不穷"。与之相关联的,还有"器"和"成"这两个概念。从"大器晚成"(第四十一章)、"大成若缺,其用不弊"(第四十五章)以及"朴散则为器,圣人用之则为官长"(第二十八章)看,"成"是与"器"和"用"紧密联系的。成是指器之成,而器则总是在用的语境中才成其为器的。

这样一来,《老子》首章的第一句话的完整解读就成了:"以无欲观物之生,以有欲观器之成。""无欲""有欲"是"观"的两种主体状态。

一切事物的生长都有其自然的节奏,欲观物之生,当以无欲的状态。如果不能无欲以观,那么主观的欲望就会干扰事物的自然生长。比如,为了追逐更高的利润,养殖者在给家畜的饲料中添加促进生长的成分。在一个以资本为核心逻辑的社会里,这早已是司空见惯的了。各个层面的"有欲以观",制造出层层叠叠的伪和妄,环绕着人们仓促浮薄的生命。甚至在孩子的教育上,也制造出了各种"人工的理念"和造作的教养。各种新的教育思想层出不穷,而发明这些思想的人,却往往连起码的教育经验都没有。这些未经时间和实践检验的理念,使人们轻而易举地忘掉了一个最基本的事实:教育这事儿已经有数千年的历史了,很多颠扑不破的规律早就已经总结出来了。被新的教育思想武装起来的当代人,其实不如我们的父辈。没有刻意经营的教育理想和环境,反倒更能让孩子在相对自然的人伦关系里有活力地生长。

至于器之成,则需有欲以观。因为器总是指向用的,而用总是与某种具体的欲求有关。一件器具是否合手,要在具体的使用当中才能得到验证。中国哲学的此世性格,决定了哲学家总是在人伦日用中展开其思想的。完全脱离用的语境来观照世界,由此见到抽象而空洞的本体,也在根本上背离了顺任自然的精神。

通过上述讨论,我们可以看到,《老子》的哲学是围绕"生之"和"成之"这两条主线展开的。《老子》第五十一章云:

> 道生之，德畜之，物形之，势成之。是以万物莫不尊道而贵德。
> 道之尊，德之贵，夫莫之命而常自然。故道生之，德畜之：长之、育
> 之、亭之、毒之、养之、覆之。生而不有，为而不恃，长而不宰，是谓
> 玄德。①

这一章里，几乎汇集了《老子》全部的核心概念。而整章的论述显然是
以生和成（畜）为主题的。

二　有生于无

关于物之生，《老子》第四十章和第四十二章有明确的论述，其文曰：

> 反者，道之动；弱者，道之用。天下万物生于有，有生于无。②
> 道生一，一生二，二生三，三生万物。万物负阴而抱阳，冲气以
> 为和。③

这两段论述，是读过《老子》的人都耳熟能详的。表面看来，其中并没
有什么难以理解的地方，但如果细加研读，则会发现文本中间隐藏的窒
碍难通之处。

我们首先来看前一段论述。单就字面上的表达看，可以从中得出
两个结论：其一，"有"是由"无"而来的；其二，"天下万物"与"有"并不
是完全等同的。但"有"与万物的分别，在《老子》中是一贯的吗？显
然不是。第十一章讲车、器、室的用都离不开无，从而得出"有之以为
利，无之以为用"的结论。也就是说，在那一章的语境里，车、器、室就
都是"有"。

---

① 《王弼集校释》，第136—137页。
② 同上书，第109—110页。
③ 同上书，第117页。

至于后一段论述,则更令人费解。若仅从字面看,物之生是包含了五个阶段的:道、一、二、三、万物。如果这样理解的话,那么,《老子》的宇宙论恐怕就是最支离琐碎的体系了。要解决这个麻烦,恐怕得从后面一句入手。"万物负阴而抱阳,冲气以为和"这句话,明确地告诉我们万物是在阴、阳和冲气这三个要素中存续的。何谓"冲气"呢?《老子》第四章说"道,冲而用之或不盈"①,第四十五章则说"大盈若冲,其用不穷"②。很明显,"冲"是与盈相对相反的。所以,无论将其训读为何字,《老子》里的"冲"都应该是"虚"的意思。由此可知,万物之存续都是阴、阳、虚气互相作用和转化的体现。其中,阴、阳是可感的,虚气则非感官所能把握。从"道生一,一生二"这样的表述看,这似乎是一个时间先后的过程。但如果真的将其理解为一个时间中的过程,那么,且不说"一"如何能生出"二",本身就在思想上无法讲通,即使撇开这个问题不谈,"一"既已转生为"二",那么,"二"出现以后,"一"也就消失了,又如何寓于"二"当中并作为其存续的根据来发挥作用的呢?

在《老子》那里,万物都是离不开"一"的。《老子》第三十九章说:

> 昔之得一者,天得一以清,地得一以宁,神得一以灵,谷得一以盈,万物得一以生,侯王得一以为天下贞。其致之。天无以清将恐裂,地无以宁将恐发,神无以灵将恐歇,谷无以盈将恐竭,万物无以生将恐灭,侯王无以贵高将恐蹶。③

"一"是一切具体的物都不可或离的。一旦离开了"一",天、地、神、谷、万物都不再能维持其存有的延续。"一"既然始终在万物当中,则显然

---

① 《王弼集校释》,第10页。根据王弼注"冲而用之,用乃不能穷",可知这句话应标点为"道,冲而用之或不盈",而不是"道冲,而用之或不盈"。

② 同上书,第123页。

③ 同上书,第105—106页。

不能说万物是由"一"转化而来的。

《老子》第二十五章亦曰：

> 有物混成，先天地生，寂兮寥兮，独立不改，周行而不殆，可以为天下母。吾不知其名，字之曰道，强为之名曰大。[1]

"先天地生"的道，既不依赖于别的东西，也无分别和变化，因此说"独立不改"；同时又普遍地体现于一切物的存续中，作为其具体形态及变化的根据和基础，所以说"周行而不殆"。也就是说，道或一从来不在万物之外。

如果用有和无的概念来理解"道生一"一节，则道和一属于无，二、三、万物属于有。道、一和无，讲的是万物之本根的不同方面。二、三和万物，则是从不同角度讲实际存有：一切存有皆包含对立的方面，因此是二；对立的方面总在相互作用和转化中存续，所以有一个贯通其中的一，因此是三；概括而言，一切具体实存皆是有，分别而论，则有万物之殊异。这样一来，《老子》第四十章和第四十二章表述虽然不同，思想内涵却并无二致。

至于其中的"生"字，不宜理解为一般意义上把什么生出来的意思。从上下文看，应该是"呈显为"或"使之呈显为"。只有这样理解，一和二、有和无才是相即不离，而非分隔断裂的。

在前面的种种梳理的基础上，我们可以进一步来讨论"有生于无"的哲学内涵了。在《老子》里，有之所以与"二"关联，其实是在强调有之为有，在于有区别和分辨。一切具体的存有，都有其可感的属性。以眼前的这个纸杯子为例。它有颜色、质量、温度、形状等属性。而属性总意味着某种分别。当我说它是白色的时候，等于同时在说它不是绿色、红色等等。这个"不是"是无限多的。白色是一个有限的肯定，同

---

[1] 《王弼集校释》，第63页。

时也就是无限的否定。在这个意义上,任何属性都是一种分别。有限的肯定同时就是无限的否定。我们可以把这句话转写为:一切有限的肯定都来源于无限的否定。那么,作为有限的肯定的来源的无限否定,是多还是一呢?换句话说,能不能说某种颜色来源于颜色的无限否定,而强度来源于强度的无限否定呢?如果有专属于颜色的无限否定,那么,这一专属的无限否定就内涵了肯定性的内容。这内涵的肯定性内容作为有限的肯定,又必定来源于更根本的无限否定。由此可知,作为一切属性的来源的无限否定者或否定性根源只能是"一"。由于作为一切有的来源的否定性根源不包含任何肯定性的内容,所以,被称为"无"。"无"既然没有肯定性的内容,也就是感官所不能把握的。《老子》第十四章说:"视之不见名曰夷,听之不闻名曰希,搏之不得名曰微。此三者不可致诘,故混而为一。"①由于是感官不能把握的,所以,又称之为"玄"。由于一切使有成其为有的分别和属性都来源于作为否定性根源的"无",没有事物在"无"之外,所以,又可以称其为"大"。而"无"虽然是一切分别的根源,但本身却不内涵分别,所以,只能被称作"一"。从第二十五章的"独立不改,周行而不殆"看,"一"和"无"普遍地作用于一切"二"和"有"当中,既是其保持存有的根据,也是其不断变化的基础。可以说,一切事物都是"一"与"二"之间无法混同又相即不离的关联的呈显。

就仿佛用凿子在石头上刻出雕像那样,凿子不断地"否定",为石头赋予了形象。在这个意义上,"无"就是雕琢万物的那把凿子。我们在日常语言里常用"鬼斧神工"来赞叹造化之神奇,《庄子·大宗师》以"刻雕众形"来讲道的作用,都从侧面道出了这一根本的哲学洞见。所有事物都是"经由"这一否定性根源而成其为实有的。这一万物都要

---

① 《王弼集校释》,第31页。

"经由"的路,就是道。

三　无之以为用

并不是所有的物都是器,只有被纳入到用的关联当中的物,才有了被转化为器的可能。这样一来,器之成的问题,也就变成了器之用得以实现的条件问题。《老子》第十一章说:

> 三十辐共一毂,当其无,有车之用。埏埴以为器,当其无,有器之用。凿户牖以为室,当其无,有室之用。故有之以为利,无之以为用。①

无是有的作用实现的条件。一切事物的运作,都是以无为条件的。

关于生和成,《老子》第五十一章有更完整的论述:

> 道生之,德畜之,物形之,势成之。②

高明先生认为,这里的"势"应作"器":"按物先有形而后成器,《老子》第二十八章'朴散则为器',王弼《注》:'朴,真也。真散则百行出,殊类生,若器也。'二十九章'天下神器',王弼《注》:'器,合成也。无形以合,故谓之神器也。'《周易系辞》上'形乃谓之器',韩康伯《注》:'成形曰器。'皆'形''器'同语连用。从而可见,今本中之'势'应假借为'器',当从帛书甲、乙本作'器成之'。夫物生而后则畜,畜而后形,形成而为器。其所由生者道也,所畜者德也,所形者物也,所成者器也。"③"道生之",我们在前面已经给出了详细的解释。道为无,故无从畜积。由道而生的种种分别之迹相互依附,才能畜积生长。畜积到有

---

① 《王弼集校释》,第26—27页。

② 同上书,第136页。

③ 《帛书老子校注》,第70页。

了相对确定的形态,则为物。物在具体的用的语境当中,成为器。用根源于人为的目的。人能够自主地设定目的,但自然本身是无目的的。人的生活不可能摆脱这样那样的目标,这些目标在将物成就为器的同时,也使物失去了它的整全。比如,我们用钢铁制成刀具,用到的是它的硬度和强度,至于其他与此无关的属性,就不在我们的考虑范围。这样一来,一部分物或物的一部分,就被舍弃了。只有看到了所有的目的本身也是一种有,也根源于道或无,并且以无为实现的条件,我们才可能敞开出自然的整全。

四　企者不立

《老子》以柔弱为贵,多处谈及柔弱胜刚强的道理。最典型的,如《老子》第七十六章和第七十八章:

> 人之生也柔弱,其死也坚强。万物草木之生也柔脆,其死也枯槁。故坚强者死之徒,柔弱者生之徒。是以兵强则不胜,木强则兵。强大处下,柔弱处上。[1]

> 天下莫柔弱于水,而攻坚强者莫之能胜,其无以易之。弱之胜强,柔之胜刚,天下莫不知,莫能行。是以圣人云,受国之垢,是谓社稷主;受国不祥,是为天下王。正言若反。[2]

从日常经验看,柔弱的东西似乎更为持久。"飘风不终朝,骤雨不终日",而连绵细雨却往往能经年累月。受这样的经验启发,得出一种智慧的处世态度,是可以的。但若真的将其作为一个普遍的规律和原理,就失之太远了。

---

① 《王弼集校释》,第 185—186 页。
② 同上书,第 187—188 页。

"弱之胜强"应该从道相对于万物的根本性和超越性理解,而不是在经验的意义上把握。《老子》第四十三章讲:

> 天下之至柔,驰骋天下之至坚,无有入无间,吾是以知无为之有益。不言之教,无为之益,天下希及之。①

将这里的"至柔"理解为水,是常见的意见。这种理解与前面引用的第七十八章是可以相互印证的。但与七十八章的"攻坚强"不同,这里讲的是"驰骋天下之至坚"。帛书甲本这句话更写作"驰骋**于**天下之至坚"。说水能攻坚强,尚可理解。如果说它能驰骋于至坚之物当中,就完全不可理喻了。哲学家对常识可以有不同于众人的理解,但不能是反常识的。联系下文的"无有入无间"可知,能驰骋于天下之至坚的"至柔",只能是无。即使没有空隙的至坚之物,其作用的发挥也离不开无。比如,用一把实心的锤子敲打钉子的时候,拉开来的那段儿空间,就是使锤子的作用得以实现的无。第四十章的"弱者,道之用",讲的也是这个道理。

《老子》的无的哲学当然是指向人生的具体实践的。既然无是一切存有发挥其作用的条件,那么,人生当中就应该处处留意于无的保持。居柔弱,守雌节,正是这种"留白的智慧"的体现。《老子》第二十四章说:

> 企者不立,跨者不行,自见者不明,自是者不彰,自伐者无功,自矜者不长。其在道也,曰余食赘行。②

踮着脚站得虽然高,却难持久;最大的步子迈得虽远,却难以持续。这就告诉我们,做任何事情都要留有余地。不留余地,则难以为继。人们

---

① 《王弼集校释》,第120页。
② 同上书,第60—61页。

总是追求更高的东西,这本无可厚非。但如果不度德量力,就会"尚进失安"。不仅伤害了自身,也毁掉了事业。王弼说:"夫执一家之量者,不能全家;执一国之量者,不能成国;穷力举重,不能为用。"①如果一个人的格局对于掌控某种局面而言刚刚够用,他实际上是无法驾驭这个局面的。仿佛一个人竭尽全力举起一个重的东西,这东西已无法发挥作用。在一个繁荣的时代,人的每个角落都被挤占,不留一丝缝隙。此时若没一点儿悠远超然的情怀,身心俱满,是难以久长的。空白对人生是有益的。哪怕是一点儿非功利的无聊趣味,都会使人更从容些吧。

五 无为

《老子》无的哲学对于个人生活而言,可以理解为一种留白的智慧;体现在政治思想上,则是对无为政治的强调。

关于无为政治,澄清一些典型的误解是必要的。首先,不能将无为思想看成道家的专利。事实上,在传世的文献当中,最早谈及"无为而治"的不是《老子》,而是《论语》。《论语·卫灵公》载:"子曰:无为而治者,其舜也与? 夫何为哉,恭己正南面而已矣。"②我们前面曾指出,《老子》的成书年代无论如何不会早于《论语》的编纂。研究先秦哲学的人,往往太过执泥于"道家"之名,而忘掉了这个名称是西汉时期才出现的。就目前的文献资料看,司马谈《论六家要旨》里最早提到了"道家"的概念。这个概念显然源于对先秦思想和学术的某种思潮的追溯式概括,而非强调在春秋战国时期真的有一个道家的学派。没有明确的思想传承的谱系,是不能称为学派的。其次,先秦各家普遍把无

① 《王弼集校释》,第 10 页。
② 《四书章句集注》,第 162 页。

为当作最高的政治理想。《老子》以外,《论语》和《韩非子》都讲无为而治。区别在于各家对无为政治的运作机理有不同的理解。儒家强调德治,以风俗为无为政治的根本。法家则以法为核心来构建其理想政治。最后,无为是一般的政治原则。任何有效的政治治理,都在某种程度上符合无为而治的原则。再强有力的控制,也不得不依赖人的自发性。对人们的自发性的调动是无为政治的关键所在。

《老子》论无为处甚多。高明先生对此做了详细的统计和勘对:"按'无为'是老子哲学中最重要的概念,誉为人之最高德性。此一观念在他那五千余言的著作中,反复讲了十一次。如帛书甲、乙本:(1)上德无为而无以为也。(2)吾是以知无为之有益也。(3)是以圣人不行而知,不见而名,弗为而成。(4)为学者日益,闻道者日损,损之又损,以至于无为。(5)我无为而民自化;我好静而民自正;我无事而民自富;我欲无欲而民自朴。(6)为无为,事无事,味无味。(7)为之者败之,执之者失之。是以圣人无为也,故无败也;无执也,故无失也。(8)是以圣人欲不欲,而不贵难得之货;学不学,而复众人之所过。能辅万物之自然,而弗敢为。(9)是以圣人居无为之事,行不言之教。(10)使夫知不敢,弗为而已,则无不治矣。(11)夫天下神器也,非可为者也。为者败之,执者失之。今本除上述十一处外,尚较帛书甲、乙本多出一处,即本章此文(引注:指第三十章第一句)。甲、乙本作'道恒无名',世传今本皆作'道常无为而无不为'。从帛书甲、乙本考察,上述十一处皆言'无为',而无一处言'无不为'。今本则不然,在上述经文中有的本子将'无为'改作'无为而无不为'。……通过帛书甲、乙本之全面勘校,得知《老子》原本只讲'无为',或曰'无为而无以为',从未讲过'无为而无不为'。'无为而无不为'的思想本不出于《老子》,它是战国末年出现的一种新的观念,可以说是对老子'无为'思想的改造。曾散见于《庄子外篇》《韩非子》《吕览》及《淮南子》等书。"①关于《老子》只讲"无为",不讲"无为而不为",高明先生的意见应该是正确的。

无为的核心理念是统治者对道或无的效法:就像无对万物的关系那样,理想的统治者使自己成为其他人发挥和实现自己的条件。统治者不应该自己去有所施为。因为任何施为,都会给百姓带来不必要的干扰和影响。理想的君主在上,"下知有之"而已。"功成事遂",百姓却说:我们本就如此(第十七章)。

理想的君主不是昭昭察察,而是昏昏闷闷的。《老子》第十五章说:

> 古之善为士者,微妙玄通,深不可识。夫唯不可识,故强为之容。豫焉若冬涉川,犹兮若畏四邻,俨兮其若容,涣兮若冰之将释,敦兮其若朴,旷兮其若谷,混兮其若浊。②

马王堆甲、乙本"善为士者"皆作"善为道者","俨兮其若容"皆作"严呵其若客"。当从甲、乙本。要真正做到"无为",君主必须是"微妙玄通,深不可识"的。接下来的一系比喻,都是在强调无为之君的"容象""不可得而形名"。③君主的任何一点倾向,都会给周围的人,进而给天下百姓带来影响。这样的影响,会渐渐使百姓失去其朴素和自然。

当然,《老子》的无为政治并不是任何意义上的无政府主义。政治秩序是不可或缺的。《老子》第二十八章讲:

> 朴散则为器,圣人用之则为官长。故大制不割。④

在《老子》的政治空间里,是要有起码的等级秩序的。只不过,这一权

---

① 《帛书老子校注》,第422—425页。出于本书行文风格的需要,引文略有调整。

② 《王弼集校释》,第33页。

③ 同上书,第34页。

④ 同上书,第75页。

威的秩序要以道为根本。"朴散则为器"是不得不然的过程。但在"用之为官长"时,得建立起不割伤万物之自然的"大制"。

在第八十章,文字向来克制的《老子》突然道出一段田园诗般的描绘:

> 小国寡民,使有什伯之器而不用,使民重死而不远徙。虽有舟舆,无所乘之;虽有甲兵,无所陈之;使人复结绳而用之。甘其食,美其服,安其居,乐其俗。邻国相望,鸡犬之声相闻,民至老死不相往来。①

在一个日益繁复的世界里,《老子》向往的朴素生活是乡愁,是照向尘俗的一点微弱星光。无力,却给人经久的安慰。

既然作为万物根源的道或无不能有任何肯定的内容,也就不能以之为根据导出确定的价值尺度。自然只是一个模糊的倾向,并没有确定的限度和标准。用后世常用的体用概念来说,《老子》的哲学最终只能靠用的有效性证明体的合理性。这种"以用证体"的理路,并不能为文明的道路选择提供根本性的辩护。

---

① 《王弼集校释》,第 190 页。

第三讲

尽心知性：孟子的哲学

　　孟子名轲，战国时期的伟大哲学家。孟子的生卒年争议较大，但主要活动年代在公元前 370 年至公元前 300 年左右，应该是没有什么疑问的。孟子受业于子思之门人。学成以后，往游齐、魏等国，试图说服齐宣王、梁惠王等，让他们推行仁政。然而当时天下正以"合从连衡"为务，普遍将孟子的主张视为迂阔之谈。在经历了政治生涯的困挫后，晚年的孟子退归乡里，与弟子万章等人"序《诗》《书》，述仲尼之意，作《孟子》七篇"[①]。

　　关于《孟子》的成书，朱子怀疑是孟子本人所作："《论语》多门弟子所集，故言语时有长长短短不类处。《孟子》，疑自著之书，故首尾文字一体，无些子瑕疵。不是自下手，安得如此好！若是门弟子集，则其人亦甚高，不可谓'轲死不传'。"[②]又，"《孟子》之文，恐一篇是一人作。又疑孟子亲作，不然，何其妙也！岂有如是人出孟子之门，而没世不闻耶！"[③]

　　这见识是朱子熟读精思而来，我个人以为是知味之论。《孟子》全

---

① 《孟子序说》，《四书章句集注》，第 197 页。

② 《朱子语类》，第 433 页。

③ 同上书，第 437 页。

书思理精深、脉络通贯，其中文字往往穿透千年岁月，直达每个人的内心，使苟且者立，使颓惫者兴。

孟子生活在一个争鸣的时代，不得不面对各种严峻的思想挑战，因此，给人留下了"好辩"的印象。然而，孟子说："予岂好辩哉？予不得已也。"①当各种错误思想遍满天下之时，"正人心，息邪说"也就成了他毕生的志业和责任。所以，孟子少了"温润含蓄气象"，多了些"英气"和"圭角"。② 有弟子问："孔子当孟子时如何？"朱子答曰："孔子自有作用，然亦须稍加峻厉。"③对于一切随波逐流的时代，孟子都太过坚硬和闪亮了吧。

一 心之官则思

哲学能否沿感官经验的道路展开，这是一个根本问题。感官经验的不确定性，已经成为哲学的一般常识。而通过对感官经验的概括而得出的规律，其普遍性是无法得到证明的。孟子看到了从感官经验出发的局限，所以，强调"思"的作用：

> 耳目之官不思，而蔽于物，物交物，则引之而已矣。心之官则思，思则得之，不思则不得也。此天之所与我者，先立乎其大者，则其小者弗能夺也。此为大人而已矣。④

这一章的主题虽然是在讨论成德的路径，但其中显然有致思方法的考虑。耳目等感官不能自主，为物所感，处于被动的地位。心具有自主

---

① 《孟子·滕文公下》，《四书章句集注》，第 271 页。

② 《孟子序说》，《四书章句集注》，第 199 页。

③ 《朱子语类》，第 2352 页。

④ 《孟子·告子上》，《四书章句集注》，第 335 页。

性,思则是这种自主性的具体表现。"思则得之,不思则不得",则思与所思的对象是有必然关联的。接下来的问题是,在孟子的哲学里,什么样的关联是有必然性的呢?

"在我"与"在外"的区别,为我们寻找这一问题的答案提供了线索。孟子讲过这样一段话:

> 求则得之,舍则失之,是求有益于得也,求在我者也。求之有道,得之有命,是求无益于得也,求在外者也。①

"命"在这里指的是无法掌控的偶然性。"求"与所求的对象的必然关联,根源于所求的对象是"在我"的。换言之,所求的东西不在"求"的努力之外。

同样的道理,只有所思的对象就包含在思的作用当中,"思则得之,不思则不得"的必然性才有可能成立。

《孟子》有一段话与《中庸》第二十章基本一致,这可以被视为子思至孟子之间思想传承的比较直接的证据:

> 居下位而不获于上,民不可得而治也。获于上有道:不信于友,弗获于上矣;信于友有道:事亲弗悦,弗信于友矣;悦亲有道:反身不诚,不悦于亲矣;诚身有道,不明乎善,不诚其身矣。是故诚者,天之道也,**思诚者,人之道也**。至诚而不动者,未之有也;不诚,未有能动者也。②

此章与《中庸》最大的不同在于,将"诚之者,人之道也"改为"思诚者,人之道也"。与前面"思则得之,不思则不得"联系起来,则所思的对象也就是"诚"了。当然,"诚"并不在"思"之外。严格说来,"所思的对

---

① 《孟子·尽心上》,《四书章句集注》,第350页。
② 《孟子·离娄上》,《四书章句集注》,第282页。

象"这个讲法是有问题的。准确的讲法应该是:在思当中展开出来的。

关于"诚",孟子讲得并不多。最重要的莫过于《尽心上》的"万物皆备于我"一章:

> 万物皆备于我矣。反身而诚,乐莫大焉。强恕而行,求仁莫近焉。①

这是《孟子》非常著名的一章,但也极难索解。朱子解"万物皆备于我"一句说:"此言理之本然也。"以后世的天理概念解释《孟子》,确有今古错置之嫌。但如果我们考虑到本然之理在朱子哲学中的根源性,进而将此句理解为"万物之根源并不在我之外",则朱子的解释就极富启发了。既然万物之根源已备于我,则反身内向求之,人之诚便展露出来,而人之诚也就是天道之诚。在思当中展露出来的诚,有三个方面的含义:确定性、普遍性和必然性。这些在经验世界里是没有的,只能在反身内向的思中体认。

二　尽心知性

思是心的功能。心是可以不思的。思与不思,取决于人的主动性发挥的程度。离开了思的作用的发挥,人就沦入感官世界当中,在物的牵引中失去其主动性。思作为心的主动性的充分实现,也就是孟子所说的"尽心":

> 尽其心者,知其性也。知其性,则知天矣。存其心,养其性,所以事天也。夭寿不贰,修身以俟之,所以立命也。②

---

① 《孟子·尽心上》,《四书章句集注》,第350页。
② 同上书,第349页。

这一章的理解中,最容易发生的误读是将"尽其心者,知其性也"等同为"尽其心,则知其性"。关于这一点,《朱子语类》中有专门的讨论。①两者的区别在于:前者"尽心"与"知性"是同时展开的,后者则有一个时间上的过程。而"尽心"之所以同时即能"知性",则只能是由于人的本性或者说人的本质倾向,在心的作用充分实现的同时,也得到了完整的展开。性作为人的本质倾向,始终体现在心的作用当中;只有"尽心"的努力,才能使人知道这一本质倾向。但怎样才是"尽心"呢?如果专心在某件具体的事上,则所识所知只是与这事有关的种种,又怎能因此而知道自己的本质倾向呢?所以,只有以心灵本身为对象的思的努力,才能知得自己的本性。这一努力是以自身为对象的,所以有"思则得之"的必然性;这一反身内向的思的过程不掺杂经验内容,所以有其确定性;既然不依赖任何经验材料,也就有了超验的普遍性。也就是说,性是心的确定、普遍、必然的倾向。当然,这一"必然"显然不是自动实现的"外在必然",如我们日常经验中,重的物体在没有支撑的情况下自动下落这种类型的"必然"。而是"思则得之,不思则不得"意义上的必然。这种必然的实现,显然是以心灵的主动性为基础的。或者更准确地说,这种必然性就是心的主动性的体现。反身内向的思的作用,彰显出心的确定、普遍、必然的主动倾向。故"尽其心者,知其性也"。

与前一句不同,"知其性也,则知天矣",显然是有一个时间过程的。这是一个推知的过程。孟子是如何从对性的知推进到对天的知的,仅就这句话本身,是无从索解的。我们只能在后面的论述中寻找答案。

仅仅知道心的确定、普遍、必然的本质倾向,并不意味着在人伦日用当中这一本质倾向就能充分实现出来。所以,还要有一个"存其心,

---

① "'尽其心者,知其性也。''者'字不可不子细看。人能尽其心者,只为知其性,知性却在先。"《朱子语类》,第1422页。

养其性"的积累充扩的过程。孟子将这一过程理解为"事天"。这里的"事"，就是"事君""事亲"的"事"，是尊奉、服从的意思。由此可知，人对于天而言，是被动的。这对于理解"知其性，则知天矣"的推知过程，极为关键。

将"存其心，养其性"的"修身"，贯彻于生命的始终，是"立命"的具体落实。这里的"命"，与前面引用的"得之有命"的"命"显然不同。

在"性""命"对举的语境里，"命"更多地是不得不然的意思。关于"性""命"，《尽心下》有这样一段话：

> 口之于味也，目之于色也，耳之于声也，鼻之于臭也，四肢之于安佚也，性也，有命焉，君子不谓性也。仁之于父子也，义之于君臣也，礼之于宾主也，智之于贤者也，圣人之于天道也，命也，有性焉，君子不谓命也。①

口之于味，目之于色，是固有的倾向，但得与不得有不测的偶然性，所以，严格说来，不能称作"性"。仁之于父子，义之于君臣，是不得不然，但也是固有的倾向，所以，真正明道理的人不把它们归入"命"的范畴。后一种"命"的用法，强调的就是不得不然。

"夭寿不贰，修身以俟之，所以立命也"的"命"，是根源于天的不得不然。这与《中庸》的"天命之谓性"是一致的。人相对于天的被动性，就体现在人的本质倾向的不得不然。而由"知性"到"知天"，正是以人的这种不得不然的被动性为中介的。

三　性善

通过"尽心知性"，孟子洞察到了人内在固有的善的倾向。孟子立

---

① 《孟子·尽心下》，《四书章句集注》，第369页。

性善论,并不是出于为人的道德生活确立人性论上的依据的目的,而是所见道理真实如此。关于孟子的性善论,苏东坡有一段有趣的议论:

> 孟子曰:"人之性善。"是以荀子曰:"人之性恶。"而扬子又曰:"人之性,善恶混。"孟子既已据其善,是故荀子不得不出于恶。人之性有善恶而已,二子既已据之,是以扬子亦不得不出于善恶混也。为论不求其精,而务以为异于人,则纷纷之说,未可以知其所止。且夫夫子未尝言性也,盖亦尝言之矣,而未有必然之论也。孟子之所谓性善者,皆出于其师子思之书。子思之书,皆圣人之微言笃论,孟子得之而不善用之,能言其道而不知其所以为言之名,举天下之大,而必之以性善之论,昭昭乎自以为的于天下,使天下之过者,莫不欲援弓而射之。故夫二子之为异论者,皆孟子之过也。①

东坡对孟子的批评,重点放在其不善为论之上。以为孟子既立性善之说,好为异说之士便不得不别立他说以自矜其学。换言之,正是孟子的性善论才引发出了性恶之类的主张。从东坡对荀子的批评看,性恶之论显然是他更加不能接受的。

事实上,关于人性善恶的讨论,关键的分歧在于:能否在人性的根基处发现道德的基础。如果没有符合人的本质倾向的善,那么,道德就只能是后天人为的结果,从而必然导致某种习俗主义的或历史主义的道德观。在这个意义上,强调人性恶、人性无善无恶或人性善恶混,在本质上是一致的。

性善论的主张意味着人之所以应该选择道德的生活,是因为这样的选择是符合人性,进而也就是符合天道的。日常生活中,我们常说干坏事儿是"不干人事儿",其中就包含了这一层道理。

---

① 《苏轼文集》,北京:中华书局,1986 年,第 95 页。

孟子的性善论，当然不是说人现成的就都是善的。以现实中人的种种恶的表现来反驳孟子的人性论，是毫无意义的。在《孟子》一书记载的辩论中，以孟子与告子关于人性的辩论最为著名。四组辩论中的第二组辩论，有孟子人性论的完整表述：

> 告子曰："性犹湍水也，决诸东方则东流，决诸西方则西流。人性之无分于善不善也，犹水之无分于东西也。"孟子曰："水信无分于东西。无分于上下乎？人性之善也，犹水之就下也。人无有不善，水无有不下。今夫水，搏而跃之，可使过颡；激而行之，可使在山。是岂水之性哉？其势则然也。人之可使为不善，其性亦犹是也。"①

告子在这组辩论中，引入了湍水这个比喻。与前一组辩论中的"杞柳"不同，"湍水"这一比喻有明显的动态和倾向。告子以水流没有确定的流向，来阐明人没有确定的本质倾向。孟子则就着告子的比喻加以拨转：表面上的无分东西，其实都是更根本的倾向的体现。人的本质倾向是善的，就好像水的倾向向下一样。"人无有不善"不能按字面理解为"人没有不是善的"，因为后面一句"水无有不下"显然不能翻译成"水没有不在低处的"。水可以在高处，但倾向始终向下；人可以表现出邪恶来，但其本质倾向却始终是善的。水也可以向高处流，但那不是自然的倾向，而是环境改变的结果；人之能为不善，也是同样的情形。在思想结构上，这里显然有孔子以"性"和"习"来理解人的现实表现的影响。

在孟子与告子的辩论中，争议最大的是第三组：

> 告子曰："生之谓性。"孟子曰："生之谓性也，犹白之谓白与？"曰："然。""白羽之白也，犹白雪之白；白雪之白，犹白玉之白与？"

---

① 《孟子·告子上》，《四书章句集注》，第 325 页。

曰:"然。""然则犬之性,犹牛之性;牛之性,犹人之性与?"①

司马光作《疑孟》,有专门针对此章的质疑:"疑曰:孟子云:'白羽之白,犹白雪之白。白雪之白,犹白玉之白。'告子当应之云:'色则同矣,性则殊矣。羽性轻,雪性弱,玉性坚。'而告子亦皆然之。此所以来犬牛人之难也。孟子亦可谓以辩胜人矣。"②说孟子"以辩胜人",也就等于指斥其未能以理服人。这样说,恐怕也不是全无道理。在这一组辩论中,孟子确实没有展开正面的思想论说,而只以驳倒对方为目的。因为在前两组辩论中,孟子已经将自己的思想讲得很充分了。司马光以为,告子之所以输掉了辩论,是因为第二个"然"。其实,真正的关键在于第一个"然"。在告子提出了自己的人性论命题以后,孟子用诱导式的提问,将"生之谓性"与"白之谓白"这两个命题等价起来。这一提问之所以能成立,是因为在那个时代"生"字和"性"字是可以互换使用的,并没有被截然分开。如果这两个字不能作一个字用,那么,"生之谓性"与"白之谓白"这两个命题之间的区别就太过明显了,很难被视为等价的了。而正是因为告子没有看到这两个命题之间的差别,才使得孟子的反驳的逻辑关联被完美地建立起来:既然所有白的东西本质上都是白的,根据逻辑上的等价关系,所有有生命的东西的本性也就都一样了。司马光的质疑失之远矣。一个不长于思考的人企图做思想家的工作,出现尴尬的情形大概是难以避免的吧。

事实上,从告子的"生之谓性"的思想本身是可以推演出人之性与犬、牛之性无别的结论的。从第四组辩论开头告子所说的"食色,性也",我们可以更加清楚地看到这一点。"食色,性也",是告子对"生之谓性"这一命题内容的具体化。值得注意的是,孟子对"食色,性也"这

---

① 《孟子·告子上》,《四书章句集注》,第326页。
② 《全宋文》(第二十八册),成都:巴蜀书社,1992年,第537页。

个在后世影响广泛的论断未置一词。因为孟子已经指出了"生之谓性"会导出人与其他生物无别的结论,对于"食色,性也"也就无须再辩。孟子对于"食色,性也"的态度,可以从"任人有问屋庐子"一章间接地看到。任人针对屋庐子礼重于食、色的主张,举出了食、色明显重于礼的例证:"以礼食,则饥而死;不以礼食,则得食,必以礼乎?亲迎,则不得妻;不亲迎,则得妻,必亲迎乎!"对此,孟子给出了这样的指点:

> 取食之重者,与礼之轻者而比之,奚翅食重?取色之重者,与礼之轻者而比之,奚翅色重?往应之曰:"紾兄之臂而夺之食,则得食;不紾,则不得食,则将紾之乎?踰东家墙而搂其处子,则得妻;不搂,则不得妻,则将搂之乎?"①

这一指点当中,包含了孟子对"食色,性也"的批评。从孟子的立场出发,我们可以用三句话来批判"食色,性也"的观点:第一,人离不开食色。第二,人性不等于食、色。第三,人性体现在人对待食和色的独有的态度和尊严当中。"一箪食,一豆羹,得之则生,弗得则死。呼尔而与之,行道之人弗受;蹴尔而与之,乞人不屑也。"②饥而欲食,是人的自然倾向。顺自然倾向则生,逆自然倾向则死,但有些情形下,人会拒绝求生。仁义似乎是后天教化养成的。但依仁义行则赴死,背仁义行则得生,却总有人舍生。由此可知,对于人而言,有比得生更根本的追求。这一比求生还要根本的追求,恰恰是人之所以为人的本质倾向的体现。

然而,人的本质倾向的具体体现是什么呢?孟子从人普遍的恻隐之心出发,提出了著名的"四端说":

> 人皆有不忍人之心。先王有不忍人之心,斯有不忍人之政矣。以不忍人之心,行不忍人之政,治天下可运之掌上。所以谓人皆有

---

① 《孟子·告子下》,《四书章句集注》,第338页。
② 《孟子·告子上》,《四书章句集注》,第333页。

不忍人之心者,今人乍见孺子将入于井,皆有怵惕恻隐之心。非所以内交于孺子之父母也,非所以要誉于乡党朋友也,非恶其声而然也。由是观之,无恻隐之心,非人也;无羞恶之心,非人也;无辞让之心,非人也;无是非之心,非人也。恻隐之心,仁之端也;羞恶之心,义之端也;辞让之心,礼之端也;是非之心,智之端也。①

孟子首先通过"乍见孺子将入于井"这一道德情境,呈显出恻隐之心的普遍存在。因为是"乍"见,所以没有时间做任何功利性的计较。这样一来,普遍的恻隐之心也就只能是人内在固有的某种倾向的体现。由此推展开来,孟子揭示出恻隐、羞恶、辞让和是非等四心的普遍性。并将四心分别理解为仁、义、礼、智的端倪。换言之,仁、义、礼、智是人的本质倾向,这本质倾向发显出来,就是恻隐、羞恶、辞让、是非之情。

对于孟子的"四端说",司马光也提出了质疑:

> 孟子以为仁义礼智皆出乎性者也,是岂可谓之不然乎?然不知暴慢贪惑亦出乎性也。是知稻粱之生于田,而不知藜莠之亦生于田也。②

换言之,人性当中不仅有善根,恶之根亦在。然而稍加思考便会发现,以为暴慢贪惑亦根源于人性,且在仁义礼智之外别有其根源,其实只是看到了问题的表面。暴慢贪惑其实只是仁义礼智没有得到充分实现的体现而已。善没有得到恰当的表现,就会流为恶。有趣的是,这个话倒过来说是根本讲不通的。我们不能说:恶没有得到恰当的表现,就成了善。日常语言当中,其实已经隐含了对善的根源性的理解。

四端只是善根,并不能理解为实现了的善。四端的"过"或"不及"都会产生恶的结果。比如,过度的恻隐之心会流为柔弱,恻隐之心不及

---

① 《孟子·公孙丑上》,《四书章句集注》,第237—238页。

② 《全宋文》(第二十八册),第513页。

则会失之残忍;羞恶之心过度容易敏感偏狭,羞恶之心不及则会寡廉鲜耻等等。

四　知言

生活在一个百家争鸣的时代里,孟子不得不跟各种各样的错误言论做斗争。对于所处的时代以及自己的使命,孟子有着清醒的认识:

> 圣王不作,诸侯放恣,处士横议,杨朱、墨翟之言盈天下。天下之言,不归杨,则归墨。杨氏为我,是无君也;墨氏兼爱,是无父也。无父无君,是禽兽也。公明仪曰:"庖有肥肉,厩有肥马,民有饥色,野有饿莩,此率兽而食人也。"杨墨之道不息,孔子之道不著,是邪说诬民,充塞仁义也。仁义充塞,则率兽食人,人将相食。吾为此惧,闲先圣之道,距杨墨,放淫辞,邪说者不得作。作于其心,害于其事;作于其事,害于其政。圣人复起,不易吾言矣。[1]

杨朱的极端利己主义从根本上动摇了社会、国家的基础,墨翟则通过爱无差等的理论和实践,伤及了人伦的根本。"拔一毛而利天下不为"式的利己主义,首先在道理上便不能成立,因为从来没有脱离他人的绝对个体。自我的内涵中始终包含着他者。每一个自我都是面向他人而成为自我的。在这个意义上,极端的利己主义既是不应该的,也是不可能的。"拔一毛而利天下不为"或者"我死之后,哪管洪水滔天"之类的决绝,最大的问题在于不诚实。要做到真正意义上的自私自利,那得是多高的境界!小乘佛教的"自了汉"恐怕也未见得能达到吧。道理上说不通、实践上也行不通的思想,却总在堂而皇之地大行其道。可怪!墨家兼爱天下,自有一种理想主义的英雄气概。孟子径斥为禽兽,恐有过

---

[1] 《孟子·滕文公下》,《四书章句集注》,第272页。

甚之嫌。相较而言,《庄子·天下》篇的评判更有节制:"虽然,墨子真
天下之好也,将求之不得也,虽枯槁不舍也。才士也夫!"①尽管孟子对
墨子的批判有过激之处,但爱无差等的思想同样是道理上说不通、实践
上行不通的。孟子在反驳墨者夷之"爱无差等,施由亲始"的主张时,
有这样一段议论:"夫夷子,信以为人之亲其兄之子为若亲其邻之赤子
乎?彼有取尔也。……且天之生物也,使之一本,而夷子二本故也。"②
事实上,夷之既讲"施由亲始",则已经是爱有差等了。所有的事物,皆
有其"一本"。父母作为每个人的根源,在人的生命中有着独一无二的
位置。以对待父母的态度对待他人,等于取消了父母的根源性和独特
性。以事父之道事人,岂不成了人人皆父?一个满大街都是他父亲的
人,非"无父"而何?杨、墨取径虽殊,但在不能诚实地面对自己的生命
这点上,却是一致的。

孟子将错误思想归纳为四种,即诐、淫、邪、遁"四辞":

> 诐辞知其所蔽,淫辞知其所陷,邪辞知其所离,遁辞知其
> 所穷。③

"四辞"既是错误言论的四种形态,又是错误言论的四个发展阶段。朱
子说:"诐、淫、邪、遁,蔽、陷、离、穷,四者相因。心有所蔽,只见一边,
不见一边,如'杨氏为我,墨氏兼爱',各只见一边,故其辞诐而不平。
蔽则陷溺深入之义也,故其辞放荡而过。陷则离,离是开去愈远也,故
其辞邪。离则穷,穷是说不去也,故其辞遁。遁,如夷之之言是也。"④
诐辞所见偏颇,故有所遮蔽。所见既失平正,则只是不可普遍的道理。

---

① 《庄子纂笺》,第269页。
② 《孟子·滕文公上》,《四书章句集注》,第262页。
③ 《孟子·公孙丑上》,《四书章句集注》,第232页。
④ 《朱子语类》,第1272页。

持此见识的人,又不肯自限于一个局部,要勉强将这道理推扩出去。其结果不得不张大其事。经过虚夸的道理往往高妙虚玄,陷人的同时不免自陷其中。自陷者不能自拔,发展下去遂至于根本上背离正道。将不可普遍的道理勉强推扩为普遍的,其中必定有讲不通的地方,只能从别处寻一个无根的道理来补救。比如,佛教一方面"把世事为幻妄",另一方面又讲"治生产业,皆与实相不相违背",这就显然是"遁辞"了。①

值得注意的是,孟子的知言思想,不仅是对世道人心的救治,也是修养功夫的一个方面。在被问及告子培养"不动心"的方法与自己的方法的不同时,孟子说:

> 告子曰:"不得于言,勿求于心;不得于心,勿求于气。"不得于心,勿求于气,可;不得于言,勿求于心,不可。②

在告子看来,要达到"不动心",只需要在心上下功夫就可以了:言有不通,不必以为心就达不到;心上达不到,亦无须在气上寻求。③ 这种将心与言、气割裂的做法,孟子是明确反对的。"不得于心,勿求于气",孟子以为尚有可通之处。"不得于言,勿求于心",则完全不合道理。义理上未有所安,仅靠强力把持而获得的自主性,是靠不住的。离开了尽心知性的义理基础,存心养性是无从谈起的。

五　养气

一般而言,通过道德修养带来身心的整体提升,有两条路径:通过

---

① 《朱子语类》,第 1272 页。

② 《孟子·公孙丑上》,《四书章句集注》,第 230 页。

③ 告子这句话比较费解,朱子注曰:"告子谓于言有所不达,则当舍置其言,而不必反求其理于心;于心有所不安,则当力制其心,而不必更求其助于气,此所以固守其心而不动之速也。"同上书,第 230 页。

心灵的内在改变来改变外在,如后来程子所说的"惟义理以养心";或者通过身体的外在约束和调整引生内在的改变,如张载所说的"为学大益在自求变化气质"。孟子论修身,主张内外交养:

> 夫志,气之帅也;气,体之充也。夫志至焉,气次焉。故曰:
> "持其志,无暴其气。"①

志,即心之所之。志是心灵持恒不变的方向。"气,体之充也",则强调的是身体的层面。朱子将"充"字解释为"充满",恐怕是有问题的。在《孟子》中,"充"字有"扩而充之"的用法:"苟能充之,足以保四海;苟不充之,不足以事父母。"②在《孟子》的语境里,身体并不仅指人的有形的肉体,而是涵括了人的质料性存有以及与之相关联的各种存有的整体的。可以说,"气"是人的在世诸关系的现成状态的感性显现。日常语言中常常说的"气象""气度"等词汇当中的"气"字,就包含这个层面的意思。比如,一个自律的人,其整体的存有形态就自然有一些清雅的意味,而一个放纵的人,则常给人猥琐的印象。"气"不是感官所能直接把握的,而是通过物质性存有的变化体现出来的。人的修养的提高,总是具体体现在对待周遭的人和物的态度上。这一态度的养成,是长时间累积的结果。所以,孟子自范之齐,望见齐王之子。喟然叹曰:"居移气,养移体,大哉居乎!"③道德修养只有落实在"体"和"气"这个层面上,才算真正有所成就。而"气"的改变,是由心灵的持恒方向引领的。因此,道德修养的根本方法就是:保持心灵的方向,不要伤害自己身体的正面积累。

当然,"持其志,无暴其气"的提法似乎是有漏洞的。公孙丑因此

---

① 《孟子·公孙丑上》,《四书章句集注》,第230页。
② 同上书,第238页。
③ 《孟子·尽心上》,《四书章句集注》,第360页。

质疑道:"既曰'志至焉,气次焉',又曰'持其志无暴其气'者,何也?"心灵持恒的方向既然是"气"或身体层面的积累的引领者,那么,只需要说"持其志"不就可以了吗?讲"持其志"的同时又强调"无暴其气",不完全是多余的吗?对此,孟子答曰:

> 志壹则动气,气壹则动志也。今夫蹶者趋者,是气也,而反动其心。①

一个人长期耽溺其中的环境及其影响,会改移人的心志。《论语》里面讲:"士志于道,而耻恶衣恶食者,未足与议也。"②

孟子只谈修身,而不讲修心,原因在于心上除了"持志"和"存心"外,着不得其他功夫。孟子对于修养中的助长之弊,有着深刻的认识:

> 必有事焉而勿正,心勿忘,勿助长也。无若宋人然:宋人有闵其苗之不长而揠之者,芒芒然归。谓其人曰:"今日病矣,予助苗长矣。"其子趋而往视之,苗则槁矣。天下之不助苗长者寡矣。以为无益而舍之者,不耘苗者也;助之长者,揠苗者也。非徒无益,而又害之。③

修身功夫要落在实处,应在知言和养气上着手,而不应在心上用力。通过知言明理,才能确立正确的心灵的方向。由这心灵持恒的方向引领,"气"或"身体"层面的渐进积累才能带来真实的改变和提高。先秦儒学论修身,多笃实之论,强调在事上用功。这与后世杂于佛、老的静处功夫有着根本的不同。不在人伦日用中认真地思考和实践,而是或强力把捉此心,满足于抽象的自主性;或静观玄照,期待神妙莫测的顿悟,本质上与"揠苗者"并无不同。助长之害,甚至可能比汩没于利禄之中

---

① 《孟子·公孙丑上》,《四书章句集注》,第230—231页。

② 《论语·里仁》,《四书章句集注》,第71页。

③ 《孟子·公孙丑上》,《四书章句集注》,第232页。

还要严重。孟子说"其进锐者,其退速"①,强调的也是这个道理。

六 仁政

在一个以征伐为贤的时代里,孟子倡导他理想中的仁政。在孟子看来,仁政的基础在于人的内在本性:

> 人皆有不忍人之心。先王有不忍人之心,斯有不忍人之政矣。以不忍人之心,行不忍人之政,治天下可运之掌上。②

也就是说,仁政不是一时历史情势的需要,而是人的本质倾向的具体体现。当然,正如人的善的本质倾向不能自发地实现一样,仁政也需要仁君的自主努力才能推行。

在孟子看来,任何国家都要有"治人者"和"治于人者"的区分。针对陈相"贤者与民并耕而食,饔飧而治"的政治主张,孟子在通过一系列的引导性提问,使陈相不得不得出"百工之事,固不可耕且为也"的结论后,接着指出:

> 然则治天下独可耕且为与?有大人之事,有小人之事。且一人之身,而百工之所为备。如必自为而后用之,是率天下而路也。故曰:或劳心,或劳力;劳心者治人,劳力者治于人;治于人者食人,治人者食于人:天下之通义也。③

此处的"劳心者"和"劳力者"不能等同为我们今天常说的脑力劳动者和体力劳动者。在这一章接下来的论述中,孟子用了五个"忧"字,为"劳心"和"劳力"赋予了明确的内涵。"劳心者"与"劳力者"的区别在

---

① 《孟子·尽心上》,《四书章句集注》,第363页。

② 《孟子·公孙丑上》,《四书章句集注》,第237页。

③ 《孟子·滕文公上》,《四书章句集注》,第258页。

于所忧对象的不同:"劳心者"忧的是民,"劳力者"忧的是"百亩之不易",也就是个人的产业。"劳心者治人"强调的是:只有忧民者才有资格成为统治百姓的人。至于除了自己的产业别的都不关心的人,无论产业有多大,从根本上讲都是"劳力者"。

在提出"劳心者"和"劳力者"的概念及区别外,孟子还为传统的士与民的区别赋予了更明确的内涵:

> 无恒产而有恒心者,惟士为能。若民,则无恒产,因无恒心。苟无恒心,放辟,邪侈,无不为已。及陷于罪,然后从而刑之,是罔民也。焉有仁人在位,罔民而可为也?①

能始终保持其心志、不因物质条件的改变而改变的人,才是道义的担纲者。至于大多数普通人,则只能在有"恒产"的情况下,持守其"恒心"。孟子以更高的道德期许要求士阶层,对普通民众则持宽厚的态度。如果统治者不能给一般百姓稳定的物质生活,也就没理由要求他们有更高的道德水准。对因生活无着而"陷于罪"的人课以刑罚,等于有意布置罗网来残害百姓。

仁君治国,要把百姓的生活安顿放在首位。在此基础上,再通过教化来引导。让广大民众饿着肚子讲道德,本身就是极不道德的:

> 是故明君制民之产,必使仰足以事父母,俯足以畜妻子,乐岁终身饱,凶年免于死亡。然后驱而之善,故民之从之也轻。今也制民之产,仰不足以事父母,俯不足以畜妻子,乐岁终身苦,凶年不免于死亡。此惟救死而恐不赡,奚暇治礼义哉?②

这里,我们可以清楚地看到孟子对孔子的继承。孔子论治国,也是以

---

① 《孟子·梁惠王上》,《四书章句集注》,第211页。
② 同上。

"足食,足兵,民信之矣"为次第的。

孟子关于仁政,有很多细致的构想。其中既有"颁白者不负戴于道路"的动人理想,也有对"率兽食人""以邻为壑"的暴政的深刻批判。值得注意的是,孟子并不认为仁政就要一味地减轻赋税:

> 白圭曰:"吾欲二十而取一,何如?"孟子曰:"子之道,貉道也。万室之国,一人陶,则可乎?"曰:"不可,器不足用也。"曰:"夫貉,五谷不生,惟黍生之。无城郭、官室、宗庙、祭祀之礼,无诸侯币帛饔飧,无百官有司,故二十取一而足也。今居中国,去人伦,无君子,如之何其可也?陶以寡,且不可以为国,况无君子乎?欲轻之于尧舜之道者,大貉小貉也;欲重之于尧舜之道者,大桀小桀也。"①

任何国家都有其运行的成本:社会的、文化的、行政和法律的。税赋高于恰当的标准,就是暴政;低于恰当的标准,则为"貉政",即蛮荒的治理。

在全书的最后一章,孟子留下了一段意味深长的慨叹:

> 由孔子而来至于今,百有余岁,去圣人之世,若此其未远也;近圣人之居,若此其甚也,然而无有乎尔,则亦无有乎尔。②

"去圣人之世,若此其未远也"这一曲折的表达,透露出孟子的复杂心境。孟子的时代,距离孔子不过百有余岁。"五百年必有王者兴"的历史命运,似乎出现了某种波动。孟子似乎从中感受到了什么,忧思浸漫于字里行间:自己身上承载着的先圣之道,不会就此湮没了吧。后来的历史不幸印证了孟子的忧虑。儒家思想的精义在孟子以后,被渐渐沉埋在故纸的埃尘中,等待"千四百年后"的重新唤起。

---

① 《孟子·告子下》,《四书章句集注》,第346页。
② 《孟子·尽心下》,《四书章句集注》,第376—377页。

第四讲

真知之路:庄子的哲学

庄子名周,战国时期的哲学家,与梁惠王、齐宣王同时。生平事迹可知者甚少。《庄子》一书中所载庄子的故事,寓言的成分居多。

今本《庄子》三十三篇,其中内篇七、外篇十五、杂篇十一。陆德明《经典释文序录》说:"《汉书·艺文志》:'《庄子》五十二篇',即司马彪、孟氏所注是也。言多诡诞,或似《山海经》,或类占梦书,故注者以意去取。其《内篇》众家并同,自余或有《外》而无《杂》。"①也就是说,各种传本的《庄子》内七篇都是一致的,外、杂篇则因注释者的倾向而有种种不同。传世的三十三篇本《庄子》,是经过了郭象的整理和编校的。内篇和外、杂篇何者为庄子本人所作,历来颇有争议。刘笑敢先生《庄子哲学及其演变》一书,以令人信服的详密考证,得出了内篇早于外、杂篇的结论。由此可以确定,《庄子》内七篇是庄子本人所作。② 至于外、杂篇,应该也不是"庄子后学"的作品,而是"后世学庄者"所为。以外篇最为著名的《秋水》为例。《秋水》完全是对《逍遥游》的效仿:《逍遥游》全篇为七章,《秋水》亦为七章;《逍遥游》首章讨论小大之辨,《秋水》首章谈的也是同样的问题;《逍遥游》结尾两章是庄子与惠

---

① 郭庆藩:《庄子集释》,北京:中华书局,1961 年,第 5 页。

② 刘笑敢:《庄子哲学及其演变》,北京:中国社会科学出版社,1988 年,第 3—32 页。

施的对话,《秋水》亦是如此。如果是庄子后学所作,应该不会做这样
的模仿。

我们这里对庄子哲学的阐发,完全以内七篇为依据。

一　庄子哲学的关键词:知

《庄子》内七篇中,"知"是最核心的概念。内七篇中,有六篇的第
一章是围绕着与知有关的命题展开的。《逍遥游》首章谈大知、小知的
问题。《养生主》开篇即讲"吾生也有涯,而知也无涯,以有涯随无涯殆
矣"。《人间世》第一章有"闻以有知知者矣,未闻以无知知者也"。
《德充符》第一章讲"以其知得其心""一知之所知"。《大宗师》开篇讲
"知天之所为,知人之所为者,至矣"。《应帝王》以"四问四不知"开
始。内七篇当中,明确论及"知"的有十七章,约占全篇的三分之一。

知的问题既是庄子哲学的核心问题,也是其他概念、命题的枢纽。
齐物与逍遥都以此为基础。

二　知的不同层次

讨论庄子对知的问题的思考,首先要弄清的是他所涉及的不同层
次的知的分类。

感官之知是当然要考虑到的。《养生主》里讲"官知止而神欲行",
"官知"就是由感官而来的知。庄子没有明确论及感官之知,但对感官
之知的不确定性的理解却是显见的。庄周梦为蝴蝶一章,觉与梦之间
界限的无法确定,即从侧面反映出感官之知的不确定性。除了感官之
知,庄子当然也涉及了事物间规律性关联的知识。《逍遥游》第一章前
半段几乎都在讲鹏究竟是如何飞起来的。为了使寓言显得更合理,庄
子引入了与常识的类比:"且夫水之积也不厚,则其负大舟也无力。覆

杯水于坳堂之上，则芥为之舟；置杯焉，则胶，水浅而舟大也。"①对可感现象背后的原因的理解，显然是庄子回避不了的知的类型。第三类是有明确价值取向的知："道隐于小成，言隐于荣华。故有儒、墨之是非，以是其所非，而非其所是。"②这一类型的知，是庄子关注的重点。

有明确价值取向的知，并不是只有是非。《德充符》讲："有人之形，无人之情。有人之形，故群于人；无人之情，故是非不得于身。"③在后面一章，庄子明确指出"无情"指的是"人之不以好恶内伤其身"。④庄子并没有简单地将好恶理解为负面的。在《大宗师》里讲述"真人"的部分，有"其好之也一，其弗好之也一"⑤的描述，由此可见，即使最高境界的人也并不能免于"好"和"弗好"。真人不同于寻常人的地方，在于既能"不以好恶内伤其身"，又能不将一己的好恶上升为普遍的是非。

可与不可、然与不然，是庄子哲学里反复出现的概念。《齐物论》："物固有所然，物固有所可。无物不然，无物不可。"⑥一般以为，可不可、然不然是与是非等同的概念。这其实是误解。可与然涉及的是具体的适合问题。两者的区分在于：可与不可着眼于客观上是否适合，然与不然重点强调主观上能否接受。可与不可、然与不然总是个别的、具体的，并没有统一的标准。《齐物论》里有这样一段借王倪之口说出的话：

且吾尝试问乎女：民湿寝，则腰疾偏死，鳅然乎哉？木处，则惴

---

① 钱穆：《庄子纂笺》，第 2 页。
② 同上书，第 13 页。
③ 同上书，第 47 页。
④ 同上。
⑤ 同上书，第 52 页。
⑥ 同上书，第 15 页。

慄恂惧，蝯猴然乎哉？三者孰知正处？民食刍豢，麋鹿食荐，蝍且甘带，鸱鸦耆鼠，四者孰知正味？蝯，猵狙以为雌，麋与鹿交，鳅与鱼游。毛嫱、丽姬，人之所美也；鱼见之深入，鸟见之高飞，麋鹿见之决骤。四者孰知天下之正色哉？自我观之，仁义之端，是非之涂，樊然殽乱，吾恶能知其辩！①

这里，是否合适、能否接受这个层面的知，与"仁义之端""是非之涂"是有着显见的区别的。

小大之辨是庄子哲学最醒目的话题之一。但如果对比《秋水》篇与《逍遥游》，我们将会清楚地看到两者关注点的不同。《逍遥游》首章的小大之辨，着眼的其实是小知和大知的问题："小知不及大知，小年不及大年。奚以知其然也？朝菌不知晦朔，蟪蛄不知春秋，此小年也。"②当然，与小知相对的大知，还不是真正意义上的大知。因为，这样的大知仍然是有所待的。在庄子的文本当中，待与知的关联是显见的。《大宗师》里讲："夫知有所待而后当，其所待者，特未定也。"③庄子强调真知。真知是不与小知相对的、真正意义上的大知，这样的知是无所待的。换言之，只有这样的知才是有真正确定性的知。

三　是非

在庄子那里，是非问题关涉的是被普遍化了的、与价值有关的知。《齐物论》"啮缺问乎王倪"的第一问即是："子知物之所同是乎？"④庄子不否认具体的可与不可、然与不然，但却否定有普遍同意的是非。因

---

① 《庄子纂笺》，第20页。
② 同上书，第2页。
③ 同上书，第49页。
④ 同上书，第19页。

为,"是若果是也,则是之异乎不是也亦无辩;然若果然也,则然之异乎不然也亦无辩"①。

然而人们总有执一时之可不可、然不然为普遍化了的是非之知的倾向。在《齐物论》中,庄子讲到了普遍存在的"成心":"夫随其成心而师之,谁独且无师乎? 奚必知代,而心自取者有之,愚者与有焉。"②"成心"指的是局于一域的见识以及与之相关的价值观念。不是只有"知代"的达者才有成心,心智低下的人同样具备。

但是,基于成心的是非,还不是最无谓的是非。《齐物论》"未成乎心而有是非,是今日适越而昔至也"一句,暗涵了对惠施的批评。③ 在庄子看来,"天下之辩者"乐之不疲的无聊辩论,"外乎子之神,劳乎子之精"④,纯粹是对生命的虚耗。但因为他们讨论的话题去常识太远,反而不会对普通人的生活产生负面的影响。对于这类既无意义又无影响的论题,庄子是并不措意的。

真正麻烦的是以成心为基础的是非。在庄子生活的时代,影响最大的莫过于儒、墨之间的更相是非。而是非之彰,也就意味着道的遮蔽和残缺。《齐物论》中有这样一则故事:

> 故昔者尧问于舜曰:"我欲伐宗、脍、胥敖,南面而不释然。其故何也?"舜曰:"夫三子者,犹存乎蓬艾之间,若不释然,何哉? 昔者十日并出,万物皆照,而况德之进乎日者乎!"⑤

马其昶指出:"'照'与'焰''灼'同字,《说文》:'灼,炙也。'《淮南》言

---

① 《庄子纂笺》,第 22 页。

② 同上书,第 12 页。

③ 同上书,第 13 页。《庄子·天下》篇里记载有惠施"历物之意"的十个命题,其中的第七个命题为:"今日适越而昔来。"同上书,第 274 页。

④ 同上书,第 47 页。

⑤ 同上书,第 19 页。

尧时'十日并出,焦禾稼,杀草木',即此所谓并炤也。"①将局于一域的可不可、然不然之知,上升为普遍的是非标准,仿佛十日并出,将万类都烤为焦炭了。被标榜为普遍标准的是非若仅仅体现为日常生活中统一的行为规范,无论多么刻板,也只是对部分人的桎梏。而一旦上升为文明的样板,并以此来模铸其他异质性文明,就势必会转变为残酷的征伐。章太炎《齐物论释》对此有极为深刻的论说:"原夫《齐物》之用,将以内存寂照,外利有情,世情不齐,文野异尚,亦各安其贯利,无所慕往,飨海鸟以大牢,乐斥鷃以钟鼓,适令颠连取毙,斯亦众情之所恒知。然志存兼并者,外辞蚕食之名,而方寄言高义,若云使彼野人,获与文化,斯则文野不齐之见,为桀跖之嚆矢明矣。"②

一旦有了普遍的是非标准的主张,道就遮蔽和残缺了:"是非之彰也,道之所以亏也;道之所以亏,爱之所以成。"③以这样的是非为基础的仁爱,使人丧失了本真的生存境域:

> 泉涸,鱼相与处于陆,相呴以湿,相濡以沫,不如相忘于江湖。④

本真的生存失去以后,才会有相互关切、相互扶持的爱。而这样的爱,不再能让人自适其适。而是在关爱中,构成了彼此的干扰。

四　以明与因是

要想破除对普遍的是非的主张,庄子给出的方法是"以明"和"因

---

① 马其昶撰、马茂元编次:《定本庄子故》,合肥:黄山书社,1989 年,第 17 页。

② 章太炎:《齐物论释》,《章太炎全集》第一辑,上海:上海人民出版社,2014 年,第 46 页。

③ 《庄子纂笺》,第 16 页。

④ 同上书,第 52 页。

是"。《齐物论》说："道隐于小成，言隐于荣华。故有儒、墨之是非，以是其所非，而非其所是。欲是其所非而非其所是，则莫若以明。"①很多学者将"莫若以明"当作一个词。这其实是一种误解。从后文的"此之谓以明"②看，"以明"是一个完整的表达。"莫若以明"是在说，没有比"以明"更好的方法。而"以明"要达到的目标是"欲是其所非而非其所是"。

与"以明"在同一语境中出现的还有"因是"。从"夫言非吹也"到"无适焉，因是已"这四章当中，"因是"出现了四次。《齐物论》中这样说道：

> 是以圣人不由而照之于天，亦因是也。是亦彼也，彼亦是也。彼亦一是非，此亦一是非。果且有彼是乎哉？果且无彼是乎哉？彼是莫得其偶，谓之道枢。枢始得其环中，以应无穷。是亦一无穷，非亦一无穷也。故曰"莫若以明"。③

作为个别的存有，总有其局于一域的知。由于大部分人只能自知其知，而不能知人之知，所以，自然倾向于将自己的一域之知普遍化为统一的是非标准。只有极少数达者，知道彼与是的不确定性，从而能不立是非，亦不简单地消解是非。从"枢始得其环中"的表达看，"道枢"之"枢"，应该是枢轴的意思。枢轴为转动的基础，其本身却并不随车轮转动。超出彼与是的对待，方能以道为枢，来因应无穷的是非。

简单地消解是非，会引生出更根本的对是非的强调。因为如果我们说分别是非是不对的，不分别是非才是对的，这岂不是又落入到了是非当中？所以，正确面对各种是非的纷扰的方法是"因是"。所谓"因

---

① 《庄子纂笺》，第 13 页。

② 同上书，第 17 页。

③ 同上书，第 13—14 页。

是",就是肯定所有的是非的主张。通过这样的肯定,各种被强调为普遍的是非标准,就自然显露出其相对性来。而相对化了的是非,也就自然被还原到了一域之知的地位。而之所以要"因是",而不是"因非",即不能将所有是非主张都否定掉,是因为那样做会导致如下三种结果:其一,另立自己的是非标准。其结果是在纷纭的是非当中又增添一层纷竞。《齐物论》说"使异乎我与若者正之,既异乎我与若矣,恶能正之"①;其二,普遍地否定一切是非,则会引出更根本的是非问题;其三,一旦从根本上否定掉一切是非,则会剩下绝对的无差别的虚无,世间的一切准则也就都失去了意义。而这显然不是强调"子之爱亲,命也,不可解于心"②的庄子所能接受的。

五　知与我

不管什么层次的知,都与作为主体的"我"有关。而这个"我",其实只是"吾之"的结果:"且也相与吾之耳矣,庸讵知吾所谓吾之乎?且汝梦为鸟而厉乎天,梦为鱼而没于渊。"③对此,王夫之评曰:"人自于其生而自名曰此吾也",而"吾之者谁也?"④既然"我"其实只是"吾之"的结果,那么,"我"就是没有确定性的。同时,"我"既然由"吾之"而来,那么,谁是"吾之"的根源呢?

庄子有的时候给人的印象是要消除这个"我",比如他讲"心斋"和"坐忘"。《大宗师》言"坐忘"曰:

---

① 《庄子纂笺》,第 22 页。

② 同上书,第 34 页。

③ 同上书,第 59 页。

④ 王夫之:《老子衍·庄子通·庄子解》,北京:中华书局,2009 年,第 141 页。

> 堕枝体,黜聪明,离形去知,同于大通,此谓坐忘。①

但如果真的消解掉了"我",那么,人与无知无识的石头、土块有什么区别呢?

理解庄子哲学,一定要注意其与彭蒙、田骈、慎到的哲学的不同。《天下》篇述彭蒙、田骈、慎到之学曰:

> 夫无知之物,无建己之患,无用知之累,动静不离于理,是以终身无誉。故曰:"至于若无知之物而已,无用贤圣,夫块不失道。"豪杰相与笑之,曰:"慎到之道,非生人之行,而至死人之理,适得怪焉。"②

如果庄子哲学的宗旨是去除人的主体性、主动性,使人沦为完全被动的存在,那么,庄子也就与慎到全无分别了。

在庄子那里,有最高境界的人显然不是被动的。比如,《德充符》里孔子对兀者王骀是这样理解的:

> 勇士一人,雄入于九军。将求名而能自要者,而犹若是,而况官天地,府万物,直寓六骸,象耳目,一知之所知,而心未尝死者乎!③

至人能够"官天地,府万物",所以,非但不是完全被动的,反而是有着最高的主体性和主动性的存在。之所以要忘掉"知"和"我",是因为它们限囿和遮蔽了更为根本的主动性。

自矜其一知一能的人,满足于自己有限的知和能,与嘲笑鹏的斥鷃没什么分别:"故夫知效一官,行比一乡,德合一君,而征一国者,其自

---

① 《庄子纂笺》,第61页。

② 同上书,第271页。

③ 同上书,第42页。

视也,亦若此矣。"①而真正明达的人则能超越有限的知的局限,看到其本质上的不确定性。《大宗师》开篇就写道:

> 知天之所为,知人之所为者,至矣。知天之所为者,天而生也;知人之所为者,以其知之所知,以养其知之所不知,终其天年,而不中道夭者,是知之盛也。②

在这段文字里,天与人的分别似乎是确定的,但接下来"庸讵知吾所谓天之非人乎?所谓人之非天乎?"的设问,又明白地告诉我们:天与人的界限也是权宜的。区分天、人的关键还是在于知与不知的关系。"知天之所为者,天而生也",其实说的是天的不知其所以然而然,属于不知的范围。"以其知之所知,以养其知之所不知",是由知达至不知。由知达至不知的过程,同时也就是由人而达诸天的过程。这里的"养"字表明,不知才是目的,知是达到不知的手段。以知为手段的不知,是真正的达者的不知,与蒙昧无知的不知是有着本质分别的。庄子哲学中的真人、至人,都既能超然物外又能顺通世情。懵然无知者连简单的生活都无法料理,谈何顺通世情、超然物外?如果无知无识就是至人,那么,达到至人之境就再简单不过——用药把自己弄成痴呆不就结了?

知与不知的关系,正是《应帝王》最后一章关于浑沌的寓言所隐喻的主题:

> 南海之帝为儵,北海之帝为忽,中央之帝为浑沌。儵与忽时相与遇于浑沌之地,浑沌待之甚善。儵与忽谋报浑沌之德,曰:"人皆有七窍,以视听食息,此独无有,尝试凿之。"日凿一窍,七日而浑沌死。③

---

① 《庄子纂笺》,第 3 页。
② 同上书,第 49 页。
③ 同上书,第 68 页。

这个寓言里首先要注意的是"儵"和"忽"的名字,王夫之将其分别解为"儵然之明"和"忽然之暗"。① 船山这一解释将"儵""忽"之名与知的问题关联起来,是深有所见的。但以"儵"为明,以"忽"为暗,则失之轻率。从后面"人皆有七窍,以视听食息"一句看,"忽"并不是懵然无知的"暗"。"儵""忽"皆有短暂之义,而南、北相背相反,所以,"南海之帝""北海之帝"喻指的是相反相背的、不确定的知。"浑沌"则喻指不知。彼此相悖的、没有确定性的知"相与遇于"不知之地,不至于完全分隔开来,而且还在不知中得到了保全——"浑沌待之甚善"。"儵"与"忽"凿"浑沌"之窍,"浑沌"死。没了"浑沌"则"儵"与"忽"也失去了彼此相遇的可能。局于一域的、不具确定性的知,一旦失去了不知的涵容,将不得不在彼此悬隔中自限自绝,没有通达出来的可能。不知如冬夜的雪被,在酷寒中护持各样种子的生机;又如深度的睡眠,滋润出浸透霞光的精神。

《齐物论》开篇"荅焉似丧其耦"的南郭子綦所说的"今者吾丧我",丧失掉的正是与种种具体的、局部的知相关联的"我"。超越与"我"相伴随的局部的知和局部的不知,从而达到根本的不知和恒常的"真我"。当然,不知终归还是一种知,"真我"也仍然不外乎"我"。

六 不知

庄生梦蝶的寓言,是《庄子》书中最脍炙人口的名篇之一。因为蝴蝶这一喻象,有人就将这则寓言讲成一个美丽的故事。事实上,《庄子》内七篇中谈及的梦境很多,既有"梦为鱼""梦为鸟",也有"梦饮酒""梦哭泣"。谈及梦境的章节,关注的都是根本的哲学问题,与美不

---

① 《老子衍·庄子通·庄子解》,第 149 页。

美一点儿关系都没有。毫不夸张地说,梦蝶一章即使改为"庄周梦为毛毛虫",也丝毫不影响其中的哲学分量。《齐物论》末章曰:

> 昔者庄周梦为胡蝶,栩栩然胡蝶也。自喻适志与! 不知周也。俄然觉,则蘧蘧然周也。不知周之梦为胡蝶与,胡蝶之梦为周与? 周与胡蝶,则必有分矣。此之谓物化。①

这一章的逻辑结构在于:由前面的两个确定无疑的不知,得出了两个确定无疑的知。梦为蝴蝶时,不知自己为庄周,醒来后,又无法确证自己现在的庄周之境不是蝴蝶所梦。由这两个不知,可以得出两个确定的结论:其一,蝴蝶之境与庄周之境"必有分矣";其二,无论何种物境都是从别的物境转化而来的。既然一切物境都从别的物境转化而来,那也就证实了外境或他者的存在。

人总在不知之化当中。在盲目的大化流行面前,人是无可如何的。对于人而言,最坚硬的客体莫过于这不知其所以然而然的"不得已"。庄子说:"夫藏舟于壑,藏山于泽,谓之固矣。然而夜半有力者负之而走,昧者不知也。"②无论怎样努力地自我保持,在变化的伟力面前都是被动和脆弱的。郭象解释"夜半有力者"时说:"夫无力之力,莫大于变化者也。"③人在变化面前的不由自主,揭示出了更主动的他者的存在。

《齐物论》"瞿鹊子问乎长梧子"一章,有一段关于"辩无胜"的讨论。就文章的脉络而言,此段的重点其实并不在于"辩无胜",而在于指出:"我与若、与人,俱不能相知也,而待彼也邪?"④彼此不能相知的

---

① 《庄子纂笺》,第23页。
② 同上书,第52—53页。
③ 《庄子集释》,第244页。
④ 《庄子纂笺》,第22页。

人们所待的"彼",就是作为万有不知其所以然而然的根源的更主动的他者。

这一更主动的他者,是人的知所不能把握的。《应帝王》开篇所讲的"啮缺问于王倪,四问而四不知",显然是对《齐物论》"啮缺问乎王倪"一章的概括:

> 啮缺问乎王倪:"子知物之所同是乎?"曰:"吾恶乎知之!""子知子之所不知邪?"曰:"吾恶乎知之!""然则物无知邪?"曰:"吾恶乎知之!"[①]

这一节对话的前两层,道出了不知的不同层次。对"物之所同是"的不知,是与具体的知相对的不知。而对"子之所不知"的不知,则是根本的、无所对待的不知。这个层面的不知可以表达为:我知道我不知道自己不知道什么。由于这一无待的不知仍然是一种心知,所以并不是僵死、被动的。它内在于心灵当中,同时又是更主动的、无待的他者。

我们在这里要再次强调不能将庄子的"安时而处顺"理解为慎到的"死人之理"。庄子的不知或无知指向的是更灵动的根源,这一根源并不是外在的,而是内在于人的心灵的:

> 以其知得其心,以其心得其常心。[②]
>
> 闻以有翼飞者矣,未闻以无翼飞者也;闻以有知知者矣,未闻以无知知者也。瞻彼阕者,虚室生白,吉祥止止。夫且不止,是之谓坐驰。[③]

"以无知知者"的心灵,不是玄冥寂灭的,而是"虚室生白,吉祥止止"的。关于"坐驰",郭象《注》说:"若夫不止于当,不会于极,此为以应坐

---

① 《庄子纂笺》,第 19 页。

② 同上书,第 42 页。

③ 同上书,第 32—33 页。

之日而驰骛不息也。故外敌未至而内已困矣,岂能化物哉!"①成玄英《疏》更是直接将"坐驰"解释为:"形坐而心驰者也。"②这是将"坐驰"理解为负面的外向驰逐了。王敔的解读则完全相反:"坐驰,谓端坐而神游六虚。"③王敔的解释承自王夫之:"若然者,凝神以坐,而四应如驰;即有不止者,亦行乎其所不得不行。"④从《庄子》这一节本文的语脉看,王船山父子的解释应该更合乎上下文的文理。由无知而来的虚室之白,绝不是无作用的,而是能"四应如驰",使其他人在其影响下得其所止的。而这一虚室之白,也就是《德充符》的"常心"。

七　齐物

《庄子·天下》篇在"道术将为天下裂"以下,列举了六个思想流派。其中最后一家是以惠施为代表的名辩家。武内义雄认为,惠施章"或即北齐杜弼所注惠施篇"⑤。钱穆和王叔岷也持相同的看法。从整篇结构看,武内义雄等人的意见应该是对的。理由有二:其一,列数前五个流派时,都有"古之道术有在于是者,某某闻其风而说之"这一固定的句式,惠施章却没有;其二,《天下》篇陈述各家思想,以"庄周闻其风而说之"结末,作为《庄子》的最后一篇,无疑是更为合理的。郭象将《惠施》篇移至全书结尾,应该是有其时代的针对性的。对于魏晋清谈的"辨名析理"之风,郭象斥之为"无经国体致"的"无用之谈",不过能让"膏粱之子""宣其气""系其思","性不邪淫"而已。在郭象看来,庄

---

① 《庄子集释》,第 151 页。

② 同上。

③ 《定本庄子故》,第 29 页。

④ 《老子衍·庄子通·庄子解》,第 114 页。

⑤ 《庄子纂笺》,第 273 页。

子与辩者之流是有着本质不同的。①

事实上,《天下》篇并不是一般意义上的先秦学术史文献,不是对先秦学术思想的整体概述。这与后来司马谈的《论六家要旨》不同。二者之间最明显的差别在于,《天下》篇没有将儒家列入"百家之学"。详细考察篇中论列的五个思想流派,会发现他们的思想虽有根本不同,但有一点是一致的:都有"齐物"的倾向。

庄子显然是了解当时的种种"齐物"主张的,所以,才会说:"劳神明为一,而不知其同也,谓之朝三。"最典型的"劳神明为一",应该指的是惠施。根据《天下》篇的惠施章,惠施显然是有齐物思想的:"天与地卑,山与泽平。……大同而与小同异,此之谓小同异;万物毕同毕异,此之谓大同异。"②从此章后面所列辩者们的主题看,惠施的齐物应该是通过种种诡辩式的思维逻辑达到的,只能胜人之口,而不能服人之心。在庄子看来,这样的齐物的问题在于"劳神明"。而他在对惠施的批评当中,也明确地指出了这一点:"今子,外乎子之神,劳乎子之精。"③与庄子所批评的"劳神明为一"相反的,显然不是放弃思考,而是某种思的易简之道。

《齐物论》中论及齐物的思想,是从一句令人费解的话入手的:"以指喻指之非指,不若以非指喻指之非指也;以马喻马之非马,不若以非马喻马之非马也。"这里的"指"和"马"应该是辩者的常用概念和主题,不必特指公孙龙的《白马论》和《指物论》。"非指"与"指"、"非马"与"马"凸显和强调的显然是差异。庄子这句话应理解为:以同一来讲明同一当中的差异,不如以差异来讲明同一当中的差异。一切事物之所以成为这个事物,在于它的各种属性。而事物的属性必定来源于与其

---

① 《庄子集释》,第 1114 页。

② 《庄子纂笺》,第 273—274 页。

③ 同上书,第 47 页。

他事物的对比。这样一来,每个事物的自身同一当中,就内涵了与其他事物的差异。就每个事物都内涵了与其他事物的差异,或者说,内涵了其他事物的属性而言,我们是可以合理地推论出庄子所说的"天地,一指也;万物,一马也"①的结论的。万物无不在以同一与差异的关系为内涵的变化当中:

> 参万岁而一成纯,万物尽然,而以是相蕴。②

无尽时间里杂糅着的变化和差异,同时也就证实其根本上的同一。万物之间就是如此相互蕴涵,通同为一的。

那些真正体达了"恢恑憰怪,道通为一"的人,会在浑然中忘却各个层面彼此对待的知与不知,从而洞见根本性的、无所对待的不知。而无待的不知根植于根本性的他者。这一根本性的他者是一切事物和变化的根由:

> 吾犹守而告之,参日而后能外天下;已外天下矣,吾又守之,七日而后能外物;已外物矣,吾又守之,九日而后能外生;已外生矣,而后能朝彻;朝彻,而后能见独;见独,而后能无古今;无古今,而后能入于不死不生。杀生者不死,生生者不生。其为物,无不将也,无不迎也;无不毁也,无不成也。其名为撄宁。③

庄子的齐物导向的绝不是漫无分别的随波逐流,而是对最根本的能动者的体知。通过对无所对待的根者的体知,达到对种种有限的分别的超越,从而振起于无尽变化,亦安身于无尽变化。所谓"忘年、忘义,振于无竟,故寓诸无竟"④,正是这种最根本的主动性的体现。

---

① 《庄子纂笺》,第 14 页。
② 同上书,第 21 页。
③ 同上书,第 54—55 页。
④ 同上书,第 22 页。

八 "为是不用而寓诸庸"

在庄子哲学里,"心斋"和"坐忘"都不是要在静观中与虚无同体,而是通过无所对待的根本性的不知超越各种层面彼此对待的知与不知带来的拘限,达到更为主动的生活。而这一更为主动的生活,是以"用"为核心来展开的:

> 惟达者知通为一,为是不用而寓诸庸。庸也者,用也;用也者,通也;通也者,得也。适得而几矣。①

"用"是生活世界一切关联的枢纽,也是事物实现自身的关键,因此说:"用也者,通也;通也者,得也。""用"当中凝结了各个层次的人、物的关联:首先,人与人的关联。任何一种具体的用,都呈显出在用者与他人的联系。工厂车间里专注于车床上零件加工的人,他对眼前工具的用指向的是其他潜在的使用者;其二,人与物的关联。任何具体的用,都是人对用具的用具性的释放和发挥;其三,物与物的关联。任何一个用具,都不是孤立的,而是内在于一个用具关联的整体当中。比如,茶壶总是关联并指向茶杯的。

在用的关联中,人与人、人与物以及物与物之间始终保持为差异基础上的同一。没有上述种种差异,用的各个环节都是无从展开的。对于人而言,用的实现总是指向与自己处在不同生存处境或生存环节的他人。而人之所以需要用,则要么是因为所用用具上面有人不具备的属性和功能,要么是通过用来达到某种人有所需求但眼下又不具备的东西。具体的用具也总是在其他与之不同的东西中才实现其功用的。仅仅靠齿轮,是不可能构成任何机械的。当然,如果仅仅有差异,而不

---

① 《庄子纂笺》,第15页。

能将这些差异限定在某种相互依赖的关系当中,也无法实现出任何的功用。象棋的棋子出现在围棋的棋盘上,不会有任何的意义。用将各种差异关联为一个整体,其各个部分都是整体得以维持和运转的条件。在不可或缺的意义上,每个具体的部分都是同等重要的。在用当中,积极主动的齐物才有了可能。

当然,在庄子那里,"用"和"庸"显然是有区别的。从上面的引文看,"庸"既是用,又是不用。庸与一般意义上的用的不同在于,前者有"通"的品格。那么,不"通"之用与庸的区别何在呢?在生活世界里,任何具体的用的关联总是从属于人设定的目的。人的可行的目的总是以人的知的程度为基础的。比如,按当今人类的知识水准,我们可以把登上月球或者火星作为一种可能的目的,并围绕这一目的做种种有关的尝试和探索。任何有起码的科学常识的人,都不会把银河系外的某个星系当作目标。围绕具体的目的,事物的某一方面的特质被强调出来作为有用的部分,而其他部分则要么是从属于这一有用的部分,要么干脆是多余的。比如,在制造飞机时,材料的强度是我们需要的,而它的质量是要克服或尽可能舍弃的。与知相关联的用,在具体用具的内部都制造出了区隔,又怎么能通达别的器物呢?根源于彼此对待的知与不知的用,使作为用具的物在彻底的固化当中被扭曲和耗损。而根源于无所对待的不知的"适得之用",则在用具的用具性得到充分实现的同时,唤醒和照亮周遭一切事物的丰富可能。当然,这样的"适得之用"的总体实现,在今天这样一个经验科学的自信光芒普遍照耀的时代,只能是一份诗意的乡愁了。

根源于无所对待的不知的不用之庸,将一切自诩为普遍的知都还原为切近的经验,从而在根本上克服了是非的纷扰:

为是不用而寓诸庸，此之谓以明。①

在朴素的不用之庸当中，是非对待所造成的分裂的世界，才能在根本上复归为一，从而达到某种真理性的生存。

九 真知与无待

《庄子》内篇多次述及至人之境，仅《逍遥游》篇就有两处。细读《逍遥游》中这两段描述，我们可以清楚地看到其中的一贯：

> 若乎乘天地之正，而御六气之辩，以游无穷者，彼且恶乎待哉！
> 藐姑射之山，有神人居焉，肌肤若冰雪，淖约若处子。不食五谷，吸风饮露。乘云气，御飞龙，而游乎四海之外。②

这里，值得特别注意的是"乘""御""游"三个动词。《齐物论》中的表述略有变化："若然者，乘云气，骑日月，而游乎四海之外。"③从这一组动词表达出的意味看，庄子的至人对于天地变化显然不是简单的被动姿态。

至人的根本的主动性，在《德充符》的表述中，有更为明确的体现：

> 而况官天地，府万物，直寓六骸，象耳目，一知之所知，而心未尝死者乎！④

更重要的是，这一"官天地，府万物"的根本的主动性，与知和心紧密关联起来。"知之所知"各个不同，总是有对待的。能够齐一不同的知的，只有无所对待的不知。而正如我们前面说到过的那样，这无所对待

---

① 《庄子纂笺》，第17页。
② 同上书，第4—6页。
③ 同上书，第20页。
④ 同上书，第42页。

的不知不是全然懵懂的无知，而是确定无疑的真知。通过觉知这一无所对待的、确定无疑的真知，"未尝死"的"常心"也就剥去种种被动的囿限，呈显出其恒常不变的主动性来。真正实现了这种恒常的主动性的人，才是无待的。以无所对待的不知为内容的真知，将绝对的主体和绝对的他者揭示并等同起来。世间的一切变化，无论是一般理解中的物质的，还是心灵的，都是以此为根源和基础的。一切短暂的变化中的存有，都是被动和有对待的，只有这恒常不变的根基才是真正的主动者。

当然，至人之境并不是人人都能达到的。在《大宗师》里，连有圣人之道的女偊，都无法体达最高的境界，而只能将所知的圣人之道传给"有圣人之才"的卜梁倚。这一思想，是庄子政治哲学的起点。或许也是《庄子》内七篇以《应帝王》作结的用意所在吧。

第五讲

有无之辨：王弼的哲学

王弼字辅嗣，山阳高平（今山东金乡）人。生于魏黄初七年（226），去世于魏正始十年（249），年仅二十三岁。王弼是中国哲学史上最重要的哲学家之一，其思想对后世产生了深远影响。

据《世说新语》载：

> 何晏为吏部尚书，有位望，时谈客盈座。王弼未弱冠，往见之。晏闻弼名，因条向者胜理语弼曰："此理仆以为极，可得复难不？"弼便作难，一坐人便以为屈。于是弼自为客主数番，皆一坐所不及。①

在盈座"谈客"中，不仅用驳难使"一坐人以为屈"，更"自为客主数番"，王弼在当时思想界的超然地位可见一斑。关于王弼的死因，历史上没有明确的记载。他虽然与何晏交游甚密，政治派别上属于曹魏政治集团，但应该没有太深地卷入其中。正始十年高平陵政变后，何晏被杀。王弼没有受到直接的牵连。但当年秋天，就病故了。据说王弼死后，司马师在家里叹息了好几天：可惜一个如此有才华的人就这么没了。

王弼注释了三部重要经典：《老子》《周易》《论语》。德国汉学家

---

① 徐震堮：《世说新语校笺》，北京：中华书局，1984 年，第 106 页。

鲁道夫·瓦格纳认为王弼之所以选择注释这三部经典,是因为在他看来只有这些经典是真正的圣人之言,里面包含对宇宙人生真正深刻的洞见。王弼的著述保存得比较完整。其《老子注》《周易注》都没有散佚。《论语释疑》虽非全帙,但大量佚文被收入皇侃的《论语义疏》。从"释疑"的篇名看,此书应该不是对《论语》全书的注释。《论语义疏》中保留下来的部分,应该与原本相去不远。除三种注释外,王弼还有两篇重要文章,即《周易略例》和《老子指略》。《老子指略》长期以来被认为已经散亡。直到王维诚据《云笈七签》中《老君指归略例》和《道藏》中《老子微旨例略》,辑为《老子指略》,王弼的这篇重要文章才被重新发现。我们现在研究王弼,最主要的资料是楼宇烈先生的《王弼集校释》。德国汉学家鲁道夫·瓦格纳的《王弼〈老子注〉研究》,也是重要的参考。

一 解释学原则

王弼的哲学著作,都是以注释形态出现的。《老子注》和《周易注》作为对经典的阐释,不免要涉及所谓解释学的问题。现在有许多人强调所谓的解释学前见,认为任何解释都是解释者自己的解释,无论如何不能达到经典的原意。因此所有的解读本质上都是误读,关键就看误读有没有创造性,所以学术界居然一度提倡所谓"创造性误读"。解释学理论自有其深刻的地方,但如果以此为借口掩盖读书的不认真,进而认为一切解释的品质都差不多,就走得太远了。

在中国古代思想家那里,理解作者的原意是解释者理所当然的追求。就王弼而言,他显然认为自己真正把握住了《老子》和《周易》等经典的精神实质。张岱年先生在《中国哲学史史料学》中讲,王弼在《老子注》中更多的是借助注释来传达自己的思想。这种说法至少是不够全面的。在王弼本人那里,注释《老子》就是为了挖掘出老子的本意,理解、捕捉老子的思想，而不是要发挥所谓自己的哲学。在中国哲学传统里，哲学家总是自觉地将自己的思想内置于此前的伟大传统，而非念念不忘要强调出一个"我"字来。

细读王弼的注释，尤其是《老子注》，有两个特点值得注意。首先，自觉接受文本的约束。以《老子》第四十五章的"躁胜寒，静胜热"为例。其中的"躁胜寒"不仅与老子的气质不合，更与后面"静胜热"一句难以协调。因此，有些注释为了思想的贯通，把这句话改作"静胜躁，寒胜热"。与这种轻易改变本文的做法不同，王弼接受了本文并给出这样的注解：

> 躁罢然后胜寒，静无为以胜热。①

王弼只是在老子的原文中加入了几个字，就把本来含糊、有歧义的原文，说得清清楚楚。这一解释讲明了躁何以能胜寒、静何以能胜热的原因。也许正是这种对经典本文的尊重，才使得王弼的思想有了如此高的品质吧。轻易地改变经典的本文，意味着以解释者的自我判断凌驾在文本之上。这是一种极糟糕的阅读方式。阅读不再是自我丰富和提升的方式，反而成了自我的不断强化和复制。尊重文本，意味着将自我置于文本之下。而这才是我们面对经典应有的态度。

其次，限制文本的解释空间。《老子》本文没有确定的语境，解释空间巨大。这样的文本潜能，使得对《老子》的解释有众多的维度：《韩非子》的《解老》篇和《喻老》篇的政治哲学解释、《河上公注》的养生论诠释、《想尔注》的道教阐释、严遵治身与治国并重的诠解。瓦格纳指出：王弼《老子注》的重要目标之一，就是降低文本的多义性。围绕这一解释学目标，王弼创造性地发展出了众多解释的技艺。比如，揭示出老子本文的内在结构。《老子》第一章讲："无名，天地之始；有名，万物

---

① 《王弼集校释》，第123页。

之母。"在一般的理解里,"始"和"母"的区别至少是不够明确的。王弼则将二者放在了一个并立的结构中,从而将其分别与"生之"和"成之"的作用对应起来,使两者的内涵更加确定。第一章结尾一句"玄之又玄,众妙之门",我们一般把"众"理解为对"妙"的修饰语,"妙"是细微的开端,"众妙"似乎是众多之妙的意思。但在王弼解释里,"众"与"妙"成了并列的关系。"众"呼应的是有名、有欲,"妙"则对应无欲、无名。这样的解释,就使文本的含糊程度大大降低。再如,为《老子》中众多没有确定主语的话引入主语。王弼常常通过在注释中引用有明确主语的话,将没有明确主语的句子的主语确定下来,从而使文本的指向更加清楚。通过对文本多义性的克服,王弼试图揭示出《老子》本文所蕴涵的清晰的、确定不疑的哲学含义。当然,这一目标的实现,是以王弼杰出的理解力和文本构造能力为基础的。王弼《老子注》是我个人最喜欢的《老子》注本,因为他揭示出的《老子》的思想是最为确定的。这种确定的哲学阐释,即使错都错得眉目清楚。

二　言意之辨

汤用彤先生在《魏晋玄学论稿》中有一段著名的论断:

> 新学术之兴起,虽因于时风环境,然无新眼光新方法,则亦只有支离片段之言论,而不能有组织完备之新学。故学术,新时代之托始,恒依赖新方法之发现。①

魏晋新学风赖以形成的新眼光、新方法,就是"言意之辨"。在《言意之辨》一文中,汤先生以此来贯通整个魏晋新学风。

"言意之辨"首先跟语言的问题有关。中国古代哲学对语言问题

---

① 　汤用彤:《魏晋玄学论稿》,上海:上海人民出版社,2015 年,第 21 页。

的思考是非常深刻的。《老子》第一章"道可道,非常道;名可名,非常名",就指出了语言在表达终极实在时的局限性。《庄子》对语言的边界和不确定性也有突出的彰显。当然,把《老子》开篇的这两句话视为老子根本的哲学洞见,恐怕是很成问题的。"道可道,非常道;名可名,非常名"不是一个哲学上的结论,而是一个哲学表达必然要面对的问题。因为哲学无论如何是靠语言来工作的。我们表达思想离不开语言,而语言在把握终极实在的时候又有其固有的局限性。这种困境是王弼注释《老子》时首先要面对的。

语言哲学是 20 世纪西方哲学的主要潮流。有些语言哲学的流派甚至将哲学的基本问题都归结为语言的误用。它们认为哲学的本质就是语言分析,而我们所说的"本体""实体"之类的概念都是语言误用的结果。这类的主张,实际上是用语言分析取消了哲学问题。同样面对语言的困境,中国传统哲学没有走向对哲学问题的否定。在对语言的不可靠性有深刻理解的情况下,如何用语言来表达和把握终极实在,也就成了魏晋玄学的核心问题。"言不尽意"是魏晋时期言意之辨的基本主张。由此而来的新眼光、新方法,深刻地塑造了魏晋的时代风格。汤用彤先生将其影响总结为四个方面:

其一,用于经典之解释。这个时代的经典解释整体上体现了"言不尽意"的思想态度。通过"言不尽意"的强调,文本的表面含义与其真实的哲学意旨之间的差别得到了凸显。因此,经典解释就要透过文本的表面,进探其思想的内在实质。以这一精神为底蕴的魏晋新经学,不像汉代经学那样固执于文字的表面,而是着眼于经典文本所关注的问题本身。

其二,既然"言不尽意",则"忘象忘言"也就成了当然的追求。"忘象忘言"不仅是魏晋新学风的方法,而且是玄学宗旨的体现。"玄"其实就是不可知、不可言说。只有通过"忘象忘言",才能摆脱言象,去探索不可言说的终极实在。

其三,以"得意忘言"的精神会通儒道,从而超越学派的界限。王弼的著述中既有《老子注》,也有《论语释疑》和《周易注》,这三种经典的学派归属问题,似乎根本就不在王弼的关注当中。瓦格纳说王弼根本没有自觉到自己是所谓道家,而是自认为是超越学派的哲学家,这一看法是很有见地的。《老子指略》中批评了儒、墨、名、法各家,却没有对道家的批评。瓦格纳认为这是因为《老子指略》既然收载于《道藏》,则王弼关于道家的批评应该已被编辑者删去了。这当然只是一种猜测。但王弼、郭象等人更关注哲学本身,而不是自限于某一学派的宗旨,却是其基本的思想倾向。这种超学派的倾向在两宋道学中,也有一定程度的体现。

其四,"言意之辨"不仅与玄理有关,也对名士的立身行事有深刻的影响。魏晋士人脱略形骸,其所以能如此,是因为他们重的是"神",而非"形"。这些名士要么像何晏、王弼,在政治思想层面上强调无为——部分地超越束缚人的社会名分;要么就像嵇康、阮籍,生活态度上重放达——整体上超越社会礼法的约束。他们甚至连自己的形体、形象都不重视,"头面常一月十五日不洗"①。外在形象不足以反映内在的精神实质,是"言不尽意"在生活态度上的体现。"言不尽意"的精神还影响了魏晋的艺术风格。《世说新语·巧艺》讲顾恺之画人,画完形体之后,数年不点目精:"四体妍蚩,本无关于妙处;传神写照,正在阿堵中。"②形体的美丑根本不重要,关键是眼睛里传达出的精神。

语言能否把握终极实在,是研究《老子》入手就要解决的问题。《老子》一上来就把语言的困境揭示出来,但这并不意味着哲学的洞见真的无法表达。在超越表达的困境上,王弼做了重要的创发。

对"名之"和"谓之"做出强调性的区分,是王弼解决表达终极实在

---

① 戴明扬:《嵇康集校注》,北京:中华书局,2014 年,第 196 页。

② 《世说新语校笺》,第 388 页。

的语言困境的关键：

> 名必有所分，称必有所由。有分则有不兼，有由则有不尽；不兼则大殊其真，不尽则不可以名，此可演而明也。[1]

这里的"名"比较接近我们今天常用的定义化的命名，比如我们谈到某人、某物、某一属性，张三李四、猪狗牛羊、温凉宫商等等名相，都是定义化的限定。"名必有所分"，也就是说只要有了"名"就有了分别和限制。我们定义一个东西，实质上就是要给它以限定。比如我们定义"桌子"这个概念，就是要区分出它与其他家具的不同。有了差异就有了分别，有了分别就有了明确的界限，所以"有分则有不兼"。"名"有所限定的本质，决定了它不能兼顾所有。具体的存在物是有规定性的，而终极实在没有具体的规定性，所以是不能用定义化的语言加以限定的。

终极实在虽然不可以"名之"，但却可以"谓之"。王弼特别指出了"名号"和"称谓"的区别：

> 名也者，定彼者也；称也者，从谓者也。名生乎彼，称出乎我。[2]

> 名号生乎形状，称谓出乎涉求。[3]

"名"是跟对象有关系的，"称"则是从指谓者出发的。所以"名"一定是和客观的物的相状结合在一起的，而"称"则来源于主体的诉求。"名号"一定与具体存在者的形状、性质等外在表象有关，所以"名之"的对象，一定是可摹状、有具体属性、确定特征的事物。而"道"是没有具体的相状和规定性的，对于"道"和"无"这样的终极实在，我们不能用定义化的"名号"去界定它，但可以用指示性的语言来"称谓"它。

---

[1] 《王弼集校释》，第 196 页。

[2] 同上书，第 197 页。

[3] 同上书，第 198 页。

"名"是从客体来的,"称"则出于主体,所以说"名生乎彼,称出乎我","名号生乎形状,称谓出乎涉求"。因为有了"名之"和"谓之"的区别,王弼就可以非常有效地把《老子》书中诸如"玄""大""道""微"等重要概念统一起来,将它们视作人从不同角度来谈论终极实体时的权宜的称谓:

> 夫"道"也者,取乎万物之所由也;"玄"也者,取乎幽冥之所出也;"深"也者,取乎探赜而不可究也;"大"也者,取乎弥纶而不可极也;"远"也者,取乎绵邈而不可及也;"微"也者,取乎幽微而不可睹也。然则"道""玄""深""大""微""远"之言,各有其义,未尽其极者也。①

万物都要经由它、通过它才成为自己,终极实在就是万物存在并成为自己的道路。从这个角度把握终极实在,我们可以称其为"道"。从终极实在没有任何具体属性的角度,可以称之为"玄"。从终极实在无所不包看,我们可以称其为"大"。而《老子》中常用的"深""微""远",也是从不同主观角度,对道的不同把握。虽然这些"称谓"都不能穷尽终极实在,但通过这样的"谓之",我们有了谈论终极实在的方法。

至此我们可以看到,王弼并没有以"言不尽意"为借口放弃对真理的思考和表达。通过"名之"和"谓之"的区分,王弼既讲明了语言的权宜性,又告诉我们通过这个权宜的工具,我们依然能够得到对终极洞见的某种理解。面对"言不尽意"的语言困境,王弼找到了突破的可能。

三　本体论突破

汤用彤先生在《魏晋玄学流别略论》开篇一段中对比了两汉和魏晋的世界观:汉代人谈哲学更多从宇宙论的角度,魏晋士人则不再关注

---

① 《王弼集校释》,第 196 页。

宇宙现象的层面,而开始从存在论的角度认识世界。宇宙论着眼于质料,汉代讲"太玄""太素",以及宇宙从无到有的发展过程,基本上都是在质料层面讲宇宙演化的问题。汉人也谈论"玄",比如张衡讲"玄"是"无形之类"。但这一无形的"玄"只是宇宙的太始,即时间上的开端。魏晋玄学不关注这类宇宙论的问题,而是进一步探索万物背后的本体、存在的根据,也即汤用彤先生所说的"存存本本之真"。①

王弼论"大衍义",是汤用彤先生所说的本体论突破的重要依据。所谓"大衍义",就是王弼对《周易·系辞》"大衍之数五十,其用四十有九"的解释。王弼《周易注》未及《系辞》,我们今天看到王弼讨论"大衍义"的一段是出自韩康伯的《系辞注》。"大衍之数"一节是《系辞》讲揲蓍成卦之法的。占筮要用五十根蓍草,经过四营十八变来成卦。但问题是五十根蓍草,有一根是不用的,这不用的一根怎么理解呢?汉代的通行解释,是把这个不用之一当成北辰,即北极星。其他的四十九根蓍草相当于围绕着北极星旋转的其他恒星。这个解释的问题在于,不用的一与所用的四十九是同质的,差别只在于所居的位置不同。这是典型的汉代人的宇宙论思考,是完全质料层面的。没有体用、本末的区别,没有本质和现象的差异。王弼的"大衍义"与此不同:

> 演天地之数,所赖者五十也。其用四十有九,则其一不用也。不用而用以之通,非数而数以之成,斯易之太极也。四十有九,数之极也。夫无不可以无明,必因于有。故常于有物之极,而必明其所由之宗也。②

"不用而用以之通","不用之一"的存在是另外的四十九能够发挥作用

---

① 《魏晋玄学论稿》,第39—40页。

② 《周易正义》王弼注,《十三经注疏》(标点本),北京:北京大学出版社,1999年,第279页。

第五讲 有无之辨:王弼的哲学 | 85

的条件。"非数而数以之成","不用之一"不是数,但所有的数都因为它而成其为数。这就不是任何意义上的宇宙生成论了,不是先有一个无的阶段然后再发展出一个有的世界来。这里的不用的一与所用的四十九是根本不同的存在。不用之一是本。

《晋书·王衍传》载:"魏正始中,何晏、王弼等祖述《老》《庄》,立论以为:'天地万物皆以无为本。……'"①"大衍义"中的"不用之一",其实就是作为万物的根源和根据的无。

(一)"无"的含义

魏晋玄学讲的"无"与时间无关。《老子指略》中有这样一段话:

> 夫物之所以生,功之所以成,必生乎无形,由乎无名。无形无名者,万物之宗也。不温不凉,不宫不商。听之不可得而闻,视之不可得而彰,体之不可得而知,味之不可得而尝。故其为物也则混成,为象也则无形,为音也则希声,为味也则无呈。故能为品物之宗主,苞通天地,靡使不经也。②

"无形无名者,万物之宗"说的是一切存有都来源于无。但这个来源,不是宇宙论意义上的开端的意思。一个事物的"有"恰恰是通过否定性建立的。某个东西是白的,同时就意味着不是其他的任何颜色;是方的,就不是其他的任何形状。一切属性都来源于否定性的限定——由一连串的"不是"构成了它的"是"。

既然任何具体的"有"都来源于无限的、否定性的限定,那么这个无限的否定性是"多"还是"一"? "无"就意味着无属性、无分别、无限

---

① 房玄龄等:《晋书》,卷四十三,《王戎列传》附《王衍传》,北京:中华书局,1974年,第1236页。

② 《王弼集校释》,第195页。

定——"不温不凉，不宫不商"，不能用眼、耳、鼻、舌之类的感官去把握。正因为它是无形无象的，所以能"苞通天地，靡使不经"。由此可知，"无"一定不是"多"，而是"一"。一切事物之所以能够产生，其否定性根源是统一的，而不可能是杂多的。"无"虽然看起来是名词，但我们要从否定的意义上看到它动词的属性。如同用凿子去雕一个石像，每一下都是对石头的否定，而每一次否定同时都意味着石像作为"有"的呈现过程。作为根源的否定性的"无"是比一切有形的事物更真实、更根本的。所有的具体的"有"，都有生有灭。"无"作为所有事物产生的根源，没有任何相状，不能用任何感官把握，无始终、无成毁。

一切"有"之所以能发挥作用，在于"无"。我们捏土烧陶来做器皿，陶罐的周边都是"有"，但陶罐之所以有用，不是因为实的部分，而是因为空虚的部分。同理，屋子之所以是屋子，也是因为中间是空的。从创生的角度，"有"必须借助否定性的"无"才能存在。从存在的角度，"有"脱离了"无"则不能发挥作用。

王弼在《老子》第四十章"天下万物皆生于有，有生于无"一节的注释中说：

> 天下之物，皆以有为生。有之所始，以无为本。将欲全有，必反于无也。①

天下之物的存在必然是从"有"的角度来理解，而"有"的开端必然"以无为本"，这里的"本"就是"根"的意思。由此看来，王弼哲学还是讲生成论的，不过这种生成已经不是从宇宙发生的角度来讲，而是我们之前说的"有"通过否定性的限定而成为具体的"有"。从万物存在的角度看，任何一个事物要存续都要依赖无的作用。

---

① 《王弼集校释》，第110页。

（二）道与物

《老子》第二十五章"有物混成,先天地生"一节,王弼注曰:

> 混然不可得而知,而万物由之以成,故曰"混成"也。①

"混成",一般理解为混然而成,其意含混不明。王弼在这里把"成"字读作动词。"道"是无分别的、没有具体属性的,所以说"混然不可得而知"。但万物都经由它才得以成就,因此说"混成"。"混"是副词,"成"是动词,"混成"是道对万物的作用。

在王弼的解读中,《老子》第一章有一个完整的结构。"无名天地之始,有名万物之母",这两句话的"始"和"母"两个概念,分别与后面的"妙"和"徼"相呼应。"故常无欲,以观其妙","妙"是始生;"常有欲,以观其徼","徼"是归终。这样一来,《老子》第一章里的生之和成之的主题就被揭示出来了。对最末一句"玄之又玄,众妙之门",王弼注曰:"众妙皆从玄而出,故曰'众妙之门'。"②这显然是在说"玄之又玄"是"众"和"妙"之门。王弼注释"无名天地之始,有名万物之母"一句时讲:

> 凡有皆始于无,故未形无名之时,则为万物之始。及其有形有名之时,则长之、育之、亭之、毒之,为其母也。③

"凡有皆始于无,故未形无名之时,则为万物之始",讲的是"生之"的问题。需要注意是,这里讲的"未形无名"是指物而不是道,道本来就无形无名,所以,是谈不上有个"未形无名之时"的。亭之、毒之最简明的解释是成之、熟之。长之、育之、成之、熟之,是就用与成的方面讲的。

---

① 《王弼集校释》,第63页。

② 同上书,第2页。

③ 同上书,第1页。

最后的"为其母也",则强调出"始"与"母"的相对："始"着眼于"生"，"母"着眼于"成"。

(三)道与自然

"无"的双重作用也可以帮助我们理解道与自然的关系。关于道与自然的关系,在《老子》二十五章中有一句非常著名的表达："道法自然。"是不是在"道"之上有一个更根本的东西叫"自然"呢？显然不是。王弼对此给出了这样的解释：

> 法自然者,在方而法方,在圆而法圆。①

对于一个"方"的东西,道的作用就是让它真正地成为"方",并作为"方"来发挥作用。对于一个"圆"的东西,道的作用就是让它真正成为"圆",并作为"圆"来存在。所谓的"自然",在王弼的注释中就是"自己而然"。肯定"自然"其实也就是在强调人既不必要改变自己,也不可能改变自己。道对万物"生之"和"成之"的作用,就是不对万物有任何添加和减少,让万物都成为它自己。

由此可以引申出道家对教化的本质的理解——所谓的教化就是让所有人都按照自己的本性来生存,这其实也就等于否定了教化的作用。"道法自然"的内涵对以教化为核心的思想和社会风俗,有着根本的扭转。由每个人按照自己的本性生活而构成的社会,就是一个理想的社会。

(四)以无为用

《老子》第五十一章讲"道生之,德畜之,物形之,势成之",这很明显是在讲物的形成过程。王弼在注释中也强调了这一过程中事物形成

---

① 《王弼集校释》,第65页。

的要素：

> 物生而后畜，畜而后形，形而后成。何由而生？道也。何得而
> 蓄？德也。何因而形？物也。何使而成？势也。①

这里要注意，不能把"道生""德畜""物形""势成"当成四个阶段。从
根本上讲，其实只有"生之"和"畜之"两个阶段。后面的"物形"和"势
成"是"德畜"的进一步深化。"何由而生？道也"，万物创生的由来是
"道"，所有东西由它而生，所以称之为道。"何得而畜？德也"，"畜"
说的是某种品质的持久，如果没有持久，则不可能有积累。任何事物的
生长，都是沿着一个特定方向的积累。沿着某个方向积累到一定程度，
就有了"形"。接着"何因而形？物也"，"因"就是顺任自然，顺任自然
而有了确定的形象、体貌，可以称之为"物"了。但是仅仅有确定的形
体，物没有因此而成。"何使而成？势也"，"势"可以理解为所有事物
在其中发挥作用的用的关联的整体。我们手里的所有器具，都在这个
时代的用的关联的整体当中。对于一个来自春秋时期的人，不可能认
识椅子并且作为坐具使用它。"椅子"之所以成其为"椅子"，必然要在
一个环境里成就它作为"椅子"的作用，这就是"势"。任何一个器具之
用，都要从整体的合目的性来谈。符合人类的目的，事物才有意义。但
"用"的关联的整体本身并没有明确的目的。我们不是朝向一个完满
的向度生存，我们的当下就可以是完足的。这就是我常常讲的反身内
向的自足，无论什么样的生活层次里都是可以达到的。所有的东西都
在用的关联的上下文里，而且用的关联性是彼此相互指涉的。但是用
的关联的整体指向的是彼此相关联的封闭的世界。"无"在用的关联
的整体中，既要有合目的性，又要有无目的性。这种无目的性是万物之
所以"成"的条件。"无"既是所有事物产生的根源，也是所有事物发挥

---

① 《王弼集校释》，第 137 页。

作用的条件。

　　总的来说，在创生万物的过程中，"道"是根本的、在先的，"无"的否定性是具体的万有生成之所由。到了"德畜之"的阶段，万物就有了具体的属性了。有了具体的属性，就有了形体。有了形体，还不能说物得到了"成就"。只有在物与物之间构成的关系和环境中，物才得以真正成为这个物。物与物的关系，就把"用"的概念凸显出来了。王弼把"生"与"成"关联在一起，最终要指向的是"以无为用"的论说。

　　研究王弼哲学一定要注意，王弼直接讲出来的不是"以无为本"，而是"以无为用"。我们来看《老子》第三十八章注：

　　　　德者，得也。常，得而无丧，利而无害，故以德为名焉。何以得德？由乎道也。何以尽德？以无为用。①

"德者，得也"，所有事物现有的品质叫"德"。"何以得德？由乎道也。何以尽德？以无为用。"万物确定的属性来源于"无"的否定性。但只有确定的属性还不行，还要有以尽德。"尽德"就指向了"用"的关联的整体。《老子》第四章"道冲而用之或不盈"，王弼注释说：

　　　　夫执一家之量者，不能全家；执一国之量者，不能成国。穷力举重，不能为用。……冲而用之，用乃不能穷。②

王弼这一章的注释很经典，我觉得可以与《老子》本文并传。能力刚刚够掌管一块世袭封地或者邦国的人，实际上是治理不好这样规模的地方的，因为他的能力刚够，没有一点儿余量。竭尽全力去举一个重物，实际上已经不能用它发挥作用了。所以说"冲而用之，用乃不能穷"。"冲而用之"就是"虚而用之"，也就是"以无为用"。道家告诉我们不

---

① 《王弼集校释》，第93页。此节引文标点有调整。

② 同上书，第10—11页。

管什么地方都得留白、留空,不留余地就意味着难以为继。

综上所述,为王弼哲学冠以"本体论的突破",至少是不全面的。在"以无为用"的层面上,王弼哲学是本体论的。无是有存在并发挥作用的条件。而在"以无为本"这个层面,从事物产生的角度看,王弼就不是本体论而是宇宙论的了。只不过他的生成不是横向的时间上的生成,而是纵向贯通的生成。

四　王弼的政治哲学

"无为政治"实际上就是"道法自然"的本体论思想在政治思想上的体现。《老子》第五章讲"天地不仁,以万物为刍狗。圣人不仁,以百姓为刍狗",王弼注曰:

> 天地任自然,无为无造,万物自相治理,故不仁也。……天地不为兽生刍,而兽食刍;不为人生狗,而人食狗。无为于万物而万物各适其所用,则莫不赡矣。若慧由己树,未足任也。圣人与天地合其德,以百姓比刍狗也。①

"刍狗"一般被解释为草做的狗,王弼则将其解读为草和狗。天地生草,不是为了牛马,而牛马自然吃草;天地生狗,不是为了人,而人吃狗。天地对任何事物都没有格外的爱,也没有格外的恨,所以说"不仁"。天地不做任何干涉,而是让万物自然形成自相治理的关系,从而使每个事物都能"各适其用"。这就是无为政治的基本原理。

(一) 两种观物方法

《老子》第一章"故常无欲,以观其妙;常有欲,以观其徼",王弼

---

① 《王弼集校释》,第13—14页。

注释说:

> 妙者,微之极也。万物始于微而后成,始于无而后生。故常无
> 欲空虚,可以观其始物之妙。徼,归终也。凡有之为利,必以无为
> 用;欲之所本,适道而后济。故常有欲,可以观其终物之徼也。①

在王弼的解释中,常无欲、常有欲是观的两种主体状态:无欲以观物之
生,有欲以观物之成。比如说,科学家考察事物,首先在主体层面上,要
在自己和观察的对象之间做充分的客观化。只要有主观欲求,所见的
事物就会受到干扰和影响。所以要以无欲观之。但如果始终处在无欲
的状态下,就无法观器物之成。因为器物是在用当中成就的,而用一定
根源于人。人生存在这个世界上,总有对其他事物的依赖与需求。
"欲"是"用"的根本。所以有欲方能观物之归终(徼)、观物之成。如
果没有欲,我们根本看不到用的关联的整体。

进一步地,人的生存领域的分化,也是根源于欲的。正因为有欲,
才带来了人类生活的各个领域的展开。当然,伴随着这一展开的过程,
人类文明也就敞开在由文明过度引生的种种危险当中了。

(二)"崇本举末"与"崇本息末"

本、末是王弼哲学的重要概念。其中,"本"指的是无、道、一、朴、
玄等,都是只能谓之、不能名之的。"末"则指人的生存领域及与人的
生存领域有关的具体的器。

关于本、末,王弼的著作中有两种看似矛盾的讲法:"崇本举末"和
"崇本息末"。"崇本举末"见于《老子》第三十八章注:

> 守母以存其子,崇本以举其末,则形名俱有而邪不生,大美配

---

① 《王弼集校释》,第1—2页。

天而华不作。①

从上下文看,"举"和"存"相应。所以,这里的"举"一定指正面的维持,是积极的。

相较而言,"崇本息末"比较复杂。"息"既有灭息之义,又有生息之义。"崇本息末"见于《老子指略》:

> 《老子》之书,其几乎可一言而蔽之。噫! 崇本息末而已矣。②

"一言而蔽之",显然是在模仿孔子。"而已矣"这样的语气辞,透露出王弼掩饰不住的自信:对《老子》最深刻的认识不外乎"崇本息末"四个字!

王弼著作中的"崇本息末"和"崇本举末"是不是矛盾的? 这个问题在既有的魏晋玄学研究中颇受关注。其实,问题的关键在于"末"的内涵的差异。《老子指略》中的"末",非常明显的是指"邪""淫""盗""讼"等:

> 闲邪在乎存诚,不在善察;息淫在乎去华,不在滋章;绝盗在乎去欲,不在严刑;止讼存乎不尚,不在善听。③

"崇本息末"的"末"非常明显指的是过度、邪恶的东西。而《老子》第三十八章注里"崇本举末"的"末",则显然指上文中的仁、义、礼。

理解"崇本举末",需联系《老子》第二十八章"朴散则为器,圣人用之则为官长"一句的注释:

> 真散则百行出,殊类生,若器也。圣人因分散,故为之立官长。④

"朴"就是未分化的"道","散"则分别为"器"。无形的道必然会分别

---

① 《王弼集校释》,第 95 页。

② 同上书,第 198 页。

③ 同上。

④ 同上书,第 75 页。

为具体的器物。落实到政治生活中，实际上是说政治秩序或者权威的秩序都是有其必然性的。"圣人用之则为官长"，强调的是以"朴"为根本产生出来的好的政治权威和等级秩序。政治秩序不能没有，但是其中有好坏之别。

在注释《老子》第四十二章"道生一，一生二，二生三，三生万物"一节时，王弼说：

> 从无之有，数尽乎斯，过此以往，非道之流。[①]

从无形的道到有形的万物，"数尽乎斯"，即分化到"三"就应该停止了。也就是说，道分化为具体的万物是有一个分寸和尺度的。这一理念为老庄的无为而治提供了更丰富的思想内涵和解释空间。老庄的无为政治，更多的是一种乡愁，是在文明已经渐趋繁复的时代对朴素世界的想象和怀念，缺少实际的可操作性。魏晋玄学对老庄思想的重要发展之一，就是让老庄那里抽象的无为政治，有了具体的可操作性。"从无之有，数尽乎斯"，既强调了官僚系统的必要性，又指出了这种必要性的限度。一定范围内的官僚系统是必需的，只要超过了限度，就成了"非道之流"了。换言之，并非所有的"末"都是恶的，"道生一，一生二，二生三"，到这个层面，分化都是朴素的。由此而来的是应该通过重视"本"来维持的"末"。"过此以往，非道之流"的末，即过度和淫邪才是应该止息的。

"崇本举末"和"崇本息末"并不矛盾。老、庄并不反对仁义。他们强调的是，不能直线式地去追求和提倡这些好的价值。直线式的追求和提倡只会带来各种各样的伪妄和争竞。"崇本举末"是要崇道之本而举仁义之末，由道本而来的仁义才不会是竞争的、炫耀的、浮伪的，才是真正的仁义。而"崇本息末"的"末"则不属于仁义的范畴，是不再

---

① 《王弼集校释》，第117页。

"适道之用"的文明过度的副产品,所以要通过崇本来加以止息。

(三)无为

《老子》第十九章说:"绝圣弃智,民利百倍;绝仁弃义,民复孝慈;绝巧弃利,盗贼无有。此三者,以为文不足,故令有所属,见素抱朴,少私寡欲。"对此,王弼注曰:

> 圣智,才之善也;仁义,行之善也;巧利,用之善也。而直云绝。文甚不足,不令之有所属,无以见其指。……属之于素朴寡欲。①

"圣智""仁义""巧利"都是有价值的东西,为什么要弃绝呢?因为任何社会只要有对圣智、仁义、巧利的提倡,就一定会产生竞争性的诈伪。所以,《老子》第十八章说:"大道废,有仁义。慧智出,有大伪。六亲不和,有孝慈。国家昏乱,有忠臣。"真正的"仁义忠孝"不是通过提倡产生的。只有放弃正面的价值主张,才能真正做到仁义忠孝。在追求"朴素"这一点上,王弼和老子是完全一致的。"朴"和"素"都是未经雕琢的意思。未经雕琢的自然的破坏,来源于对"名"和"利"的追求。所以,老子讲"不尚贤,使民不争;不贵难得之货,使民不为盗"(《老子》第三章)。而最大的"名"无过于"圣智""仁义",最大的"利"无过于"巧利",所以要弃绝之。但仅仅"绝"和"弃"是不够的,还是要展现出美好生活的面相来,所以要"属之于素朴寡欲"。但是,朴素的标准是什么呢?难道只有回归到结绳而用的原初状态才行吗?

在注释《老子》第十六章"知常曰明,不知常,妄作,凶"时,王弼说:

> 常之为物,不偏不彰,无曒昧之状,温凉之象,故曰"知常曰明"也。②

---

① 《王弼集校释》,第45页。
② 同上书,第36页。

"常",既不偏斜,也不彰显,没有明亮和晦暗之别,也没有温和凉的差异。换言之,一切都处在不触目的状态。比如我们脚上的鞋子,在最舒适的情况下,是根本意识不到的。只有出了问题的时候,鞋子才会成为被关注的对象。通过对"常"这个字的阐释,王弼就把日常的习俗引入进来了。人们安于自己的习俗,则举动从事无突兀处。这样的举动从事就符合"常"的标准。在一个文明高度发展的社会里,以原初的状态来生活,反而成了反常的。由此,王弼将《老子》里的朴素,扩展成在一切时代都有可能的生活选择。

(四)圣人人格

在王弼那里,圣人就是理想的统治者。一个统治者,应该具有什么样的品格,才能真正运作"无为"呢?

《老子》十五章说:"古之善为士者,微妙玄通,深不可识。夫惟不可识,故强为之容。豫兮若冬涉川,犹兮若畏四邻,俨兮其若容,涣兮若冰之将释,敦兮其若朴,旷兮其若谷,混兮其若浊。"对此,王弼注曰:

> 冬之涉川,豫然若欲度,若不欲度,其情不可得见之貌也。四邻合攻中央之主,犹然不知所趣向者也。上德之人,其端兆不可睹,意趣不可见,亦犹此也。凡此诸若,皆言其容象不可得而形名也。①

好像冬天过河,由于不知道冰是否结实,所以犹犹豫豫,若欲渡、若不欲渡的样子。又像一个国家四方都有战争,不知道该往哪边抵御,茫然若失的样子。所有这些"若",都在强调趣向的无法揣度。这也就是所谓的"深不可识"。圣人的欲求、鼓励、反对,都是无法测知的。正因为这样的愚钝,人们才有可能回归自己的本性,朴素地生活。

---

① 《王弼集校释》,第33—34页。

与何晏等人认为圣人无情不同,王弼是主张圣人有情的:

> 以为圣人茂于人者神明也,同于人者五情也,神明茂故能体冲
> 和以通无,五情同故不能无哀乐以应物,然则圣人之情,应物而无
> 累于物者也。①

圣人之所以比众人卓越,在于其内心的灵明。至于喜怒哀乐之类的情感,则是与普通人无别的。由于神明卓越,所以能够通达作为万物之本的"无"。由于五情备具,所以不能没有哀乐之情来应接事物。由于神明卓茂,圣人虽应物,但能不被外物牵累。这样的圣人人格,使得无为政治有了更现实的可能。

---

① 陈寿撰、裴松之注:《三国志·魏书》,《钟会传》注引何劭撰《王弼传》,北京:中华书局,1964 年,第 795 页。

第六讲

自然之理:嵇康的哲学

嵇康,字叔夜,谯国铚人。生于公元 223 年,被杀于公元 262 年。关于嵇康,《晋书》里是这样概括的:"康早孤,有奇才,远迈不群。身长七尺八寸,美词气,有风仪,而土木形骸,不自藻饰,人以为龙章凤姿,天质自然。恬静寡欲,含垢匿瑕,宽简有大量。学不师受,博览无不该通,长好《老》《庄》。"①《世说新语·容止》篇也说:"嵇康身长七尺八寸,风姿特秀。见者叹曰:'萧萧肃肃,爽朗清举。'或云:'肃肃如松下风,高而徐引。'山公曰:'嵇叔夜之为人也,岩岩若孤松之独立;其醉也,傀俄若玉山之将崩。'"②可以说,不经意间,嵇康就拥有了那个时代人们企羡的一切。然而,在《与山巨源绝交书》中,嵇康却是这样描述自己的:"少加孤露,母兄见骄,不涉经学,性复疏懒,筋驽肉缓,头面常一月十五日不洗,不大闷痒,不能沐也。每常小便而忍不起,令胞中略转乃起耳。又纵逸来久,情意傲散,简与礼相背,懒与慢相成,而为侪类见宽,不攻其过。"③在时代无节制的推爱面前,嵇康的刻意自毁更反衬出他的狷介和刚烈。同时代的隐士孙登曾对嵇康说:"君性烈而才俊,其

---

① 《晋书》,第 1369 页。
② 《世说新语校笺》,第 335 页。
③ 《嵇康集校注》,第 196 页。

能免乎？"①

据《世说新语·文学》篇载："旧云，王丞相过江左，止道声无哀乐、养生、言尽意三理而已，然宛转关生，无所不入。"②这里提到的"三理"，除《言尽意论》为欧阳建所作外，皆为嵇康的名篇。③ 嵇康的议论对于当时以及后世的影响，由此可见一斑。嵇康不仅善谈名理，诗亦绝伦："息徒兰圃，秣马华山。流磻平皋，垂纶长川。目送归鸿，手挥五弦。俯仰自得，游心太玄。嘉彼钓叟，得鱼忘筌。郢人逝矣，谁可尽言。"④前人于此评曰："高致超超，顾盼自得，竟不作《三百篇》语，然弥佳。"⑤也许只有魏晋那个柔脆的时代，才能生出这样秀绝千古的心灵吧。

一　自然之理

嵇康文章的论题很分散，似乎根本找不到他核心的关切。他好像只是随机地应和一些玄谈的话题，炫技的目的甚至大于思想本身。在那个时代，玄谈几乎成了士人的生活方式。在这样的时代氛围里，一方

---

①　《嵇康集校注》，第 592 页。

②　《世说新语校笺》，第 114 页。

③　欧阳建的《言尽意论》是以反对魏晋玄谈为根本出发点的。这样的思想能与嵇康的《声无哀乐论》和《养生论》"宛转关生"，多少有些令人费解。汤一介先生在《读〈世说新语〉札记》一文中，通过宋汪藻《世说叙录》之《考异》卷中的一条记载，发现此段中的"言尽意"有抄作"言不尽意"的。以此为根据，汤先生指出："王导过江左所道之'三理'，或应为'声无哀乐''养生''言不尽意'，且此'三理'之论或均为嵇康所作，这样'三理'才可以'宛转关生，无所不入'也。"汤一介：《汤一介学术文化随笔》，北京：中国青年出版社，1996 年，第 257—259 页。

④　《嵇康集校注》，第 24 页。

⑤　同上书，第 27 页。

面,庄严的哲学思考极为罕见,玄理往往只是一种自我展现的选择;另一方面,由于对辩论本身的关注,也极大地促进了哲学的开放性,从而使任何道理都得放在普遍的质疑下接受检验。任何既有的权威都不再能为思想提供足够有力的辩护。

对自然之理的强调,是这个时代的普遍特点。在向秀的《难养生论》中,反复出现"自然之理""天理自然"之类的主张。嵇康论理,也以自然之理为根本依据:

> 夫推类辨物,当先求之自然之理。理已定,然后借古义以明之耳。今未得之于心,而多恃前言以为谈证,自此以往,恐巧历不能纪。①

对于自然之理或天理自然,嵇康和向秀都没有给出明确的界定。从《难养生论》"感而思室,饥而求食,自然之理也""服飨滋味,以宣五情。纳御声色,以达性气。此天理自然,人之所宜,三王所不易也"②等论述看,自然之理或天理自然指的是普遍的、符合常识的经验和逻辑。无论是经典的论述,还是历史的载记,都要经过自然之理的衡量才能获得承认和理解。

除自然之理外,名实关系也是嵇康谈理的基本考量。在《释私论》《声无哀乐论》和《难宅无吉凶摄生论》中,都有对名实问题的讨论。嵇康论辩的目标之一就是"正名"。比如在《声无哀乐论》里,他通过将主观的情感与客观音乐品质分别开来,从而在名实关系上确立"声无哀乐"的宗旨。

---

① 《嵇康集校注》,第 349 页。
② 同上书,第 285 页。

一般情况下,嵇康的论辩并不违背经典的论述。① 但他常会根据自然之理和名实原则提出对经典的新的理解。《声无哀乐论》表面上看违背了"移风易俗,莫善于乐"的思想,但嵇康却通过对"无声之乐"的阐发,将"声无哀乐"的思想与经典的论述统一起来。

二　释私

在《释私论》里,嵇康为君子人格赋予了新的内涵。针对以既有的道德规范所规定的是非、善恶为评判标准的传统,嵇康提出了自己的评价尺度:

> 夫称君子者,心无措乎是非,而行不违乎道者也。何以言之?夫气静神虚者,心不存于矜尚;体亮心达者,情不系于所欲。矜尚不存乎心,故能越名教而任自然;情不系于所欲,故能审贵贱而通物情。物情顺通,故大道无违;越名任心,故是非无措也。②

君子内不存矜尚之心,外不为所欲束缚。没有对外在尊荣的企慕,则能不以名教的是非为是非,任心直行;不为所欲束缚,则能依固有的品性

---

① 既往的研究,大都有将嵇康思想极端化的倾向。《与山巨源绝交书》的"又每非汤、武而薄周、孔"被夸大为对名教的批判。其实详味其文义,嵇康强调的只是汤、武、周、孔仍有不够完善之处。至于《难自然好学论》中的"今若以〔明〕堂为丙舍,以诵讽为鬼语,以《六经》为芜秽,以仁义为〔臭〕腐,睹文籍则目瞧,修揖让则变伛,袭章服则转筋,谭礼典则齿龋",显然是假设之辞。针对的是《自然好学论》中的"以《六经》为太阳,不学为长夜"。嵇康的意思是说:你之所以"以《六经》为太阳",只是看到了习诵《六经》所能带来的荣华。若有人厌弃《六经》,并且感受到由之而来的种种患害,就不会以"不学为长夜"了。这段话的确言辞激烈,但只是论辩中的假设之辞,并不反映嵇康本人对《六经》和仁义的态度。

② 《嵇康集校注》,第402页。

而顺通万物之情。心有所企慕,便生种种伪饰;情有所束缚,则有偏暗之蔽。两者都是"私"的根源。有私就会"匿情""违道",从而背离君子之道。以往对嵇康的研究,总在刻意凸显其"越名教而任自然"的主张,以之为魏晋玄学关于自然与名教问题的思想发展的一个阶段。这样的观点,实际是对思想发展中历史与逻辑的统一的僵化理解和误用。嵇康的"越名教而任自然"不是简单地反对名教,而是要在自然的基础上对名教做重新的估价。每个时代的哲学,都既是价值的守护,又是价值的重估。

嵇康并不是要取消是非的判断,而是认为措意于是非,反而会错失是非之正:

> 君子之行贤也,不察于有度而后行也。〔任〕心无邪,不议于善而后正也。显情无措,不论于是而后为也。是故傲然忘贤,而贤与度会;忽然任心,而心与善遇;傥然无措,而事与是俱也。①

不措意于外在的规范和尺度,才能不受与之相关的毁誉的影响,从而使自己的注意力真正用到事情本身上。以无私之心照察客观的物情,则"心与善遇""事与是俱"。

是非本就难言。只有深入体察其用心所在,与其言行相参照,才能做出公正的判断。对此,嵇康论曰:

> 然事亦有似非而非非,类是而非是者。不可不察也。故变通之机,或有矜以至让,贪以致廉,愚以成智,忍以济仁。然矜吝之时,不可谓无廉;〔猜〕忍之形,不可谓无仁,此似非而非非者也。或谲言似信,不可谓有诚;激盗似忠,不可谓无私,此类是而非是也。故乃论其用心,定其所趣,执其辞〔以〕准其〔理〕,察其情以寻其变,肆乎所始,〔明〕其所终,则夫行私之情,不得因乎似非而容

---

① 《嵇康集校注》,第403页。

第六讲　自然之理:嵇康的哲学　　103

其非;淑亮之心,不得蹈乎似是而负其是。①

公正的是非评判,才能使"行私者"无所冀望、"立公者"无所顾忌。"行私者"无从遂其私心,也就有了改正的愿望;"立公者"不必忌惮他人的猜疑,自然可以行之无疑。善者直行其善,恶者思改其过。天下大治的图景就在其中了。

在嵇康看来,善恶的根本分别在于公私之辨,而非外在的种种规矩准绳。所以,他说:"夫公私者,成败之途,而吉凶之门乎。"②以公私为是非善恶的根本,是嵇康会通儒道的关键所在。

三　养生

嵇康的思想其实是体系化的。在看似分散的论题当中,始终贯穿着治身与治国这两条主线。在《释私论》确立的根本价值的基础上,《养生论》关注的是个体的性命之养,《声无哀乐论》则着力于理想的政治治理。

《养生论》是从一个看似不经的问题出发的。嵇康关注的似乎仅仅是获得千岁之寿的可能。对于一个以自然之理为根本判准的思想者而言,嵇康对神仙之有无的态度不免令人费解:

夫神仙虽不目见,然记籍所载,前史所传,较而论之,其有必矣!似特受异气,禀之自然,非积学所能致也。③

然而,如果我们像向秀那样真的试图去反驳他,将会发现我们也并无充足的理据。对于向秀的质疑:"又云:导养得理,以尽性命,上获千余

---

① 《嵇康集校注》,第 404 页。
② 同上书,第 403 页。
③ 同上书,第 252—253 页。

岁,下可数百年。未尽善也。若信可然,当有得者。此人何在,目未之见。"①嵇康给出的回应竟然是无可辩驳的:"又责千岁以来,目未之见,谓无其人。即问谈者,见千岁人,何以别之?欲校之以形,则与人不异;欲验之以年,则朝菌无以知晦朔,蟪蛄无以识灵龟。然则千岁虽在市朝,固非小年之所辨矣。"②以经验来考察事情之有无,根本没有想象中的说服力。因为经验的局限性是人所共知的。嵇康对于神仙之有无的信念,貌似不经,但从无法证伪的角度看,竟是无从辩驳的。在那样一个崇尚论辩的时代,嵇康能得到时人的推戴,绝非偶然。反观我们今天种种貌似科学的认识,反而是没有经过真正理性的检验的。当然,这并不是说我们要接受嵇康关于神仙之有无的信念。对于经验上无法证伪的东西,只能在根本的义理上予以驳正。这正是两宋道学最可贵的地方。

如果《养生论》讨论的仅仅是如何"上获千余岁,下可数百年"的问题,那么,嵇康的思想就真的是无足观了。事实上,在《养生论》的结尾,养生的问题已经转变为合道理的生活方式的问题:

> 善养生者则不然矣。清虚静泰,少私寡欲。知名位之伤德,故忽而不营,非欲而强禁也;识厚味之害性,故弃而弗顾,非贪而后抑也。外物以累心不存,神气以醇白独著,旷然无忧患,寂然无思虑。又守之以一,养之以和,和理日济,同乎大顺。然后蒸以灵芝,润以醴泉,晞以朝阳,绥以五弦,无为自得,体妙心玄,忘欢而后乐足,遗生而后身存。若此以往,庶可与羡门比寿,王乔争年,何为其无有哉!③

养生的重点其实不在于寿命的短长,而在于能否得性命之全。名位与厚味是人的自主和自足的束缚,所以应超然其外。"忘欢而后乐足,遗生而

---

① 《嵇康集校注》,第285页。
② 同上书,第302页。
③ 同上书,第255页。

后身存"才是《养生论》的宗旨,其中已经暗涵了对向秀的驳难的回答。

向秀的《难养生论》主要从两个方面提出了驳难:其一,人的自然寿命有限,除特受异气之人,大体不过百年,不会因养生之巧拙为长短;其二,"绝五谷,去滋味,〔窒〕情欲,抑富贵"①,违背了人的"天理自然"。这样"悖情失性""不本天理"的养生之道,"长生且犹无欢",何况根本就没有长生的功效呢?

对于前者,嵇康的回应可以概括为以下几个方面:第一,其他物类当中,有寿命远长于寻常者,如"火蚕十八日,寒蚕三十〔余日〕"②,不应该认为惟独人不可以获久长之寿;第二,不能以未见千岁之人,就以为世间无有。因为千岁之人在人群中是无法辨识的;第三,寻常之人"驰骤于世教之内,争巧于荣辱之间"③,害生伤性,故大都未能全其性命而短夭;第四,少数欲宝性养生之人,又往往偏守一面,未能兼顾全体。这方面的回应,只是针对向秀的辩难,对《养生论》相关论旨的重申:"夫悠悠者既以未效不求,而求者以不专丧业,偏恃者以不兼无功,追术者以小道自溺。"④

嵇康对向秀真正严正的反驳是人生观上的。针对向秀"且夫嗜欲,好荣恶辱,好逸恶劳,皆生于自然"⑤的主张,嵇康说:

> 夫嗜欲虽出于人,而非道之正。犹木之有蝎,虽木之所生,而非木之宜也。故蝎盛则木朽,欲胜则身枯。然则欲与生不并久,名与身不俱存,略可知矣。⑥

---

① 《嵇康集校注》,第 284 页。

② 同上书,第 300 页。

③ 同上书,第 303 页。

④ 同上书,第 255 页。

⑤ 同上书,第 284 页。

⑥ 同上书,第 296 页。

出于人的自然的，并不必然是有益于人生的。以木之生蝎为喻，可谓灵妙。虽然以今天的眼光看，并不符合经验科学的常识。嵇康并没有说欲望可绝，而只是要将其限制在适足的范围："使动足资生，不滥于物，知〔止〕其身，不营于外。"①问题在于适足的标准如何确定。

向秀认为，人之所以是"有生之最灵者"在于人有智力："夫人受形于造化，与万物并存，有生之最灵者也。异于草木，草木不能避风雨，辞斤斧；殊于鸟兽，鸟兽不能远网罗，而逃寒暑。有动以接物，有智以自辅。此有〔生〕之益，有智之功也。若闭而默之，则与无智同。何贵于有智哉？"②嵇康则以"智用"作为判别人的欲求是否适足的标准：

> 夫不虑而欲，性之〔动〕也；识而后感，智之用也。性动者，遇物而当，足则无余。智用者，从感而求，勒而不已。故世之所患，祸之所由，常在于智用，不在于性动。今使瞽者遇室，则西施与嫫母同情。〔愦〕者忘味，则糟糠与精粹等甘。岂识贤、愚、好、丑，以爱憎乱心哉？君子识智以无恒伤生，欲以逐物害性。故智用则收之以恬，性动则纠之以和。③

本于自然之性的欲求，没有人为的分别附加其上，关注的是需求与其对象本身，所以，是有止足的。智用施加其上，则有了贤、愚、好、丑的分别，从而为之所动，求之无已。智用之分别并无确定性，由此而生的欲念同样是没有确定性的，求之不已必伤及人的性命之全。

对于以"窒情欲，抑富贵"为不足乐的主张，嵇康的回应体现出了根本不同的生活理解：

> 以大和为至乐，则荣华不足顾也；以恬澹为至味，则酒色不足

---

① 《嵇康集校注》，第 296 页。

② 同上书，第 284 页。

③ 同上书，第 298 页。

钦也。苟得意有地,俗之所乐,皆粪土耳,何足恋哉?今谈者不睹
至乐之情,甘减年残生,以从所愿;此则李斯背儒,以殉一朝之欲,
主父发愤,思调五鼎之味耳。且鲍肆自玩,而贱兰茝;犹海鸟对太
牢而长愁,文侯闻雅乐而塞耳。故以荣华为生具,谓济万世不足以
喜耳。此皆无主于内,借外物以乐之;外物虽丰,哀亦备矣。有主于
中,以内乐外;虽无钟鼓,乐已具矣。故得志者,非轩冕也;有至乐
者,非充屈也。得失无以累之耳。且父母有疾,在困而瘳,则忧喜并
用矣。由此言之,不若无喜可知也。然则[无]乐岂非至乐耶?①

通过不断追求嗜欲的满足来获得快乐,并不是真正的"至乐",因为这
样的快乐总是短暂、偶然且没有止境的。人们追求这样的快乐的根本
原因在于"无主于内"。人没有了以自主为根基的自足,就陷入到对外
在偶然的富贵荣利的追求当中。而无论外在的积累达到何种丰饶的程
度,在不知止足的欲望面前,都是微不足道的。所以说,"外物虽丰,哀
亦备矣"。人们往往要在经历了父母重病痊愈的忧喜交加之后,才能
体会原本平淡朴素的生活何其幸福。无乐之至乐,才是生活的本质。

四 难宅无吉凶摄生论

　　在嵇康的文章当中,最令人费解的是《难宅无吉凶摄生论》。嵇康
既然强调自然之理,又怎么会认同宅有吉凶这样的"迷信"呢?但正如
不能用"目所未见"来否定千岁之人的存在那样,宅有吉凶同样不能在
经验上证伪。嵇康对《宅无吉凶摄生论》的驳难,正是以此为立足
点的:

　　　　况乎天下微事,言所不能及,数所不能分,是以古人存而不论。

---

① 《嵇康集校注》,第304页。

神而明之,遂知来物,故能独观于万化之前,收功于大顺之后。百姓谓之自然,而不知所以。若此,岂常理之所逮耶?今形象著明,有数者犹尚滞之;天地广远,品物多方,智之所知,未若所不知者众也。今执〔夫〕辟〔贼消〕谷之术,谓养生已备,至理已尽;驰心极观,齐此而还,意所不及,皆谓无之。欲据所见,以定古人之所难言,得无似蟪蛄之议冰耶?①

如果把经验科学带给我们的种种貌似确定的常识和信念暂时搁置起来,将会发现嵇康驳难的理据非常充分。以经验所及证明一事之有无,至少在思想方法上,是有根本缺陷的。

事实上,《难宅无吉凶摄生论》是《养生论》的主题的延伸。养生之所以不成,原因之一即在于"偏恃者以不兼无功"。《宅无吉凶摄生论》曰:"故〔善求〕寿强〔者〕,专气致柔,少私寡欲,直行情性之所宜,而合于养生之正度,求之于怀抱之内而得之矣。"②这样的论调,是非常符合道家的基本思想的。对此,嵇康并不持简单的否定态度。但他明确指出,这只是养生的一个方面而已:

匪谓不然?但谓全生不尽此耳。夫危邦不入,所以避乱政之害;重门击柝,所以〔备〕狂暴之灾;居必爽垲,所以远风毒之患。凡事之在外能为害者,此未足以尽其数也,安在守一〔和〕而可以为尽乎?③

作为《养生论》的补充,《难宅无吉凶摄生论》进一步强调了养性命之全的整体性,在嵇康的思想体系当中,指向的仍然是个体生活的完满。

---

① 《嵇康集校注》,第476—477页。

② 同上书,第459页。

③ 同上书,第474页。

五　声无哀乐

在一般的思想史写作中,《声无哀乐论》都被视为艺术哲学甚至是美学的著述。这实在是莫大的误解。也正是这样一种解读,让我们从根本上错失了此文在魏晋思想中的真实作用。从其议论的最终指向看,《声无哀乐论》无疑是一篇政治哲学文献。

对于嵇康来说,音乐是否能传达哀乐之情根本就不是问题的关键所在。他之所以坚持这一观点,实有其背后更深层的蕴意。

《声无哀乐论》并不是简单地讲音乐与哀乐之情无关,而是强调音乐不能让人产生内心中原本没有的情绪。由此引申出来两个相关的推论:其一,音乐不能传达作乐者和奏乐者的情绪;其二,没人能通过音乐辨识出作乐者和奏乐者的情绪和品德。当然,音乐虽不能让人产生原本没有的情绪,却能够让人心积郁的情绪释放和表达出来。

汉语思想传统中素来缺少详尽描述一场辩论的具体展开的文字。《声无哀乐论》在这方面可以算作一个辉煌的特例。前后八组辩论,问难应答,彼此呼应,辞气之盛衰起伏,理势之晦明辟阖,常如绝地而忽然开朗,每若穷途而竟之达道。实在是不可多得的奇构。

从《声无哀乐论》的立论逻辑看,嵇康的目标似乎只是为了"正名",即要在声音或音乐与哀乐之情的关系问题上做到"名实俱去"。从"实"的方面说,嵇康所要做的无非是"托大同于声音,归众变于人情"。在嵇康看来,音乐的本质就是至和之声,虽有美丑抑扬之别,但无论如何都不能传达和表现人内在千变万化的情绪。嵇康并不否认音乐的确可以使人有哀乐之情的流露,但这并不是因为某种音乐本身有其固定的情绪感染方向,使人产生出了原本没有的情绪,而只是人内心中事先积郁的哀乐之情,遇至和之声的触发疏导而表现出来罢了。从"名"的角度看,哀乐是用来命名人的内在情绪的,而音乐则是外在客观的实存,因内心的哀与乐而将音乐命名为哀乐或乐乐,与"我爱而谓之爱人,我憎而谓之憎人"同样,都不符合命名的一般原则。

秦康所面临的反驳则主要来自两个方面:一方面,他必须有效地解释音乐对情绪的种种影响;另一方面,如果仅因命名的问题而立此新说,那么"声无哀乐"其实与"白马非马"之类的论题并无分别。

文中"秦客"对"东野主人"的第一个真正意义上的驳难,也正是从后一方面着手展开的。秦康的命名原则以内在情绪与客观实存的截然分判为基础。但实际上,内在情绪(如爱憎)又显然源于外在对象的特性(如贤愚),在实然的层面上,二者是无法截然分开的。因此,秦康的"正名"尝试即使在逻辑上成立,充其量也不过是某种与实理无涉的语言游戏而已。而如果人的内在情绪的变化,总是与外在对象的品质相呼应,那么,如果音乐能使人流露出内在的哀乐之情,就只能说明音乐中有与哀乐相应的品质。"秦客"将音乐的品质和哀乐的关系,与对象的贤愚和爱憎的关系等而观之,从一般的推论原则看,这几乎是不可辩驳的。然而,秦康几乎在瞬间就做出了一个令人惊异的应答:

> 夫五色有好丑,五声有善恶,此物之自然也。至于爱与不爱,人情之变,统物之理,唯止于此。然皆无豫于内,待物而成耳。至夫哀乐自以事会,先遘于心,但因和声,以自显发;故前论已明其无常,今复假此谈以正名号耳。不谓哀乐发于声音,如爱憎之生于贤愚也。然和声之感人心,亦犹酒醴之发人〔性〕也。酒以甘苦为主,而醉者以喜怒为用。其见欢戚为声发,而谓声有哀乐,〔犹〕不可见喜怒为酒使,而谓酒有喜怒之理也。①

情绪有不同的类型,一类是爱憎喜怒这样的对象化的情绪,另一类情绪

---

① 《稽康集校注》,第349页。"其见欢戚为声发"一句,语义不通,或应作"其见欢戚为声发,而谓声有哀乐;犹见喜怒为酒使,而谓酒有喜怒之理也"。

如哀乐则是非对象化的。对象化的情绪总是与客观对象的品质相应相随,而非对象化的情绪则源于个体对其生活整体的完整感受;前者随对象而生,亦随对象而灭,后者则积郁于心中,不系于对象之存灭。这样的区分令人想起 20 世纪现象学中的相关讨论,比如海德格尔在《尼采》一书中对情绪的细致分析。一旦建立起了这样的区分,"秦客"的辩难也就迎刃而解了。

《声无哀乐论》中另一个令人头疼的问题是,如果音乐或声音不能传达人的内在品质,那么历史载记中大量有关听声识情(如《礼记·乐记》中的仲尼听琴)的记述又做何解释呢?"秦客"对这些"前言往记"的纠缠,可能是此篇最琐碎乏味的部分,殊不知这同样是问题的关键所在。事实上,只要嵇康承认有听声辨情的情况存在,哪怕只有一例,"声无哀乐"的立论就在根本上被瓦解了。这也是论辩过程中,"东野主人"的论证常常令人生不绝如线之感的原因。"秦客"的另一个有力的问难即由此而生:通过人的表情来识别人的内心,这恐怕没人能从根本上加以否认,而表情与声音"同出于一身",何以偏偏对听声辨情横加怀疑呢?嵇康的应答同样极富神采:食辣、大笑、熏目、悲哀,都会导致流泪的后果,但即使我们让易牙这样精于辨别滋味的人来品尝,也一定无法辨别出一滴眼泪到底是乐泪还是哀泪;而以"同出于一身"为论据就更加不通,设使声音"从下出"——某人放了个响屁,既然也同出于一体,莫不成那些精于听声辨情的人,如钟子、子野之流也可以从中分辨出内在的情绪和品质?"设使从下出"一句,常被解作"设使声音从地出",实由后人误将魏晋风度中的自然当作阳春白雪之类的高人雅言所致,殊不知魏晋士人所追求的,恰恰是泥沙俱下中的精神独存。

"东野主人"遇到的最具颠覆性的困难是:酒酣而奏齐楚之声,则"惟睹其哀涕之容,而未曾见笑噱之貌"。"秦客"由此现象得出结论:"此必齐楚之曲,以哀为体"。这应该是《声无哀乐论》中最难回答的问题,除非在实然层面上否认此种现象的存在。然而,嵇康的应答既出人

意表,又平易入理:

> 虽人情[感]于哀乐,哀乐各有多少。又哀乐之极,不必同致也。夫小哀容坏,甚悲而泣,哀之方也。小欢颜悦,至乐[心愉],乐之理也。何以明之?夫至亲安豫,则恬若自然,所自得也。及在危急,仅然后济,则抃不及儛。由此言之,儛之不若向之自得,岂不然哉?至夫笑噱,虽出于欢情,然[自以理成,又非]自然应声之具也。此为乐之应声,以自得为主;哀之应感,以垂涕为故。垂涕则形动而可觉,自得则神合而无[变]。是以观其异,而不识其同;别其外,而未察其内耳。①

哀乐的外在表现与哀乐的程度深浅之间的关系并非如通常想象的那样简单。"小哀容坏,甚悲而泣",哀的外在表现随程度的加深而渐次放大;乐的表现则正好相反,"小欢颜悦,至乐心愉",当人处在至高的愉悦之中时,外表上反而没有丝毫的体现。鲁迅辑校的《嵇康集》将各本中的"至乐心愉"改作"至乐而笑",显然是因为没有真正把握上下文的思理脉络。而正由于至高的愉悦反无所表现,所以,当酒酣奏乐时,内心有悲哀积郁其中的人,因至和之声的触发而潸然流涕,而原本心境恬愉的人却看似一无所觉,其结果当然是"惟睹其哀涕之容,而未曾见笑噱之貌"了。

如果深入解读,我们还可以发现这一应答里的一个潜在的重要区分,即快乐与愉悦的不同。实际上,在嵇康的逻辑里,快乐也属于对象化的情绪,它的产生来自外在的具体对象的刺激,也是无法在内心中长久积郁的。愉悦则源自生活整体的完足无缺,而且,当人身处其中时,往往无所察觉,及至生活中发生了某种不可逆转的重大缺失时,才回想起自己曾经处身于怎样的幸福之中。这不禁令人想起《孟子·尽心

---

① 《嵇康集校注》,第 356 页。

上》中的一段话：

> 君子有三乐，而王天下不与存焉。父母俱在，兄弟无故，一乐
> 也。仰不愧于天，俯不怍于人，二乐也。得天下英才而教育之，三
> 乐也。君子有三乐，而王天下不与存焉。

至高的愉悦平实如粮食和水，刺激性的快乐则必定是浓墨重彩、活色生
香的，而且要维持同等程度的快乐，总是需要更高程度的刺激。从这一
区分中，我们可以辨识出汉语性文明的某种根源性的气质。

之所以说《声无哀乐论》是一篇政治哲学文献，是因为它的关注焦
点实在于音乐的政治功能。事实上，从辩论的开始，"秦客"对声无哀
乐这一论题的最大质疑就产生于此：如果音乐既无法传达也无法影响
和改变人的内在情绪，那么儒家经典中所说的"移风易俗莫善于乐"又
是如何可能的呢？而辩论的最后也以"东野主人"详细疏解音乐中的
雅郑之别以及"移风易俗"与音乐的关系为归结。

在郑卫之音的问题上，嵇康的观点与经典儒家的音乐观有着深刻
的共鸣。他指出，"若夫郑声，是音声之至妙。妙音感人，犹美色惑志，
耽槃荒酒，易以丧业。……先王恐天下流而不反，故具其八音，不渎其
声，绝其太和，不穷其变。……犹大羹不和，不极勺药之味也"[1]。这一
段话，几乎是《礼记·乐记》的翻版：

> 是故乐之隆，非极音也。食飨之礼，非致味也。《清庙》之瑟，
> 朱弦而疏越，壹倡而三叹，有遗音者矣。大飨之礼，尚玄酒而俎腥
> 鱼。大羹不和，有遗味者矣。[2]

最好的音乐不是穷极变化的"妙音"，而是平静中正的"太和"之声。而

---

① 《嵇康集校注》，第 358 页。

② 《礼记正义》，《十三经注疏》（标点本），北京：北京大学出版社，1999 年，第
1081 页。

这也正是雅乐与郑卫之音的分别。由此我想到了《论语·述而》中的"子在齐闻韶,三月不知肉味。曰:'不图为乐之至于斯也。'"在通常的解释里,这都被视为孔子音乐修养的体现:孔子听到了韶乐这样至高至妙的音乐,流连其中,以致数月食不甘味。从此处的讨论看,这样的解读显然有悖于经典儒家对音乐的理解。因此,我觉得这里的"不图为乐之至于斯也",不应该解释为"想不到音乐的美妙会达到这样的程度",而应读为"我并不期望音乐这样美妙或者音乐没有必要这样美妙"才是。马克斯·韦伯曾经以其他文明何以未能产生出欧洲那样理性的复调音乐作为其宗教社会学的出发点之一,恐怕他无论如何也不能理解和想象居然还会有这样一种文明:它从根源处拒绝那些穷神极妙的乐音。

嵇康立声无哀乐之旨,其根本指向即在于否定音乐的政治功能。在他看来,"移风易俗"必承衰弊之后。而真正能起到"移风易俗"的作用的,则是"君静于上,臣顺于下"的无为政治,他将这样理想的政治体称作"无声之乐"。在经典儒家看来,音乐的政治功能实际上取决于音乐的教化作用。这样一来,《声无哀乐论》更深层的蕴意就指向了教化的必要性。在此,嵇康的思想前提正是《人物志》的"偏材之性,不可移转"。既然偏至之性不可转变,教化还有多大意义就颇值怀疑,因此,一个政治体的根本关注点就应该从教化转向对人才的识别和恰当的安置上。这一新的政治哲学基础,与先秦及两汉都有着本质的区别。嵇康去除了音乐的政治功能,而保留了它的社会功能。尽管音乐无助于良好情性的养成,但却有益于良好风俗的维持。在嵇康看来,这也正是圣人用乐的本意。

第七讲

性分自然：郭象的哲学

郭象字子玄，河南洛阳人，出生于曹魏嘉平四年(252)，去世于西晋永嘉六年(312)，他经历过西晋最好的年景，也经历了八王之乱、永嘉之乱等乱局。魏晋名士罕有善终，郭象是少数的例外。

据《世说新语·文学》篇注中所引《文士传》载：

> 象字子玄，河南人。少有才理，慕道好学，托志《老》《庄》，时人咸以为王弼之亚。①

《晋书·郭象传》则说：

> 少有才理，好《老》《庄》，能清言。太尉王衍每云："听象语，如悬河泻水，注而不竭。"州郡辟召，不就。常闲居，以文论自娱。后辟司徒掾，稍至黄门侍郎。东海王越引为太傅主簿，甚见亲委，遂任职当权，熏灼内外，由是素论去之。②

"王弼之亚"这个评价本身，揭示出郭象与王弼之间思想的连续性。郭象早期不太参与政治，但在被司马越用为太傅主簿后，居然"任职当权，熏灼内外"，受到清流的非议。一个对庄子哲学有深刻理解的人，

---

① 《世说新语校笺》，第 111—112 页。
② 《晋书》，第 1396—1397 页。

为什么会有这样的变化？是否因为看到了时代的危险，藉自污以全身呢？

郭象的著作主要是《庄子注》，此外还有《论语体略》。我们现在要看郭象的"庄子注"有几个本子：一个是郭庆藩的《庄子集释》，不仅有郭象的注，还有成玄英的疏，另有郭庆藩的疏解。另一个是中华书局的《南华真经注疏》本。这个本子的郭象注字体比较大，想要专门研究郭象的可以参考来看。《论语体略》和王弼《论语释疑》情况很像，全书已经散佚，但在皇侃的《论语义疏》中还能看到部分佚文，现在收存于《玉函山房辑佚书》。《论语体略》完全是用庄子的思想来解释《论语》，基本是《庄子注》里的思想的延伸。这种解读方式意味着，在郭象看来，庄子的思想与孔子是一致的。郭象眼中的庄子是一个超学派的哲学家，而这也是郭象对自己的理解。

一　关于郭象《庄子注》

(一) 郭象《庄子》本

《汉书·艺文志》中著录《庄子》五十二篇，晋代最早为《庄子》作注的司马彪所用的本子也是五十二篇。而我们今天看到的《庄子》是三十三篇：内篇七、外篇十五、杂篇十一 。为什么会有这样的差别呢？魏晋时期，《庄子》虽然受到人们的普遍关注，但是当时并没有完善的定本。这一时期另外一位为《庄子》作注的哲学家——向秀，注释的本子是二十六篇，即内篇七篇和外篇十九篇。崔撰注释的本子是二十七篇，即内篇七篇和外篇二十篇。可见，魏晋时期《庄子》的传本并不确定。当然内七篇都是一致的。郭象将《庄子》删减、整理成三十三篇，也就是我们今天看到的《庄子》。所以，我们今天读《庄子》是无论如何离不开郭象的。

郭象删减掉了《庄子》的哪些部分呢？因为《庄子序》中没有提及，所以之前一直搞不清楚。直到近代，在日本一部旧钞卷子本中发现了一段 202 字的残篇，武内义雄和王叔岷等人研究后，断定为郭象所作。这篇文字里就提到了《庄子》中很多诞妄不经的内容。王叔岷的《庄学管窥》里，辑录了许多这类的佚文。比如蜻蜓的眼睛放多长时间后会化成珍珠、鬼的影子是什么样子之类的，或类《山海经》，或类占梦书。这类内容在原来的抄本里有近三成，被郭象全部删掉了。可以说，经过郭象的删减、整理，《庄子》才真正恢复了作为一部哲学经典的尊严。

(二) 郭象《庄子注》的抄袭问题

郭象《庄子注》有大量文句和向秀《庄子注》是一致的，因此郭象《庄子注》最大的麻烦就是抄袭问题。

仅《晋书》就有两种完全不同的说法，按照《晋书·郭象传》的说法，好像确定无疑是抄袭：

> 先是注《庄子》者数十家，莫能究其旨统。向秀于旧注外而为解义，妙演奇致，大畅玄风，惟《秋水》《至乐》二篇未竟而秀卒。秀子幼，其义零落，然颇有别本迁流。象为人行薄，以秀义不传于世，遂窃以为己注，乃自注《秋水》《至乐》二篇，又易《马蹄》一篇，其余众篇或点定文句而已。其后秀义别本出，故今有向、郭二《庄》，其义一也。①

那时候注《庄子》是流行的风尚，唯独向秀的注本超脱旧有的藩篱，能够解析其中妙处，使当时的魏晋新学风又一次得到了发扬。但是向秀的《庄子注》没有完成，《秋水》《至乐》两篇注解没来得及成文，向秀就去世了。据说向秀去世的时候儿子年幼，所以稿子就流散出去了。而

---

① 《晋书》，第 1397 页。

郭象为人浮薄，以为向秀的注不传于世，就"窃以为己注"。郭象唯一的贡献是把剩下的两篇注完了，其他文本不过是点定文句。后来向秀注的另一传本流传出来，大家一比较，才知道郭象是抄的。《郭象传》看起来言之凿凿，但是完全经不起推敲。其一，《世说新语》有一段记载说，向秀要注《庄子》，去跟嵇康、吕安聊，这两人嘲笑他："那书也要注吗？不如喝酒作乐。"结果向秀回去认认真真用功，注好了拿给他们看，嵇、吕二人惊曰"庄周不死"，说向秀真正揭示出了庄子哲学的精神。① 向秀的《庄子注》既然是嵇康、吕安等人看过的，应该流传甚广。其二，向秀去世的时候，儿子已经不小了，这一点王晓毅教授做过考证，所以应该不会出现所谓"其义零落"的情况。

关于向、郭二注的另一种说法，在《晋书·向秀传》中：

> 庄周著内外数十篇，历世才士虽有观者，莫适论其旨统也，秀乃为之隐解，发明奇趣，振起玄风，读之者超然心悟，莫不自足一时也。惠帝之世，郭象又述而广之，儒墨之迹见鄙，道家之言遂盛焉。②

这段话前面说的是向秀注影响之大，后面则说郭象注是对向秀注的"述而广之"。

在相当长的一段时间，郭象的抄袭似乎都是定论。宋人普遍说郭象抄袭，明清两代也大体如此，虽然有一些不同的声音。《四库全书总目提要》亦持此说。近代以来，大部分学者都对抄袭的说法持否定态度，最具代表性的是汤用彤先生和冯友兰先生。在《经典释文》和《列

---

① "后秀将注《庄子》，先以告康、安，康、安咸曰：'此书讵复须注？徒弃人作乐事耳。'及成，以示二子，康曰：'尔故复胜不？'安乃惊曰：'庄周不死矣！'"《世说新语校笺》注文，第111页。

② 《晋书》，第1374页。

子》张湛注中还保留有向秀注的佚文。其中涉及向、郭《庄子》注的引文经常是以这样的形式出现的："向曰""郭曰""向郭曰"。在讲"向曰""郭曰"的时候，向秀和郭象的讲法就有明显不同，只有在说"向郭曰"的场合下，两者的讲法才基本一致。这至少说明，在相当长的一段时间里，向秀注和郭象注是并行的。汤一介先生在《郭象与魏晋玄学》里指出：虽然向秀注已经散佚，但是向秀的《难养生论》却完整地保存了下来。从《难养生论》看，向秀的思想与郭象的哲学是有着根本区别的。王叔岷在《庄学管窥》中详细比较了向、郭的异同。分别出四种情况：（1）向秀有注、郭象无注的情况；（2）向注、郭注完全不同的情况；（3）二者近似的情况；（4）二者完全一致的情况。王叔岷发现第四种情况出现得非常少，而且大部分是字义训诂方面的。基于上述研究，"窃以为己注"的说法应该是不能成立的。

如果说郭象注是对向秀注的"述而广之"，那么，如何理解这里所说的"述而广之"呢？在我看来，郭象的注释是对向秀注的某种"重构"。也就是说，他使用了向秀注中的某些文句，但却将其放置在自己的思想架构中。那个时候没有著作权的问题，书籍之间的相互引用非常自由：我觉得你这句话解释得好，就直接引用了，但却是用来表达我自己的整体理解和思想主张的。

（三）《庄子注》的注释特点

在王弼的部分我们讲过，《老子注》最大的问题在于如何解决文本的多义性。而郭象《庄子注》最难的则是如何赋予文本统一性的问题。因为《庄子》文本繁杂，且成篇年代不同。根据刘笑敢的研究，内篇大概成于战国中前期，外杂篇则大都是战国晚期的作品。一般说来，内篇应该出自庄子本人；而外杂篇应该不是庄子本人所作，而是出于庄子后学。作者的多元所带来的思想不统一，在《庄子》中非常明显。比如孔子的形象，在内七篇中孔子的形象基本是正面的，而外杂篇中就颇多诋毁。

其实古代大部分注家从文风、思想深度等各个方面，都可以看出内外杂篇非一人所作。但郭象对《庄子》的一个基本理解是，他选定的内外杂三十三篇都是庄子本人的作品。这个认识非常麻烦，因为他要把不同作者的书硬当成同一个人的作品来解释。所以郭象注释要面临的文本问题是：面对如此多的相互矛盾，如何赋予文本以统一性。为此，郭象以"寄言出意"的说法给出了解决。

汤用彤先生曾经将使魏晋玄学得以成立的"新眼光、新方法"归结为"言不尽意"。冯友兰先生则认为魏晋玄学的新方法是"辨名析理"，而"辨名析理"的具体体现之一就是郭象讲的"寄言出意"。"辨名析理"出自《庄子·天下》篇最后一章的郭象注：

> 昔吾未览《庄子》，尝闻论者争夫尺捶连环之意，而皆云庄生之言，遂以庄生为辩者之流。案此篇较评诸子，至于此章，则曰其道舛驳，其言不中，乃知道听途说之伤实也。吾意亦谓无经国体致，真所谓无用之谈也。然膏粱之子，均之戏豫，或倦于典言，而能辨名析理，以宣其气，以系其思，流于后世，使性不邪淫，不犹贤于博弈者乎！故存而不论，以贻好事也。[①]

很明显，这里的"辨名析理"讲的是名家。郭象在结尾处说：本来我以为庄子是"辨名析理"之人，结果读完《庄子》发现庄子是有思想实质的，不是无聊的文字游戏。"辨名析理"在郭象这里无疑是贬义词，是使那些游手好闲、无所寄托的人不去作奸犯科的思辨消遣。郭象批评"辨名析理"这类无关现实政治的玄谈，是要强调"经国体致"，也就是"内圣外王"之道。用"辨名析理"来概括包含郭象在内的魏晋新学风，显然是错误的。

---

① 《庄子集释》，第1114页。引文略有改动。

"寄言出意"是否是魏晋玄学的统一方法呢？显然不是。"寄言出意"仅仅是郭象为了赋予《庄子》这一特定文本以文本统一性创造出来的。"寄言出意"用得最多的地方，是解释《庄子》里面大段诋毁孔子的内容。"寄言出意"的讲法旨在说明，《庄子》表面是骂了，实际不是这个意思。"寄言出意"作为解释学方法，虽然很多地方明显地扭曲了文义，但令人惊讶的是，这么多的扭曲勾勒出的庄子思想的整体肖像，竟然并不背离庄子的精神旨趣。关于如何解读《庄子》，郭象说：

> 达观之士，宜要其会归而遗其所寄，不足事事曲与生说。自不害其弘旨，皆可略之耳。①

真正有理解力的人读《庄子》，应该关注它的宗旨，而遗忘它所寄托的言语。郭象这种理解《庄子》的根本态度，并不是没根由的。因为庄子本人的文字风格就有游戏的态度，所谓"寓言十九，重言十七，卮言日出，和以天倪"（《庄子·寓言》）。对于一本满纸寓言的书，的确不能在字面意思上太较真儿。郭象"寄言出意"的解释方法，可以说把握住了《庄子》的基本精神。正因为如此，"寄言出意"的方法也就不能用于其他经典的解释，比如《论语》和《老子》。《老子》没有寓言，《论语》通篇都是庄重的说话。以"寄言出意"这一特定的解释学方法作为魏晋新学风的一般特点，是不能成立的。

二　郭象的本体论

（一）造物无主

王弼讲"以无为本"，"无"对"万有"的作用体现为"生之"和"成

---

① 《庄子集释》，第3页。

之"两个方面,这是我们前面讲过的内容。尽管王弼的哲学已经有深刻的本体论表达了,但"无能生有"的观念仍然有一定程度上的宇宙论余习。王弼哲学面临两大问题:第一,无和万物的差异性之间的关系,没有内在差异的无如何赋予万物差异性。无作为根源的否定性,是一而不是多,"无"没有肯定性的内涵,这样一来,事物之间的普遍差异就无法得到解释。第二,无不能赋予秩序。无本身不包含秩序,不可能以无为根据确立尺度。因而,对无而言,只能通过用的有效性来证明体的合理性。郭象要解决的恰恰是王弼的问题。在我看来,从王弼到郭象的发展是"本无"到"释无"的发展。郭象发现了王弼的不彻底,因为在王弼的论述中"无"似乎有被名词化的倾向,郭象进一步解释了"无",指出"无"就是彻底的没有。所以冯友兰先生说,郭象破除了本体的无,恢复了境界的无。但这里的"境界"不能作精神境界讲。准确说来,冯先生的意思是郭象破除了名词性的"无",恢复了形容词性的"无"。有研究者将郭象的哲学称为"无无论",是不无根据的。从王弼的问题出发,郭象做出了自己的理论推进:"无"既然就是没有,因此不能生"有",那么事物的属性就只能回到每个事物的内在。所以才会有对"自性""自尔""自然"等的强调。所有事物的本质都返归内在,那这个本质是如何来的?不同事物的内在本质之间又是如何构成一个和谐的秩序的呢?这是郭象哲学要面对和解决的问题。

针对万物的由来,郭象提出了"造物无主""物各自造"的观念。

"造物无主"这一说法同时也涉及"自生"的观念。此前的研究认为,郭象"自生"的观念来自裴頠的《崇有论》。这个看法应该是不对的。郭象的"自生"观念应该直接来源于向秀。《列子》张湛注引用的向秀注中,有非常明确的"自生"的概念:

> 吾之生也,非吾之所生,则生自生耳。生生者岂有物哉?故不生也。吾之化也,非物之所化,则化自化耳。化化者岂有物哉?无

物也,故不化焉。①

这里向秀很清楚地说明了,"自生"不是说自己创造自己——因为"吾之生也,非吾所生",而是说没有一个统一的创造者。所以才会说"生生者岂有物哉?"这段话应该是非常深刻地影响了郭象,可以帮助我们理解郭象"造物无主"和"自生"的观念。

关于郭象的"自生"观念,我们先看一下《庄子·齐物论》"夫吹万不同,而使其自己也"一节,郭象对"天籁"的解释:

> 夫天籁者,岂复别有一物哉?即众窍比竹之属,接乎有生之类,会而共成一天耳。无既无矣,则不能生有;有之未生,又不能为生。然则生生者谁哉?块然而自生耳。自生耳,非我生也。我既不能生物,物亦不能生我,则我自然矣。自己而然,则谓之天然。……故天者,万物之总名也,莫适为天,谁主役物乎?故物各自生而无所出焉,此天道也。②

"天籁"不是特别有一个声音,而就是万物各自顺任自己的本性所发出的声音的总体。"天"就是万物之总和,万物总和之外没有一个别的创造万物的实体,所有的万物都任着自己的自然生存,会合在一起"共成一天"。在郭象这里"无"不是万物生成的根据,因为"无既无矣,则不能生有",既然"无"就是没有,怎么能生出"有"呢?"有之未生,又不能为生","有"还没有创造出来之前,也不能创生万物。所以郭象得出的结论是"块然而自生耳"。"块然"是完整的意思,"块然而自生"就是完整地、突然地创生。"自生"不是"我生":"自生耳,非我生也",郭象在这里强调了"自"和"我"的分别——"我既不能生物,物亦不能生我,则我自然矣。自己而然,则谓之天然"。自然就是自己而然,自己

---

① 《列子》,张湛注,商务印书馆《丛书集成初编》本,1939 年,第 2 页。

② 《庄子集释》,第 50 页。

而然就是天然。没有一个万物总名之外的、造物主意义上的"天"。

上面一段的分析里，"造物无主"的观念讲得比较清楚了，但"自生"的概念还有待进一步的阐发。通过整体研究郭象的著作，我们可以得出这样的结论：郭象所说的"自生"，其实就是不知其所以生而生。所有的创生都是不可知的、完整而突然的。"自"强调的是创生的不由自主。这种不由自主的创生叫作"自生"。

在郭象那里，"自生"有"自然生"的意思。我们看郭象对《齐物论》"非彼无我，非我无所取"一段的注释：

> 彼，自然也。自然生我，我自然生。故自然者，即我之自然，岂远之哉！①

自然不在别的地方，就是我之自然。没有一个我之自然之外的创生者。

"自然生"同时又是"非为生"。《在宥》篇"至道之极，昏昏默默"一段的注释说：

> 窈冥昏默，皆了无也。夫庄老之所以屡称无者，何哉？明生物者无物而物自生耳。自生耳，非为生也，又何有为于己生乎！②

郭象认为庄子所说的"窈""冥""昏""默"，都是没有的意思。庄子之所以反复讲到"无"，恰恰是要讲"生物者无物，而物自生耳"。"自生"是"非为生"，即无目的的创生，所以说"自生耳，非为生也，又何有为于己生乎"。

通过上述分析，我们可以得出结论：所谓的"自生"就是无目的、不知其所以然而然的生。不知其所以生而生，故称"自生"。这里我们要格外注意"自"和"我"的区别："我"是自己可以掌控的，"自"则是自己

---

① 《庄子集释》，第 56 页。

② 同上书，第 381—382 页。

不能掌控的。在郭象那里,"自"恰恰强调的是不由自主。所有事物都是无目的的、不知其所以生而生的,所以所有事物都不得不是它自己,它的自然也是不得不自然,它保持自己的状态是不得不保持自己的状态。在这里,郭象将本体的"无"转换成了认识的"无"。认识的"无"也就是不可知。所以,郭象也说"不知其所以知而知":不知道怎么着就懂了,当然也就意味着不知道怎么着就不懂了。知与不知都不是自己所能掌控的,也就不必做徒劳的努力。

在郭象哲学里,与"自生"同等重要的概念是"独化"。"独化"的概念出自《齐物论》"罔两问景"一段的注解:

> 世或谓罔两待景,景待形,形待造物者。请问:夫造物者,有耶无耶? 无也? 则胡能造物哉? 有也? 则不足以物众形。故明众形之自物而后始可与言造物耳。是以涉有物之域,虽复罔两,未有不独化于玄冥者也。故造物者无主,而物各自造,物各自造而无所待焉,此天地之正也。故彼我相因,形景俱生,虽复玄合,而非待也。①

"罔两"有两种解释:一是影子的影子,这个解释有点儿不通;二是影外之微阴,也就是阳光之下边界清楚的影子周边那个淡淡微晕。总之,"罔两"是影子的派生物。《齐物论》中罔两问影子:"曩子行,今子止;曩子坐,今子起;何其无特操与?"说你一会儿动、一会儿停,一会儿坐、一会儿站。怎么这么没有持守呢? 罔两之所以这么问,是因为影子动它也得跟着动。一般的流俗之论以为:罔两的动止是由影子决定的,影子的动止是由身体决定的,而人的身体是造物者赋予的,皆不能自主。郭象认为这样的理解是不对的。这一节注释长期以来被误解为是有关"待"的主题的,但从上下文看,郭象要讨论的不是事物间的关系问题,而是"造物"的问题。所以才会针对流俗之见提出这样的质问:如果造

---

① 《庄子集释》,第111—112 页。

物者是"有",那怎么能兼顾万物的差异呢？如果造物者是"无","无"就是没有，又怎么能创生万物？所以，凡是涉及有形的存在者这个领域，即使像罔两这样微弱到难以识别的存在，"未有不独化于玄冥者"。"玄冥"就是不可知之域。所有的万物都是自生于不可知之域，即"独化于玄冥之境"。由此可知，"独化"只是自生的另一种表达。

(二) 自然

既然造物无主，事物的内在本质就是从不可知之域产生的，于是得到了什么，就只能接受什么。这就引出了我们下面要讲的"自然"的概念。"自然"在郭象的哲学中非常重要。我们先从以下四个方面，梳理郭象哲学中"自然"的含义：

1. 自然与天然

自然的第一个内涵就是天然。前面在《逍遥游》注里我们讲到了，"天"是"万物之总名"，"万物会而共成一天"。因此没有一个独立的实体的存在，而"天"只是万物的总名，"天籁"就是使万物自己成就自己。所以郭象说"自己而然，则谓之天然"①（《齐物论》注），自己而然又称作"自然"。这种自然就是每个人按照自己的本性来生活，自然也就是天然。

2. 自然与必然

在郭象哲学里，自然同时也意味着不得不然。所以在《齐物论》"抟扶摇而上者九万里"一节的注释中，郭象说："夫翼大则难举，故抟扶摇而后能上，九万里乃足自胜耳。"②大鹏看起来逍遥，实际上是不得不这样努

---

① 《庄子集释》，第50页。
② 同上书，第4页。

力才能飞得起来。这种不得不然,就是必然。自然的第二个方面,强调的是不由自己掌控的方面,也就是"不知其所以然而然"的必然。

3. 自然与理

自然的第三个方面和理有关:符合我们自然的,就是符合道理的。这又是郭象的一大发明。我们梳理魏晋思想的发展会发现,王弼几乎不谈理,嵇康大量谈"自然之理",而郭象这里"理"已经是结构性的哲学概念了。当然,这一定程度上跟他们解释的经典有关。王弼不谈"理",是因为他注释的经典文本《老子》《周易》里面没有"理"的概念;郭象谈"理"是因为《庄子》中有"理"的概念。当然也不能完全归于经典解释的缘故,这里面有思想发展的实质。钱穆先生在《庄老通辨》中就指出,"理"这个字在《庄子》本文中很少出现,但到了郭象的注里就俯拾皆是了。"理"是郭象注不可或缺的哲学范畴,对这一概念的强调在中国哲学史上是有极大贡献的。

郭象将自然等同于"理"的讲法,可见于《逍遥游》"南冥者,天池也"一段的注释:"直以大物必自生于大处,大处亦必自生此大物,理固自然"①,大的东西一定要自生于大的环境里,空间广大的地方也总是能生长出比较大的东西来,道理本来就是这样。"理"即是万物所禀赋的"自然"。

4. 自然与人为

在《庄子》全书,尤其是外杂篇里,自然与人为总体上是相冲突的,天人之际分断得非常清楚,比如《秋水》篇。《秋水》篇明确说:"牛马四足,是谓天;落马首,穿牛鼻,是谓人。故曰,无以人灭天,无以故灭命,

---

① 《庄子集释》,第4页。

无以得殉名。谨守而勿失,是谓反其真。"

对于这一明确的分断,郭象发明出极具创造性的理解:

> 牛马不辞穿落者,天命之固当也。苟当乎天命,则虽寄之人事,而本在乎天也。[1]

为什么能够络马首、穿牛鼻,而不是倒过来穿马鼻络牛首? 是因为牛马的固有结构有穿络的可能性。这种穿络的可能性,郭象不将其视为人为,而将其视为自然。这是对自然概念的一次扩大。"自然"由此获得了更为丰富的内涵。他不再把"理固自然"的自然当成现成性的东西,而是当成了一种现实的可能性。

因此,把本来有的可能性发挥出来也叫作"自然",所以他在《大宗师》的一段注释中说:

> 天下之物,未必皆自成也,自然之理,亦有须冶锻而为器者耳。[2]

人的很多能力,显然是后天学习而来的。这些后天学习的技能,比如游泳、骑车、语言,是不是都不能算作自然? 郭象认为,天下之物不都是自己就充分实现的,也有需要经过锤炼然后才能够成器的,这个部分也属自然。

通过对本文文义的扭转,郭象极大地扩展了"自然"的概念。在《大宗师》的另一段注释中,郭象说:

> 夫率性直往者,自然也;往而伤性,性伤而能改者,亦自然也。[3]

"率"就是因循。顺着自己的本性,不做任何人为的调整就是自然。依据人的本性,人总是进取的,在进取中过了度,就伤害了自己的本性。

---

① 《庄子集释》,第 591 页。

② 同上书,第 280 页。

③ 同上书,第 281 页。

但若"伤而能改",也是自然。

在郭象那里,自然就是天然,也是自己而然,同时意味着不得不然。而这种自然又是合乎道理的。进一步地,在郭象看来,一定程度的、合乎道理的人为,也是自然。通过对自然概念的内涵的扩展,郭象使老庄哲学真正成为一种在文明高度发展的世界里具有真实的可能性的生活道路。

郭象丰富和扩展了自然概念的内涵,同时也引生出了这样的问题:自然与人为的界限何在? 合理性的尺度如何确认?

(三) 理与性分

由于所有事物的可能性的边界,是从事物产生的这一刻就内在地蕴涵在事物当中、并包含在其后来发展的整个历程里的,没有也不可能有真正额外添加的东西。虽然看起来,一个人的能力从无到有,是外面添加的,但是这个过程实际上是自己的内在可能性的实现过程。在郭象看来,这一内在可能性的界限是从事物产生的那一刻就确定了的,是无法超越的。而这就是"性分"。

在郭象那里,"性分"是和"理"联系在一起的。在注释《逍遥游》的"水浅而舟大也"一句时,郭象说:

> 故理有至分,物有定极,各足称事,其济一也。①

每个事物都有它固定不移的本分,都有它不可超越的可能性的边界。比如,我们每个人的出生和生长的起点,都是给定的、不可选择的,不论我们如何超越自己,每一次的超越中也都包含着这一给定的起点。不仅起点是给定的,我们的成长也有确定不移的界限和本分。这个道理也可以在我们的生活经验中得到印证:一个人如果能比较早地认识到

---

① 《庄子集释》,第 7 页。

自己才分的边界、比较早地知道自己能做什么，就更有可能找到恰当的自我实现的道路。

这一确定的本分从何而来？只能是"自生"——不得不然又不知其所以然而然。对于《德充符》"知其不可奈何而安之若命"一节，郭象注曰：

> 凡所有者，凡所无者，凡所为者，凡所遇者，皆非我也，理自尔耳。①

不论是有还是无，是主动的营为还是偶然的遭遇，都不是我之主观所能掌控的，而是出于理的不由自主的自然。

那些超出"至分"之外的东西，都是飘浮无根的。在《齐物论》"游乎尘垢之外"一节注释中，郭象说：

> 凡非真性，皆尘垢也。②

只要不是内在本性当中、至分定极之内的，都是尘垢。我们可以把"尘垢"理解为生活中那些抽象的可能性。这种抽象的可能性非但不可能实现，反而会干扰现实的可能性。一个人活得恍惚，不知道自己到底能干什么和该干什么，就是蒙蔽于"尘垢"的表现。

"理"与"性分"，是一切事物不可逃避也不可添加的。《养生主》"是遁天倍情，忘其所受"注曰：

> 天性所受，各有本分，不可逃，亦不可加。③

万物的自然的、不知其所以然而然的本性，是其"至分"和"定极"，不可改易，也无从加减。"分"是一个非常儒家的概念。儒家讲仁、义、礼、

---

① 《庄子集释》，第 199—200 页。

② 同上书，第 99 页。

③ 同上书，第 128 页。

智的时候,强调的就是每个人对其"本分"的醒觉和承担。郭象的这一思想,是对儒家思想和道家思想的会通。他强调本分的不可改移,正是要人们充分认识到自己的本分。

既然每个人的天性所受的本分不可逃也不可加,是不是这种天性所受的本分就能够自然而然地在人的行为中充分实现呢?如果能够自然而然地充分实现,世界上就应该没有不饱满的人生和错乱冲突的社会了。如果每个人的至分、定极都能自然而然地实现,那么这个世界一定是和谐的、各安其分的,一定是每个人都充分地展现自己的最好的、最充分的可能性。但实际上不是这样。那么,人的天性所受的本分怎么才能实现呢?实现这本分需不需要人的主动性呢?如果需要人的主动性,是不是就违背了道家顺任自然的精神呢?郭象在《人间世》"托不得已以养中"一节的注释中说:

> 任理之必然者,中庸之符全矣,斯接物之至者也。①

在郭象那里,"任"也是主动性的体现。人之所以不能充分实现自己的至分、定极、真性,就在于错认了自己的本性,放弃了主动地顺任这一能够让人的本性、本分充分实现的方式。主动的顺任姿态源于对自己的定极、至分的理解。听任理之必然在生命中充分展开,同时也是"中庸"之德的完整体现。这里,郭象又把"理"和"性分"与儒家的"中庸"观念联系起来。

郭象对"理"与"性分"的强调,是不是否认了人的发展的可能呢?按照老庄的思想,人是既无发展的必要,也无发展的可能的。但在郭象那里,自然和人为是可以统一的。一定范围内的人为也可以视为自然——按照我们的可能性自然展开的行为,依然是在理与性分之内的,比如技能的习得、性格的砥砺。作为内在可能性的定极、

---

① 《庄子集释》,第163页。

至分是很难把握的,因为它们的边界是不确定的。哪些能力是我们拥有的,哪些东西是我们能够达到的,是需要人们通过自己的努力来发现的。

(四)自为与相为

既然所有的事物都是不知其所以然而然,同时又是不得不然的,而所有的事物的本质都有其不可逾越的边界,所以,只能走返归内在的道路。这样一来,事物之间的联系又是如何可能的呢?事物之间真的有关联吗?如果事物之间有关联,那么,彼此关联着的事物就构成了双方的内在本质的部分。关注自己的内在本质的实现,就不得不考虑到他者的本质。只有强调事物之间是没有关联的,才有可能回返自己的真性,而不再受到与他者的关联的影响。

此前的哲学史都是以"独化"和"相因"这对概念来讨论郭象哲学中有关事物之间关联的思考的。这一误用源于对基本文献的误读。事实上,"独化"与"相因"这对概念出现的语脉,讨论的是自生的问题。正如我们前面讲到的,郭象讲"独化",旨在强调造物无主。而"彼我相因,形影俱生",论述的也是"生"的问题:彼我是同时产生的,有彼就有我,有形就有影。表面看,彼我和形影是相生的,其实不是。彼我和形影都"独化于玄冥",都是在不可知之域"自生"的。

详读郭象注,我们会发现,他是用"自为"和"相为"这对概念来讨论事物间关联的问题的。在《庄子·大宗师》有一段讲四个人"莫逆于心,遂相与为友",因为对世界人生的理解完全一致,不用多说,就心心相印。[1] 后来一人病重,其中一个朋友就带着食物去看

---

① "子桑户、孟子反、子琴张三人相与友,曰:'孰能相与于无相与,相为于无相为?孰能登天游雾,挠挑无极;相忘以生,无所终穷?'三人相视而笑,莫逆于心,遂相与为友。"《庄子集释》,第264页。

望他。① 这个故事从道家的角度看就涉及一个问题:这种看望朋友的行为是不是关心和照顾? 因为这种关心和照顾很容易被理解为仁爱之迹。有了仁爱之迹,就会有人宣扬关心他人是好的,这就与"鱼相忘乎江湖,人相忘乎道术"的宗旨相背离了。对此,郭象给出了这样的解释:

> 此二人相为于无相为者也。今裹饭而相食者,乃任之天理而自尔耳,非相为而后往者也。②

"相为于无相为"说的是,看起来是为了别人,实际本意中没有这种想法。裹饭而往的人不是出于同情和怜悯,仅仅是出于本性的不由自主的行为,不是出于自己的主观意愿,其中没有任何品德或情感的意味。两个人表面上的相互关爱,实际上是各自本性的自然实现。当然,这种"自为"客观上形成了对他人的某种照料和呵护。

"相为于无相为"不是郭象的发明,而是从《庄子》本文中化用过来的。对《大宗师》"孰能相与于无相与,相为于无相为"一段,郭象注曰:

> 五藏殊官,未尝相与而百节同和,斯相与于无相与也;未尝相为而表里俱济,斯相为于无相为也。③

五脏的官能不同,彼此之间看起来又相互关联。但这种关联不是为了彼此,比如心脏跳动,输送血液到各个器官,心脏不是为了别的器官而跳动,而是本性就要跳动,只不过在客观结果上维持了其他器官的存续。

在解释《庄子·秋水》篇"知东西之相反而不可以相无"时,郭象说:

---

① "子舆与子桑友,而霖雨十日。子舆曰:'子桑殆病矣!'裹饭而往食之。"《庄子集释》,第285页。

② 同上书,第286页。

③ 同上书,第265页。

天下莫不相与为彼我，而彼我皆欲自为，斯东西之相反也。然彼我相与为唇齿，唇齿者未尝相为，而唇亡则齿寒。故彼之自为，济我之功弘矣。①

事物之间都有这种彼我的关系。所有事物其实都是为了自己而存在，由此形成了如东西之相反的差异和背离。彼我之相与就像唇和齿一样，唇的存在不是为了保护牙齿，但齿自然而然受到了唇的保护，唇的自我保存客观上起到了保护牙齿的作用。因此说，"彼之自为，济我之功弘矣"。事物只以自我保存为目标，但它们的自我保存在客观上给其他事物带来了帮助。就像我们穿衣服，布料的自身维持不是为了帮我们遮蔽身体，而只是在维持其自身。当然这种自我维持在客观上对我们起到了遮寒蔽体的作用。

因为郭象只承认事物间表面上的关联，所以，给人留下反常识的印象。其实，真正的哲学家从不反常识，只是对常识有与流俗不同的理解。郭象这样理解事物间的关联，目的在于破掉一个"待"字：

故彼我相因，形景俱生，虽复玄合，而非待也。②

哪怕像彼我、形影这样同时并生的东西，也只是一种"玄合"。"玄合"就是不知其所以然而然的同时产生。"待"则是凭借和依赖。任何事物都不是依赖其他事物而来的，因为如果有某个事物依赖另一个事物——就像影依赖形那样，那等于说世界上有些事物不是自生的。

由于所有事物都是"自为"的，人们能做和该做的就只剩下"反所宗于己中"。"反"通返，即回返；"宗"是宗主的宗；"己中"就是"性分"。因为不论我们怎么努力，都没法真正超出自为的范围，没法超出我们的性分。

---

① 《庄子集释》，第 579 页。
② 同上书，第 112 页。

郭象以"自为"与"相为"的概念来理解物与物的关系,根本上破除了出于自主的"相为"。这也就从根本上破除了仁爱的价值。仁爱只是表面,其实质不过是"自为"的客观结果。"济我之功"虽弘,其实只是"自为"。这一思想,是有着极强的伦理和政治指向的。

(五)"适性逍遥"

《庄子》核心关注的问题有两个:"生存"和"逍遥"。逍遥可以理解为对好的生存的追求。历代注释《庄子》的人都会关注"逍遥"问题。郭象将《庄子》的逍遥理解为"适性"逍遥。

所谓"适性逍遥",也就是说,如果能够自足其性,所有事物的逍遥都是一样的。在《逍遥游》"奚以之九万里而南为"一句的注释中,郭象说:

> 苟足于其性,则虽大鹏无以自贵于小鸟,小鸟无羡于天池,而荣愿有余矣。故小大虽殊,逍遥一也。①

《逍遥游》中讲大鹏起飞要"水击三千里,抟扶摇而上者九万里,去以六月息者也",而小鸟的飞则是"决起而飞,枪榆枋,时则不至而控于地而已矣"。有人据此认为大鹏才是逍遥——因为飞得高远;有人说小鸟才是逍遥——因为飞得容易。郭象认为,从"各适其性"的角度看,它们都是逍遥的。不同的事物,有各自不同的逍遥的境遇。比如人住在湿的地方会得病,对于泥鳅来说湿地却正是宜居之所。每个事物只有在它所适应的生存境遇里,才是逍遥的。而物所适应的生存境遇,一定跟它的本性有关。所以郭象在注中说,从满足自己的本性的角度来讲,并不能说大鹏比小鸟更高贵。每个事物都有自足的可能性,追求的仅仅是自足,能够实现的也仅仅是自足。在反身内向的意义上,所有的事

---

① 《庄子集释》,第9页。

物并无高下之分。所以郭象说：

> 是故虽负万钧，苟当其所能，则忽然不知重之在身。[1]

甭管担子有多重，只要在能力范围内，就并不觉"重之在身"。有的人要经历过万物后才能达到自足，而有的人就像小鸟一样，不觉得大鹏去往天池有什么好羡慕的，它当下的小树林已经让它心满意足了。只要能回返到自己的"理"与"性分"当中，就都是逍遥的。

"适性逍遥"的思想有其可贵之处。真正能够自足于本性，才是真正的"自为"。如果本性是一株小草，就踏踏实实做小草，在参天大树面前也不用觉得自卑。因为你是你，我是我。这种自足是人生自信的基础，也是自己返归自己的基础。一个人有了这种自足的心态，就不会贪婪，更不会嫉妒。

但是，人能够总是生活在自己的能力范围之内吗？如果仅仅讲"适性逍遥"，那么逍遥就是有条件的，就只有在适合自己的境遇里才能获得。这种逍遥就只能是"有待"的了。《庄子》里并没有明确提出"有待"的概念，郭象则明确将它作为一个哲学概念表述出来了。"有待"也就意味着逍遥不是绝对的。那么有没有绝对的、无待的逍遥呢？

（六）"冥物"

郭象的哲学告诉我们，有待是假象，无待才是真实的。因为"待"本身就是假象，一旦人认识到自己不得不无待，就真正有了达到自足逍遥的可能。这种自足的逍遥是通过"冥物"来实现的。《逍遥游》"若夫乘天地之正"注：

> 夫唯与物冥而循大变者，为能无待而常通，岂自通而已哉！又

---

[1] 《庄子集释》，第115—116页。

顺有待者,使不失其所待,所待不失,则同于大通矣。①

"冥"和老子的"玄"同义,都是指暗,强调的是不可知、不分明。"循",即因顺。"大变"是无法掌控的、不可逆转的变化。郭象讲,只有冥合与物的分别和对待,因顺不得不然的变化,才能做到"无待而常通"。真正做到无待逍遥的人,不仅能够顺通自己的本性,也能顺通他人的本性。也就是说,有待逍遥是依赖于无待逍遥的。有了"与物冥而循大变"的无待逍遥的人,才能为所有的有待逍遥的实现提供条件。好的治理,一定依赖于圣王,因为只有圣王才能做到"无待而常通"。普通人通常做不到"与物冥而循大变",所以他的逍遥必定是有条件的逍遥,而有条件的逍遥必须在圣王的无条件的逍遥的照料之下才能得到实现。

那么,什么是"无待"呢?郭象说:

夫自任者对物,而顺物者与物无对。②

"自任者"是仅仅考虑自己分限的人,跟物是相对待的。因为有"我",所以有了界限,有了界限就有了"物"。"顺物者"是无待之人,因为物是有待者,只有无待者才能顺通有待者。也就是说,"无待"的真正含义是"无对"。"无对"则无是非、彼此、生死的界限。一个顺物之人,就是没有物和他相对的人,也就是真正能够做到"与物冥而循大变"的无待逍遥的人。

(七)生死

在所有的对待中,生死是最难消解的。郭象生活的时代是一个格外关心生死问题的时代。每一代人都要面对死亡,但像魏晋那样无法

---

① 《庄子集释》,第20页。

② 同上书,第24页。

释怀的焦虑,在中国历史上是绝无仅有的。魏晋人对一切易逝的东西都有一种切肤的敏感,这一点在魏晋时期的诗歌中可以清楚地看到。在这样的时代氛围里成长、思考,使得克服时代的焦虑成为郭象哲学的一个根本的问题意识。

郭象对生死问题的根源性思考,集中体现《知北游》注中:

> 夫死者独化而死耳,非夫生者生此死也。生者亦独化而生耳。①
> 死与生各自成体。②

我们一般理解的生死关系是:有生命的东西死去了。在郭象看来,这种理解就又落入了罔两待影、影待形的错误。郭象说不仅生是自生的,死也是自生的,不是从生者转变而来的。死与生都是独化的,也即"死与生各自成体"。在我们活着的时候,死还没有到来,所以不在生当中;等我们死了,自我既已消失,也就不在死当中。"死与生各自成体"的说法看似骇俗之论,其实是与郭象的本体论哲学相统一的。由于生与死都是独化的,所以,生自身饱满。焦虑并不在生当中的死是无意义的,只要把自己的本分和定分都充分地实现出来,就是生命的完足。

对《庄子·知北游》中的"无古无今,无始无终",郭象注曰:

> 非唯无不得化而为有也,有亦不得化而为无矣。是以夫有之为物,虽千变万化,而不得一为无也。不得一为无,则自古无未有之时而常存也。③

非但无不能化为有,有也不能化为无。我们一般的理解中,事物的变化、消失,是"有"变成了"无",但郭象说消失就是彻底的消失,不是变成了一个名词性的"无"。这与前面所说的"死与生各自成体"是一致

---

① 《庄子集释》,第763页。
② 同上书,第764页。
③ 同上书,第763页。

的。"自古无未有之时而常存也",显然不是在讲个体的存有,而是从整个宇宙、从大化流行的统体的角度上说的。世界本身是生生变化、永远不会断裂的。整个宇宙生生变化的整体,亘古亘今,无非是"有",并没有一个"无"的阶段。

在《大宗师》"夜半有力者负之而走,昧者不知"一句的注释中,郭象说:

> 夫无力之力,莫大于变化者也;故乃揭天地以趋新,负山岳以舍故。故不暂停,忽已涉新,则天地万物无时而不移也。①

一切变化都是日新的过程。人不用等到大限到来时才面对死亡,每一天当中都在经历无数生死:此刻不知彼刻,上一刻的心境跟这一刻的心境迥然不同。在这个意义上,"死与生各自成体"强调的是无论生还是死,其实都是日新的环节。如果我们把整个生命理解为一个日新的过程,那么我们会发现每一刻开启的都是完全意义上的新生。郭象"死与生各自成体"的思想,为一种积极、饱满的人生态度确立了基础。

三　郭象的政治思想

(一) 无为

至少在形式上,郭象和老、庄一样,都强调国家治理的根本原则是"无为"。《逍遥游》"尧让天下于许由"注曰:

> 夫能令天下治,不治天下者也。故尧以不治治之,非治之而治者也。②

---

① 《庄子集释》,第 244 页。
② 同上书,第 24 页。

真正能让天下治理好的，必须是"不治"的人。那么"以不治治之"与"治之而治"的具体区别是什么呢？

在《胠箧》篇注中，郭象说：

> 使能方者为方，能圆者为圆，各任所其能，人安其性。[1]

这种说法可以看作是对王弼"在方而法方，在圆而法圆"的思想的继承和发展。这当然也涉及道家政治思想的用人理念。在中国古代思想传统中，儒家和墨家主张贤人政治；而道家和法家则认为没有不对的人，只有被用错的人。把一个人放在他的本性能够发挥的地方，作用自然就发挥出来了。

怎么才能做到"使能方者为方，能圆者为圆"呢？只有"顺物性而不治"[2]（《在宥》篇注），"顺物之性"就是不对物做任何雕琢和改变。"物"在古代典籍中常常即指物又指人，只要是对象化的东西都可以称为"物"。按照这个原则，正确的治理就是垂拱而治，而不是以一人专制天下：

> 己与天下，相因而成者也。今以一己而专制天下，则天下塞矣，己岂通哉！[3]

因顺万物的本性，而不要任由自己的主观想象对事物加以切割、截断。这是最根本的治理原则。

（二）无贤不可以无君

《庄子》本身是有无政府主义倾向的，尤其是外杂篇的部分篇章里，无君论的倾向非常明显。郭象《庄子注》则完全消解了这种无君论

---

① 《庄子集释》，第355页。

② 同上书，第389页。

③ 同上书，第394页。

倾向。在注释《人间世》"臣之事君,义也,无适而非君也,无所逃于天地之间"时,郭象说:

> 千人聚,不以一人为主,不乱则散。故多贤不可以多君,无贤不可以无君。[1]

以"不治治之"的无为政治和无政府主义是有着本质区别的。郭象特别强调君主的重要性:天下有贤能的人再多,权力也必须归于一统;即使天下没一个有贤德的人,也不能没有君主。即使暴君在上,也胜过无君。统一的政治权威是有秩序的生活得以维系的基础,而起码的秩序是大部分人维持生存的底线保障。

《胠箧》篇云:"则圣人之利天下也少而害天下也多。"对此,郭象给出了这样的疏解:

> 信哉斯言!斯言虽信,而犹不可亡圣者,犹天下之知未能都亡,故须圣道以镇之也。群知不亡而独亡于圣知,则天下之害又多于有圣矣。然则有圣之害虽多,犹愈于亡圣之无治也。[2]

郭象认为《胠箧》篇所说原则上是对的,如果天下之人都能亡其知,那么圣人当然是不需要的。但问题是世界上总有一些人留有私心小智,而如果世人不能"都亡"其知,却把君主治理的圣智断除了,岂不更加有害?所以,有圣之害再多,也强过"亡圣之无治"。

(三) 君德与臣德

要理解郭象"不治治之"的"无为"政治,就要了解他反对的那一面。在《逍遥游》"尧让天下于许由"一段故事里,尧和许由的形象非常

---

[1] 《庄子集释》,第 156 页。

[2] 同上书,第 348 页。

重要。《庄子》中尧的境界显然是比较低的,是方外之人嘲弄的对象。而郭象在注释《庄子》的时候,却特别强调了尧舜这样的圣王"不治治之"的重要性,凸显了许由这类人的偏颇。郭象说:

> 若谓拱默乎山林之中而后得称无为者,此庄老之谈所以见弃于当途。当途者自必于有为之域而不反者,斯之由也。①

如果说垂拱默然、无所作为才是无为的话,庄老思想被当权者唾弃也就是理所当然的了。其后果是:统治者觉得既然自己达不到许由那样拱默山林的无为,就只能放弃无为之道,从而将政治生活限制在有为之域了。

郭象要把无为政治的现实可能性发挥出来,其枢纽性的环节就是对君德的理解。真正的圣王是"无待逍遥"的人,强调方内方外、庙堂山林的分别,反而是有所对待的表现。许由将山林与庙堂看成是对立的,恰恰说明了他的狭隘。尧能贯通山林与庙堂,才是超然于对待之外的。只有不把自己限制在庙堂或山林的人,才是能够顺通有待者的无待者,才是真正意义上的圣王。郭象在《大宗师》注中,有一段对理想君主的描述:

> 未有极游外之致而不冥于内者也,未有能冥于内而不游于外者也。故圣人常游外以冥内,无心以顺有,故虽终日挥形而神气无变,俯仰万机而淡然自若。②

这里的"以"要读成"而",在"游外"的同时"冥内"。应接万物,而内在并无分别;没有主观想法,只不过是顺通万物而已。这样的人虽然整天忙碌,但神色未尝变化;日理万机,而内心淡然自若。这样的人才是理想的君主。也只有这样的人才能顺通万物之情,才能真正实

---

① 《庄子集释》,第 24 页。
② 同上书,第 268 页。

现理想的政治。

与无为的君主不同,臣子是有为的。返归自己的真性,安于自己的性分,是臣德的内涵:

> 凡得真性,用其自为者,虽复皂隶,犹不顾毁誉而自安其业。①

体知自己的真性,真正做到"自为",即使皂隶这样低微的职分,也能自足、自安。在郭象的思想里,人的社会身份也包含在了"真性"当中。换言之,不是人人都可以成为无待的圣王的。其真性或性分注定是臣子的,却错将自己理解为无待的圣人,进而以臣子之位任圣王之事,会带来根本的混乱。郭象在《人间世》注中说:"龙逄、比干,居下而任上之忧,非其事者也。"②作为臣子,即使是一个有圣德的人,也不应该"任上之忧"。

与《老子》要从根本上去除礼教("夫礼者,忠信之薄而乱之首也")不同,郭象充分肯定"礼"和"刑"的作用:

> 刑者,治之体,非我为。礼者,世之所以自行耳,非我制。知者,时之动,非我唱。德者,自彼所循,非我作。③

郭象认为刑、礼、知、德都是治理中必不可少的,只不过要明确它们不是出于统治者的意志,而是"非我为""非我制"的。作为长期积累而来的惯习,也可以被视为自然。赏罚也是必要的,只不过并无鼓励和禁止的作用,而是人的行为的自然后果。甚至仁义之德也不应禁止,因为有些人天性中就有仁义的倾向。在《骈拇》注中,郭象说:

> 然骈与不骈,其性各足,而此独骈枝,则于众以为多,故曰侈

---

① 《庄子集释》,第 59 页。
② 同上书,第 139 页。
③ 同上书,第 238 页。

耳。而惑者或云非性,因欲割而弃之,是道有所不存,德有所不载,而人有弃才,物有弃用也,岂是至治之意哉!①

"骈拇"者有手指骈连,手指比常人少。"枝指"则多于常人。郭象认为"骈"与"枝"都是自然,非要按通常的标准豁开骈拇、割掉枝指,就是以外在的标准对自然性分的破坏。其结果必然是"人有弃才,物有弃用",从而背离了理想治理的初衷。

在郭象那里,理想治理的出现只能是历史的偶然。而且,即使实现了理想的治理,最终也会归于坏乱。

《庄子》外杂篇里有对古代圣王治理的批判,比如对黄帝。《在宥》篇明确说:"昔者黄帝始以仁义撄人之心。"郭象对此做了这样的疏解:

> 夫黄帝非为仁义也,直与物冥,则仁义之迹自见。迹自见,则后世之心必自殉之,是亦黄帝之迹使物撄也。②

郭象认为,黄帝并不是故意要做仁义之事。圣人冥物而顺物,他的治理在本质上不过是"与物冥而循大变",但外面看起来却成了仁义之迹。后世之人只看到了仁义之迹,而没有看到圣人的"所以迹"。于是起而效法。但所效法的只能是"迹",而非"所以迹"。圣人的"所以迹"是无从效法的,因为,"所以迹者,无迹也"(《应帝王》注)。后世庸平之主仿效仁义之迹,使得冥物而顺物的无为,不得不递降为种种有为的努力。在郭象那里,无为的治世终归于有为的坏乱,是无法逆转的历史必然。

---

① 《庄子集释》,第 312 页。
② 同上书,第 373—374 页。

第八讲

太极诚体：周敦颐的哲学

　　周敦颐，字茂叔，原名敦实，因避英宗旧讳，改为敦颐。生于真宗天禧元年（1017），卒于神宗熙宁六年（1073）。湖南道州营道县人氏，即今湖南永州市道县。他的家乡有水名濂溪。周敦颐晚年定居庐山之麓，附近有小溪，他就将其命名为濂溪，并在那里建了濂溪书堂作为自己的读书之所。因此后世称他为濂溪先生。宋明道学有濂、洛、关、闽四大主要流派，濂就是指周濂溪，洛是指二程，关是指张载，闽则指朱子。濂、洛、关、闽之学，一般被认为道学正宗，或理学正宗。周敦颐的著作主要是《太极图说》和《通书》。他在世的时候影响并不大，这也使得他的著作没有得到系统的收集和整理。到了南宋的时候，已颇多争议。比如，《太极图》的来历、《太极图》的原貌、《太极图说》的首句以及《太极图说》跟《通书》的关系等等，都有分歧。我们现在通用的《周敦颐集》的主体部分是朱子收集、整理、编辑、校勘而成的，可以说是朱子版的周敦颐。我个人倾向于认为朱子版的周敦颐是比较可靠的，也更具哲学的品格。周敦颐长期做州县小吏，处置事情严恕精密，为人有古风。故黄庭坚称赞他"不卑小官"。二程的父亲程珦在周敦颐寒微之时就看到了他的不同寻常，所以让二程兄弟去向他问学。周敦颐对二程有启蒙之功，尤其是对程颢。明道曾说："自再见周茂叔后，吟风弄月以归,有'吾与点也'之意。"①

周敦颐令二程去"寻孔颜乐处,所乐何事"②。这一个"乐"字的提点,本身就已经体现出了儒家的根本精神。梁漱溟先生曾指出:儒家是一种乐感文化。③"乐"字的拈出,已经把儒家那温暖的、有春天意思的目光揭示出来了。

朱子曾为周敦颐做《像赞》,其文曰:"道丧千载,圣远言湮。不有先觉,孰开我人。《书》不尽言,《图》不尽意。风月无边,庭草交翠。"④这里的"《书》"指《通书》,"《图》"是《太极图》。尽管《太极图》和《通书》尚在,但仍不足以充分展现和穷尽出其思想的高致。"风月无边"一句暗含了黄庭坚对周敦颐的评价:"茂叔人品甚高,胸中洒落,如光风霁月。""庭草交翠"则与周敦颐的一个小故事有关。周敦颐家院子里长满了杂草,有人问他为什么不除一除,周敦颐答曰:"如自家意思一般。"那杂草也自有生机,如我的生机一般,为何要去除它呢?

一　形而上学

《太极图说》和《通书》是周敦颐最重要的哲学著作。我们这里对周敦颐哲学的介绍将以《太极图说》为主线,以《通书》的相关论断来印证和发明。《太极图说》全文如下:

> 无极而太极。太极动而生阳,动极而静,静而生阴。静极复动。一动一静,互为其根;分阴分阳,两仪立焉。阳变阴合,而生

---

① 周敦颐:《周敦颐集》,北京:中华书局,2009 年,第 81 页。

② "昔受学于周茂叔,每令寻颜子、仲尼乐处,所乐何事。"《程氏遗书》二上,《二程集》,第 16 页。

③ 梁漱溟:《东西文化及其哲学》,北京:商务印书馆,1999 年,第 142—144 页。

④ 《周敦颐集》,《像赞》插页。

水、火、木、金、土。五气顺布,四时行焉。五行,一阴阳也;阴阳,一太极也;太极,本无极也。五行之生也,各一其性。无极之真,二五之精,妙合而凝。"乾道成男,坤道成女",二气交感,化生万物。万物生生,而变化无穷焉。惟人也,得其秀而最灵。形既生矣,神发知矣,五性感动,而善恶分,万事出矣。圣人定之以中正仁义,而主静,立人极焉。故"圣人与天地合其德,日月合其明,四时合其序,鬼神合其吉凶"。君子修之吉,小人悖之凶。

故曰:"立天之道,曰阴与阳;立地之道,曰柔与刚;立人之道,曰仁与义。"又曰:"原始反终,故知死生之说。"大哉《易》也,斯其至矣!①

《太极图》与《图说》其实都是周敦颐的解《易》之作。《图说》结尾的"故曰""又曰"分别出自《说卦传》和《系辞传》,是在发明义理之后,又引经传自证。理解《太极图说》,首先要破除对周敦颐所建构的宇宙模式的一个普遍的错觉:由于《太极图》上下分层,《图说》又有从"生阳""生阴"到"生水、火、木、金、土"的过程的叙述,好像无极—太极—阴阳—五行—万物在发生上有一个时间上的先后顺序。事实上,《太极

---

① 《周敦颐集》,第3—8页。

图》呈现的是一个分析的次第,而非存有意义上时间的先后。

(一)太极、阴阳与五行

"实体"的重新发现是北宋道学最重要的贡献。对始终变化着的万事万物的根源的确认,着眼于实有世界的证成,并以此来对抗佛老的虚无主义世界观。《太极图说》开头讲"太极",《通书》首章言"诚",所以我把周敦颐哲学里的根源性实体概括为"太极诚体"。"诚"强调的是"实有","太极"则指无形的至高枢极。究竟如何理解周敦颐的太极诚体?太极诚体又如何能成为生生变化的世界的枢纽?

《太极图说》首句"无极而太极"在思想和文本上都有争议。"无极"是道家概念,出自《老子》第二十八章"复归于无极"。"太极"则出自《易传·系辞》。从《太极图说》首句的字面含义看,无极似乎在太极之上。除首句为"无极而太极"这一传本外,南宋初年还有传本首句为"自无极而为太极"。多了"自""为"二字,就有一个时间上的先后了。这样一来,"无极"成为宇宙演化的一个阶段,而"太极"则是无极之后的另一个阶段。如果真是这样,那么,周敦颐讲的就还是"无能生有"的宇宙论:世界源于一个绝对虚无的阶段,然后从绝对虚无当中创造出世间万有来。好在从现有的文献看,"自无极而为太极"这个传本在当时并不被广泛地接受。陆九渊与朱子辩论,也只是认为无极这个词不对,因此认为《太极图》和《太极图说》要么不是周敦颐所作,要么是其早年未成熟的作品。对于"无极而太极"这一句的文本,并没有提出质疑。由此可见,当时被广为接受的传本是以"无极而太极"为首句的。

按照朱子的解释,"无极"应解为"无形"。在邵雍的《观物外篇》中,"无极"就被用来表达"无形"的意思。[1] 可见在周敦颐的时代,用

---

[1] "无极之前阴含阳也,有象之后阳分阴也。"参见邵雍:《邵雍集》,北京:中华书局,2010 年,第 144 页。

无极表达无形，是惯常的用法。"太极"这一概念在汉唐时期一般被理解为未分化的元气。周敦颐是在因袭还是创新的意义上使用太极这个概念呢？从《太极图》第二圈看，阴阳动静既分，太极仍完整地体现在阴阳当中。由此可知，周敦颐那里的太极，已不是元气意义上的了。因为，元气一旦分化为阴阳，也就不再能保持其完整的存在了。从后面的"无极之真"看，太极就是无形的至真存在。"极"在这里应当作"枢极"讲。如朱子所说："太极者，如屋之有极，天之有极，到这里更没去处，理之极至者也。"①而且太极之"极"与"动极而静"的"极"是相贯通的。周敦颐显然认为太极是不离阴阳的。由于阴阳互为条件且互相包涵——阴中涵阳、阳中涵阴，所以，作为对立着的两体**不得不**始终相互作用和转化。太极就体现在这作用和转化的**不得不**当中，是这**不得不**的必然性的根源和根据。在语言表述中，我们时不时会把太极讲得像是一个物件。这实在是用语言表述形而上者时无法回避的困境。周敦颐之所以不单讲太极，而是要讲一个"无极而太极"，就是要在根本上防止人们错误地将太极理解为具体的东西。太极是形上者，是一切作用和转化背后的**不得不**。

《图说》接下来讲："太极动而生阳，动极而静，静而生阴。静极复动。一动一静，互为其根。"这句话引生出的问题就更多了。由于语言的表达总是在时间中展开的，所以，涉及太极与动静阴阳的关系时，就不可避免地像是在描述一种在时间中的过程：无形的至真存在——太极先动而生阳，然后再静而生阴，阴静之极复生阳动，阴阳在时间中相互交错出现。这样的理解显然是有问题的——世界怎么会有无阴之阳？又怎么会有无阳之阴呢？这里就能看到《图》《说》互相印证的必要性了。只有参照《图》的第二圈，我们才能看到文字穷极处不能精确

---

① 《朱子语类》，第 2374 页。

指认的思想内涵。《太极图》虽有不同的传本,但不管"阳动""阴静"这几个字写在什么位置,第二圈这个图在所有传本中都是一致的。此图应该出自《周易参同契》的《水火匡廓图》。从这个图看,阴阳的产生显然是没有时间先后的,有则并有。这个图还有一个问题:左边既然是阳动,图上体现为两阳夹一阴,如果对应到卦象上就是离卦。而离卦是阴卦,怎么能对应阳动呢?右边是阴静,图上体现为两阴夹一阳,如果对应到卦象上就是坎卦。而坎卦为阳卦,怎么能对应阴静呢?其实这个问题的产生,源于我们误将这个图与《水火匡廓图》混同了。虽然图完全一样,但在《太极图》这里第二圈的左右两边是不能理解为坎和离的,因为《太极图》的第二圈对应的是"太极生两仪"的阶段,还根本未生出八卦来,如何谈得上坎和离呢?因此只能解作:左边是阳中涵阴,右边是阴中涵阳。阳之动中自有阴之静,阴之静中自蕴阳之动。阴阳互相包涵,无法截然分割。

如果不是在时间中的生成,那怎么理解"动而生阳"呢?我们先搁置"太极"怎么会动的问题,这个问题要到朱子对理气动静的辨析中才能讲清楚。要理解阴阳、动静的关系,《太极图》第二圈中间的小圈特别重要。这个小圈其实就是上面的大圈,就是阴阳中的"无极而太极"。"太极动而生阳,动极而静,静而生阴",不是太极在时间中的分化,而应理解为对太极的进一步解说。无形的至真其实始终在分判的阴阳当中。并不存在脱离阴阳的独立的太极。为了讲明形而上的实体,所以,将太极从具体、丰富的形态中抽离出来。《太极图》的第一圈,可以理解为大化流行的统体以及其中的一切作用和转化都是"无极而太极"的具体体现。其实,只要说到实有,那么实有本身就是对立分化的;而只要说到对立分化,这对立分化就总是在相互作用和转换中消弭的。动静、阴阳互为条件。太极就是在互为条件的动静、阴阳的作用和转化中的形而上的必然。《通书·动静》篇讲:

> 动而无静,静而无动,物也。动而无动,静而无静,神也。动而
> 无动,静而无静,非不动不静也。物则不通,神妙万物。①

对于一般的物而言,动静是分离的。在静则不能言动,在动则不能言静。至于形而上的实体,则动静是无法分割的。因为,在根本的意义上,动与静总是相互涵摄、互为条件的。这与《太极图说》的"一动一静,互为其根",是完全一致的。

接下来落实到五行的层面。"阳变阴合,而生水、火、木、金、土。"从图上看,阳动、阴静下面有两条交叉线,由阳动而生水,由阴静而生火,此即《通书》所谓:"水阴根阳,火阳根阴。"水、火之下生木、金。五行产生的次序是先生水、火,水、火是万物的根本。那个时代的学者基本上都这么讲。先生水、火,再有木、金,然后土于中央通贯五行。这是生的顺序。与"生之序"相对应的是"行之序",即五行的运行顺序。《图说》接下来说:"五气顺布,四时行焉。"水、火、木、金、土这样的顺序是不能对应春、夏、秋、冬的。因为水对应的是冬天,火对应的是夏天,四季的顺序不可能是冬、夏、春、秋,所以五行的生成之序与运行之序是不同的。运行的顺序是木、火、金、水,土贯穿其中,所谓"土旺四季"。仁、礼、义、智也依这样的顺序展开。跟五行中的土一样,信也贯穿在仁、礼、义、智当中。"生之序"不是时间上的先后,"行之序"才有了时间的介入。时间,也就是变化的固有节奏,是以五行的循环运转作为基础的。在《太极图》中,五行这一层最下面还有一个小圈。这个小圈指示的仍是太极。这也就是说二气凝聚为五行以后,太极仍在五行之中。《图说》进而说:"五行,一阴阳也;阴阳,一太极也;太极,本无极也。"就是为了防止我们将前面三圈误解为宇宙孕育的三个阶段。其实,五行是阴阳的更具体的展现,阴阳是太极的展现,而太极本身是无形的。

---

① 《周敦颐集》,第27页。

"太极"作为宇宙之实体,是形而上者,遍布在所有具体的事物之中。这样的图示可以更清楚地说明:太极绝不可能是未分化的元气。因为未分化的元气一旦分化为二气五行,就不再能贯穿和体现在二气五行当中了。元气和二气五行是不同的形态,分属不同的阶段,是不能相互涵摄的。

《太极图说》里的"太极"在《通书》中被统摄在"诚"这个概念里:

> 诚者,圣人之本。"大哉乾元,万物资始",诚之源也。"乾道变化,各正性命",诚斯立焉。纯粹至善者也。故曰:"一阴一阳之谓道,继之者善也,成之者性也。"元、亨,诚之通;利、贞,诚之复。大哉《易》也,性命之源乎!①

"诚"字强调的是实有,凸显出大化流行的统体的真实无妄。"乾元"就是对"太极"的指称,"乾道变化"将太极动静、阳变阴合、万物化生涵盖其中。万物各自依循自己的本性确立了应有的位置,本体之诚在其中被具体地体现和确立起来。周敦颐进而将"诚"跟"元亨利贞"关联起来,彰显出变化的世界的两个方面:"诚之通"与"诚之复"。"元、亨,诚之通",诚之通是创生的一面;"利、贞,诚之复",诚之复是完成的一面。

在周敦颐那里,宇宙本身就是"变化无穷"的诚体。作为一切之根源和根据的无形的至真,又必然体现为动静、阴阳的作用和转化。太极之诚,不得不具体化为动静、阴阳的两体。着眼于具体的存有,则有二气、五行、万物的分别。统体论之,则无非是"无极而太极"的体现。无形的至真遍在于一切存有的层面,是一切存有之实存与变化的**不得不**。《太极图》最下两圈"乾道成男,坤道成女"和"万物化生",与最上一层"无极而太极"的图像完全相同,其立意即在于此。

---

① 《周敦颐集》,第13—14页。

（二）人与万物

五行以下论万物化生，由此而有了人与万物："'乾道成男，坤道成女'，二气交感，化生万物。"而万物的生生变化是永远不会止息的。

周敦颐特别强调人在万物中的独特地位："惟人也，得其秀而最灵。"人是所有万物当中最灵秀的。我们在日常语言中，常常用"冥顽不灵"指种种愚钝怠惰的表现。与愚钝怠惰相反的，自然是积极主动的态度。所以，"灵"指的就是人的主动性。人是天地万物中最具主动性的。

虽然都强调人的特殊性，但其中仍有差别。比如，胡瑗《周易口义》当中所强调的和周敦颐就不一样。胡瑗强调人独有的"忧"，周敦颐则凸显人的"得其秀而最灵"。周敦颐说人跟万物的最大区别在于人最完整地禀得了天地当中最精华的东西，人在某种意义上是天地的精华的最直接的体现。这两者的差别是很明显的。如果我们用天人之间的关系来讲，胡瑗在某种意义上还强调天人之间的差异，周敦颐则真正体现了天人合一的思想。他要强调的恰恰是天道与人性的一贯。在周敦颐看来，天地的本性就是人的本性，人类社会的所有道德法则都源于天地的本性。这是儒家根本精神的体现，与老子为代表的道家思想有着显见的不同。在思想方法上，老子对天地自然的理解仍然依赖日常的经验，对天道的理解多源于对经验现象的概括。周敦颐则完全在形而上的思理层面思考和解决世界、人生的根本问题。与老子因文明的过度引生的种种问题而试图回返到朴素的自然不同，儒家试图把人类社会的价值植根到天地的原理上去。儒家要在天地的本性当中辨认出价值的原则来，而不是用自然消解人类社会的道德价值。将人类的道德价值跟天地的本性关联起来，不是源自某种主观的构造，而是根源于真实的哲学洞见。

人是得其秀而最灵的,但人类社会反而是需要治理的。为什么"得其秀而最灵"的人反而需要治理呢?因为人的主动性同时意味着选择的无限开放。如果不能从根本上确立起人类社会的价值基础,则有秩序的社会生活是无法建立起来的。

(三)圣人

《太极图说》进一步讲:"形既生矣,神发知矣,五性感动,而善恶分,万事出矣。圣人定之以中正仁义,而主静,立人极焉。"有了人,就有了形体和神明的分化。内在的本性为外物所感,也就形成了善和恶的分别,世间万事也就由之而生。善恶既分,治理的必要也就产生了。这里,我们首先要面对的问题是,谁来治理这个社会?谁来发现人类社会应有的价值?周敦颐的答案是圣人。圣人的重要性就在于圣人能够发现人类社会的价值原理,人类社会的价值根据之所在。那么什么样的人是圣人呢?《通书》里面有很多部分论及圣人,最典型的是《通书·圣》这一章:

> 寂然不动者,诚也;感而遂通者,神也;动而未形、有无之间者,几也。诚精故明,神应故妙,几微故幽。诚、神、几,曰圣人。①

这一章很难懂,很难找到一个确切的解释,我们这里也只能给出一个相对合理的、权宜的解释。

周敦颐用三个概念来讲圣人,即诚、神、几。"寂然不动者,诚也",寂然不动是诚的状态。"寂然不动"这话出自《礼记·乐记》。在我看来,这里的"寂然不动"并不是指像石头一样无欲求、无知觉,而是没有主动欲求的意思。公明之人不应该有分外的主动欲求,如果有主动的欲求就不是寂然不动了,在某种意义上就是不诚了。不诚则生伪、妄。

---

① 《周敦颐集》,第17—18页。

那我饿了要吃饭,是动还是静?诚在这里显然不是天道之诚,而是人的心灵状态。"感而遂通者,神也",遇到有物来感发就能有所通达。要注意,在周敦颐的话语系统中"通"是跟"智"相关联的,因此才说"通曰智"①,这一点在他讲五德的时候讲得非常清楚,所以"感而遂通"的这个"通"字就有智的意思。有事物触发我们,就会有所知识,这就是神的作用。不是主动的欲求,而是为物所感。但什么叫主动的欲求?这个主动欲求,我是从儒家的分限这个角度来理解的。什么叫作欲?欲是指对分外的、多出来的那部分的追求。因此,"寂然不动,感而遂通"指的不是无事时全无思虑,遇事则有所感发。一个人依本分而行,不做非分之想、不为非分之事,则无时不寂,亦无时不感。

至于"动而未形、有无之间者,几也"这句话,则必须联系《通书》里的另一句话"诚,无为;几,善恶"来加以理解。诚是没有任何主动的作为的,这里所说的主动作为也得从分限上来考虑。凡是分内的事都不能算主动作为(即有为),"诚无为",这里的无为我更倾向于把它理解为不逾越自己的分限的作为。不超越自己的本分而有所作为,就都在诚的范围内。你在这个地方,你活着,你就该承担点事儿,就这么简单,这个不能算有为。"几善恶",到了"几"这个层面,善恶就分化了。"几"是什么状态呢?就是"动而未形、有无之间"。周敦颐讲圣人之境,说:"诚、神、几,曰圣人。"能同时做到"诚""神"和"几",才叫圣人。"几"这个字是对寂感关系、诚神关系的一种补充。真正能把诚跟神关联起来的,恰恰是这样一个"动而未形、有无之间"的几的状态。如果仅仅讲"寂然不动,感而遂通",那么人就完全是被动的,没有任何的主动性。正是"几"这种"动而未形、有无之间"的主动状态才能把寂和感两者真正地关联起来,才能使"寂然不动,感而遂通"在现实生活中成

---

① 《周敦颐集》,第16页。

为可能。"动而未形、有无之间"指的是本分内的追求,这种本分内的追求虽然属于动,但因其非刻意的、额外的追求,所以可以理解为动而非动的状态。我们做事的时候也是这样的,最恰当的、好的做事状态应该是什么样子?有一个自己的目标和追求,但是并不把那个目标和追求当成我们做事的绝对的前提条件。比如种庄稼,种庄稼不能考虑今年是不是有灾害然后决定自己种或者不种,有没有灾害都得种。但是如果种下去一定长不出庄稼还会有人去种么?有目标,但不过分关注这个目标;有追求,但这追求不在本分之外。我觉得这就叫作"动而未形、有无之间"。"诚、神、几,曰圣人",圣人不能有本分之外的主动欲求,因为一旦有本分之外的主动欲求就有了私心,神识也就昏了。所以《通书》里讲:"圣人之道,至公而已矣。"①

《太极图说》讲:"圣人定之以中正仁义,而主静,立人极焉。"这句话中的"中正仁义"在朱子看来就是"仁义礼智",朱子明确讲"中"就是"礼","正"就是"智"。圣人发现了仁义礼智等人的根源性价值,由此确立起"人极"。人类的道德原则的确立,是圣人的伟大贡献。基本价值原则确立以后,治世也就有了准则。至于"主静",我觉得可以从下面两个角度来理解。第一,根本价值是不能动的、不能变的。能变动更改的就不再是人极了,中正仁义是恒常不变的价值。第二,周敦颐的思想里可能已经有义智为体、仁礼为用的观念。当然,明确提出"义智为体,仁礼为用"的是朱子。"义智为体,仁礼为用",简单地讲就是以否定、制止为根本,以肯定、能动为发用。周敦颐特别重视《艮》卦,而艮就是止。据说周敦颐曾说过,整个一部《法华经》不过就是《周易》一个"艮"字。② 这虽然是传闻,但应该是有所本的。止是根本,有了止才有发用,因此要"主静"。

---

① 《周敦颐集》,第41页。

② 参见《二程集》,第408页。

二　治教与修身

儒家不仅着眼于自我的修养,还着眼于对他人的安顿。教与学是儒家思想的枢纽与把柄,即发挥作用的着手点。在个人层面发挥作用,要靠自我教化;在社会国家层面发挥作用,要靠风俗教化。圣人不仅是君子修身进德的榜样,还是治理教化的源头。圣人发现了治理的原则与人类的根本价值,这些原则和价值还得体现为具体的治理方法和措施,这就引出了教化与治理的问题。我们首先看社会层面的风俗教化问题:

(一) 师道

《通书·师》这一章专门讲师道:

> "性者,刚柔、善恶,中而已矣。"……惟中也者,和也,中节也,天下之达道也,圣人之事也。故圣人立教,俾人自易其恶,自至其中而止矣。①

因为太极有阴阳,阴阳体现为刚柔,所以人具体的性情上就体现出了刚柔之别。刚和柔皆有善有恶。刚善体现"为义,为直,为断,为严毅,为干固",刚恶则表现为"猛""隘""强梁";柔善则"为慈,为顺,为巽",柔恶则"懦弱""无断""邪佞"。② 个人修养和社会国家的教化,无非是要引导刚柔善恶,使之"中而已矣"。那么刚柔怎样才能得中呢?这就需要圣人立教,使人自己改过。虽然需要教化的引导,但真正的主动性依然在人自身。因此他后面一章说"必有耻,则可教"③,一个人必是自身

---

① 《周敦颐集》,第20页。
② 同上。
③ 同上书,第21页。

想要改变,外面的帮助才能施加进去。

(二)纯心

纯心强调的是君主的修身。按照周敦颐的理解,任何好的治理都必须有贤才,有有德的人才,即"贤才辅则天下治"①。有贤才辅佐,天下才可能治理好。而要想得到贤才的辅佐,君主必须"以纯心为要",纯心就是强调自我的修养,强调在视听、动静、行为当中没有任何地方违背仁义礼智的原则。所有的行为都不违背仁义礼智,就叫作纯心。

(三)礼乐

周敦颐非常重视礼乐的作用。关于"礼",他有一个非常重要的发明:"礼,理也。"什么叫作礼?合道理的行为就叫作礼。在这个地方我们须注意,他实际上是要为儒家的"礼"找到一个背后的道理的根源。由此可见,宋明道学或者宋明理学是儒家理性主义精神的发扬。我近来常讲,儒家本质上就是合道理的生活方式,符合人的本质的生活道路。在我看来,道德或不道德的分别就在于行为的合道理或不合道理,所有行为的背后都有它的道理。当然,每个人都会觉得自己有理,那么怎么来判别有理和无理呢?这不是我们这节课能够讲清楚的,后面讲朱子哲学的时候我们再详细讲。至于"乐",周敦颐说:"乐,和也。""乐,和也"是《礼记·乐记》当中一直强调的。周子虽然强调"和",但他更强调礼的优先性,礼先乐后,先谈礼才能谈乐。我们知道,这样的思想是对《论语》"礼之用,和为贵"的一个发挥。在《通书》当中,周敦颐特别重视乐的作用。与"乐"有关的一共有三章,即《乐上》《乐中》《乐下》。其中主要讲两个方面:第一,乐以正为本。再好的乐都源自

---

① 《周敦颐集》,第24页。

于治理,和谐的音乐一定来自于好的治理,没有好的治理一定不会有乐之和。第二,好的乐一定是"淡而不伤""和而不淫"的,《论语》里讲"哀而不伤",这里讲"淡而不伤"。在周敦颐看来,淡与和是好的乐的标准,这是儒家基本的艺术观点。儒家从来不讲艺术要以美为核心,周敦颐有这样一句感慨:"乐者古以平心,今以助欲",古代的乐是用来平正人心的,今天反而用来助长人们过分的欲望;"古以宣化,今以长怨"①,古代的乐是用来宣扬政教的,今天却让人们相互怨恨。

(四)用刑

可能与他的基层司法经验有关,周敦颐特别强调刑的重要性。事实上这也符合儒家基本精神,即礼乐政刑,缺一不可。他说:

> 天以春生万物,止之以秋。物之生也,既成矣,不止则过焉,故得秋以成。圣人之法天,以政养万民,肃之以刑。民之盛也,欲动情胜,利害相攻,不止则贼灭无伦焉。故得刑以治。②

在周敦颐看来,这个世界不可能只有春天没有秋天,刑就是秋天。如果没有秋天,万物就一定会过度生长,过度生长是不行的。一般的老百姓欲动情胜,他的情跟欲都自然而然地趋于过度,这样一来就会贼灭人伦,所以不用刑来加以制止的话,最终会导致贼灭人伦的后果。这其实也是儒家的基本观念。《礼记·乐记》讲"礼乐刑政,四达而不悖",也是同样的意思。

(五)志学

周敦颐的作品看似零散,但如果我们仔细考察,就会发现宋明理学

---

① 《周敦颐集》,第30页。
② 同上书,第41页。

的基本架构在他的思想中已经完整出现了。志学这部分实际上对应的就是修养功夫的部分。学要立志,立志的标准是"圣希天",圣人追求的是天的境界;"贤希圣",贤人追求的是圣人的境界;"士希贤",一般的士人追求的是贤人的境界。① 周敦颐有两句话特别重要,其中提出了儒家士大夫的理想和目标:"志伊尹之所志",因为这个世界需要圣人来治理,即使没有圣人出来也得有贤人出来;"学颜子之所学",这是他为儒者确立的目标和理想。② 在他看来,士大夫应以此为目的。这个世界总需要有道义的担当者,总需要有智慧的担当者,总需要不断地有人出来担当。每隔数百年,如果一个文明不出现伟大的哲学家,这个文明离没落就不远了。在我看来,哲学就是一种根源性的谈道理的方式,一个伟大哲学家出现以后的数百年乃至数千年,人们谈道理的方式都会受到他的深刻影响。你只能按照这些大哲学家的方式来谈道理,否则别人会认为你不讲道理。为什么《孟子》最后一章讲"五百年必有王者兴",这是我们这个文明的基本命运,每隔数百年一定会出伟大的圣人。但是怎么能成为圣人呢? 不同的人对圣人的理解不一样。在《通书·圣学》篇里面,周敦颐提出了"圣可学"的观念,圣人是可以努力地通过学习来达到的。怎么才能达到圣人,怎么才能学成圣人? 周敦颐说:"一为要",一是学为圣人的根本,一就是纯一、专一的意思。但不能只讲专一,如果只讲专一,那我专一于赌博怎么办? 所以,周敦颐接下来讲,"一者无欲也"。怎么理解"欲"这个字呢? 在宋明道学的传统里,欲一般都是指过度的欲望,逾越了自己本分的欲望。"无欲则静虚、动直",无欲的结果是静则虚,动则直,无论动还是静,都能够做到公平。"静虚"的效果是"明",明自然通达,所以"静虚则明,明则通";"动直则公",公正的人才能博大,即周敦颐说的"溥","公则溥"。

---

② 同上书,第23页。

没有过度的欲望,每个人只专注自己本分的事儿,因为不过度,所以不在"欲"的范畴。不能把无欲理解为没有欲求,那样就成禅宗了。因为没有过分的欲望,所以我们能虚静,静则虚,虚就是内心中没有任何成见,有成见就不再虚了。而因为没有任何成见,所以你能够客观地、如实地看待事物,因此就明通。直则无私念,无私念所以公平,公平才能够真正做到博大。

到这里我们可以看到,周敦颐的思想从本体论到政治思想再到功夫论,是有一个相当完整的架构的。《太极图说》和《通书》的出现让我们看到了一种朴素、明达、理性的哲学建构的努力,而且这一哲学建构是以哲学写作的方式来完成的。周敦颐不像同时代的大多数人那样,以注疏的方式来思考和写作,他的哲学著作是以原创的形态出现的。《太极图说》和《通书》里闪耀出的那种朴素、明达、理性的光芒对后来者产生了巨大的影响,我们因此将周敦颐视为宋明理学的奠基者。可以说到了周敦颐这里,中晚唐以来的儒学复兴运动才真正达到了理论建设的高度。

第九讲

易兼体用:邵雍的哲学

　　邵雍,字尧夫,出生于 1011 年,去世于 1077 年。死后赠谥康节,所以人称康节先生。先世在河北范阳,父辈迁居河南,后来就长期定居在洛阳,去世以后就安葬在洛阳伊川县。邵雍其人纯厚而精明,数术极精准,又不因高明而导向单薄。邵雍的诗写得很好,是用诗歌表达哲学的典范。《伊川击壤集》是我们了解邵雍哲学的重要资料。二程评价他是"振古之豪杰"①,说此人心胸包括寰宇,但内心闲阔,不以用世为务。邵雍晚年居住在洛阳,家贫而不以财货为意。他的好朋友司马光、富弼等人为他在洛阳买了几间房子、几亩薄田。邵雍将其称作"安乐窝"。因为他每天都笑呵呵的,从来不愁眉苦脸,所以洛阳城中老少没有不喜欢他的。邵雍每天固定时间去遛弯儿,很多人就沿着他遛弯儿的路盖了房子。到他快出来散步的时候,这些人就把自己的房间打扫干净等他来,希望邵雍累了能到他们家里坐一坐。因为邵雍的住处叫"安乐窝",

---

　　① "一日,二程先生侍太中公访康节于天津之庐,康节携酒饮月陂上,欢甚,语其平生学术出处之大致。明日,明道怅然谓门生周纯明曰:'昨从尧夫先生游,听其论议,振古之豪杰也。惜其无所用于世。'"参见朱熹:《名臣言行录》,《朱子全书》(第十二册),上海:上海古籍出版社/合肥:安徽教育出版社,第848页。另,"康节诗云:'冬至子之半,天心无改移;一阳初动处,万物未生时。玄酒味方淡,大音声正希。此言如不信,更请问庖羲。'可谓振古豪杰!"参见《朱子语类》卷七十一《易七》,第1793页。

所以这些房子的主人就把自己的房子称为"行窝"。朱子曾说：

> 康节本是要出来有为底人,然又不肯深犯手做。凡事直待可
> 做处,方试为之;才觉难,便拽身退,正张子房之流。①

邵雍原本是要有所作为的,但孔颜乐处多了些,什么事都要"行其所无
事",非到把握成熟了才做。既做了,稍遇阻碍便又抽身而退。正是张
良一类的人。这与我们一般印象里的豪杰有较大出入。历史上有些有
所成就的人,原本并无意于功名,偶然置身于一时一位,却能成就一番
功业。但不论做出多大的功业,心底里依旧是个闲散人。《观物外篇》
里讲"学为润身"②,至于治国之类不过是润身之余,就是这个意思。

邵雍的学术思想是有道教渊源的,这一点不必讳言。朱震在《汉
上易传》中述北宋易学的传承:

> 陈抟以先天图传种放,放传穆修,修传李之才,之才传邵雍。③

陈抟是迹近神仙的人物,《宋史》里有专门的传记。钱穆先生在《国史
大纲》里面写到宋初的士大夫情状时说:宋初的儒家士大夫人格气象
普遍卑琐,真正有些高蹈的反倒是道士,如陈抟等人。④ 陈抟传种放,
种放传穆修,穆修又传到李之才,李之才以先天图传授邵雍。在北宋五
子当中,邵雍是非常独特的。他对老、庄都有非常充分的肯定。我们当
然不否认道家思想对邵雍有深刻的影响,但他对老、庄的态度不是信
从,而是用自己的思想系统把老、庄安置和包括进来。当然他的思想整
体还是儒家的。关于邵雍从学李之才的事,《朱子语类》中有这样的
记述:

---

① 《朱子语类》,第 2545 页。

② "君子之学,以润身为本。其治人应物,皆余事也。"参见《邵雍集》,第 156 页。

③ 朱震:《汉上易传表》,《汉上易传》,上海:上海古籍出版社,1989 年,第 5 页。

④ 钱穆:《国史大纲》,北京:商务印书馆,1991 年,第 557 页。

康节学于李挺之,请曰:"愿先生微开其端,毋竟其说。"此意极好。学者当然须是自理会出来,便好。①

就是说先生您说个开头就行了,别把你的想法全说尽了,因为说尽了我就没有自己思考的余地了。通过这段记述我们可以看出,邵雍之学虽然受到了陈抟、种放、穆修、李之才这一系的影响和启发,但是后面的思想发展主要是邵雍的独得之见。

邵雍的主要著作是《皇极经世书》。此书收载于《正统道藏》。《道藏》所收《皇极经世书》为明刊本,全书十二卷五十四篇,其中的《观物内篇》和《观物外篇》被收入中华书局版的《邵雍集》。除非做专门的邵雍哲学研究,《观物内篇》和《观物外篇》一般是我们了解邵雍思想的主要依据。邵雍的著作大都经过了后人的整理,其中确定无疑可以作为邵雍思想资料的是《观物内篇》。《观物外篇》是邵伯温根据邵雍学生的笔记整理而成的。《朱子语类》中有这样的记载:"又问:'伯温解《经世书》如何?'曰:'他也只是说将去,那里面曲折精微,也未必晓得。康节当时只说与王某,不曾说与伯温。模样也知得那伯温不是好人。'"②《观物外篇》既是邵伯温整理而成,可靠性就很成问题了。尤其是其中大量跟《易》学有关的数字。因为数字在传抄的过程中,是极容易出错的。我们这里讲述邵雍的哲学,主要以《观物内篇》为依据。

一　观物

观物是邵雍对待世界的一个基本态度,他的整个人生态度首先建立在静观明理上。朱子说:"邵康节,看这人须极会处置事,被他神闲

---

① 《朱子语类》,第 2542 页。

② 同上书,第 2547 页。

气定,不动声气,须处置得精明。他气质本来清明,又养得来纯厚,又不曾枉用了心。他用那心时,都在紧要上用。被他静极了,看得天下之事理精明。尝于百原深山中辟书斋,独处其中。王胜之常乘月访之,必见其灯下正襟危坐,虽夜深亦如之。若不是养得至静之极,如何见得道理如此精明!"①邵雍常常讲自己的观物之乐,天下所有的事情都不能跟静观万物的快乐相比。

观物的态度是一种非常客观冷静的态度,甚至我们会觉得他有一点过分地冷静和客观,他要把一切主观的人的情感的因素都清除掉:

> 天所以谓之观物者,非以目观之也。非观之以目而观之以心也。……圣人之所以能一万物之情者,谓其圣人之能反观也。所以谓之反观者,不以我观物也。不以我观物者,以物观物之谓也。既能以物观物,又安有我于其间哉!②

"天所以谓之观物者",不是用眼睛来观,而是用心来观;进而不是用心来观,而是以理来观。"观之以理"这个"理"字不是说通过一个抽象的观念来看事物,而是如实地、客观地来面对事情。因为有人的主观意识发挥在其中的时候,我们就有自己的爱憎的情感,有了爱憎的情感我们就不能冷静地、客观地来看待事物。所以在讲到圣人的特殊性的时候,他说"圣人之观"与一般人的"观"的不同就在于圣人能够"反观","反观"的意思就是不以我观物,而"以物观物"。"以物观物"就是一个"物各付物"的意思,就是真正地如实地看到事物本来的样子,这是观物的基本原则。这样一种静观的态度恰恰是他了解世间万物之理的一个基本的态度。

---

① 《朱子语类》,第 2543 页。
② 《邵雍集》,第 49 页。

"以物观物,性也;以我观物,情也。性公而明,情偏而暗。"①邵雍在很多地方都强调"以物观物"和"以我观物"的不同,他用"性"和"情"两个字来区别"以我观物"和"以物观物":"以物观物,性也;以我观物,情也。"在邵雍的哲学话语当中,性、命、理之间是有同一性的,在我身上就是性,在物身上就是理。"以物观物"就属性,"以我观物"就属情。人有了爱憎,喜欢的时候就蒙上了一种光彩,不喜欢的时候这种光彩就消失,就转生出一种晦暗来。爱憎会影响我们看事物的客观性。"性公而明","公而明"就是观世间万物的正确态度;"情偏而暗",就不再能够看清事物。北宋道学家普遍强调一种公的态度,比如程颐以"公"字言仁。只有不掺杂人的情感要素,才有可能按照其本来的样子来看待事物。

在邵雍的观物思想中,我们可以清楚地看到庄子的影响。邵雍对庄子评价是比较高的。在讲《庄子》"濠上观鱼"一章时,他说这就是人能够尽性的结果。人能够尽己之性就能够通物之性,能够尽己之情就能够通物之情。②

> 是知以道观性,以性观心,以心观身,以身观物,治则治矣,然犹未离乎害者也。不若以道观道,以性观性,以心观心,以身观身,以物观物,则虽欲相伤,其可得乎! 若然,则以家观家,以国观国,以天下观天下,亦从而可知之矣。③

只有"以道观道,以性观性,以心观心,以身观身,以物观物",才不会对所观的对象造成影响。而如果"以道观性,以性观心,以心观身,以身观物",虽然其所观亦成条理,却难免对所观者带来伤害。这里凸显出

---

① 《邵雍集》,第 152 页。

② 同上书,第 163 页。

③ 同上书,第 180 页。

一层无我的意思。当然,邵雍的无我与佛教的无我不同,是一种很朴素的态度。他说:"易地而处,则无我也。"①我们能站在别人的立场上来思考,就能超越我们的私我,能这样做就是"无我"。基于这样的"无我"立场的冷静客观的态度,构成了邵雍认知世界的基础。

二 体用

体用概念为我们理解邵雍哲学提供了基本框架。

对于体用,邵雍有相当复杂的用法。比如他在讲《周易》的蓍数和卦数的时候,就是以体用来区分的:

> 蓍者,用数也;卦者,体数也。用以体为基,故存一也;体以用为本,故去四也。②

《周易》中的数是分体用的,蓍数是用数,卦数是体数。这一区分的根据在于《系辞传》的"蓍之德圆而神,卦之德方以智"。卦对应方,蓍对应圆。在圆与方的对立当中,方属静,圆属动。方对应地之静,圆对应天之动。在这里我们可以看到,体用当中的体是从静的方面来讲的,用则从动的方面来讲。方与圆的这样一种对应关系是我们后面理解邵雍思想的一个基础。那么,用跟体到底是什么关系呢?"用以体为基",即用是以体作为基础的。"存一"讲的就是《系辞传》"大衍之数五十,其用四十有九"当中的不用之一。这个不用之一的观念,应该是受到了王弼、韩康伯的影响。王弼说:"不用而用以之通,非数而数以之成。"③四十九跟一的关系是:这个一虽然不用,但在用的四十九都是通

---

① 《邵雍集》,第 164 页。

② 同上书,第 91 页。

③ 《王弼集校释》,第 547—548 页。

过这不用之一而成其用的。这个不用之一不是数,但其他的四十九个数恰恰是靠这个"非数"之一才成立的。"体以用为本",本就是根的意思。"为本"和"为基"有什么区别? 这在概念上是应该说清楚的。"体以用为本"这句话,我的理解是体以用为目的。空存其体,却全无作用,又有什么意义? 邵雍夸老子,说老子知易之体,①我觉得这夸奖当中是隐含着贬义的。指出老子知易之体,等于在说他不知易之用。不知易之用,空存一个易之体又有什么意义呢? 与老子不同,"孟子得易之用"②。孟子虽然一句《周易》的话都不引,但用的却都是《周易》的道理。③ "体以用为本,故去四也"当中的"去四",是说《周易》六十四卦中,有四卦不用,即乾坤坎离。为什么说乾坤坎离不用? 因为这四卦颠倒过来也并无变化。无变化就是不动,也即不用。邵雍说:

> 体有三百八十四而用止于三百六十,何也? 以乾、坤、坎、离之不用也。乾、坤、坎、离之不用,何也? 乾、坤、坎、离之不用,所以成三百六十之用也。④

三百八十四是爻数,减掉不用的四卦二十四爻正好是三百六十。刚才我们讲体、用是和方、圆相对应的。而圆和方又跟邵雍对《河图》《洛书》的理解有关。"盖圆者《河图》之数,方者《洛书》之文。故羲、文因之而造《易》,禹、箕叙之而作《范》也。"⑤《河图》的数字从一到十,《洛书》则是一到九。十为圆,九为方。圆是《河图》的数理,所以伏羲、文王以《河图》为根据创造了《易》的系统,这一系统是动的、圆的系统。大禹、箕子根据《洛书》而制作出《洪范》九畴,则属于静和方的系统。

---

① "老子,知《易》之体者也。"《邵雍集》,第164页。

② 邵伯温:《邵氏闻见录》,北京:中华书局,1983年,第215页。

③ 《朱子语类》,第2259页。

④ 《邵雍集》,第80—81页。

⑤ 同上书,第107页。

在邵雍那里,体用与动静的关系是相当确定的。

体用又与阴阳有关。邵雍说:"阳者道之用,阴者道之体。"①按理说阳比阴应该更优越,但邵雍有时候又讲"阴几于道"②。阴属静,故恒常不变;阳属动,故有往来。阳有往来,故可知可见;阴不用不变,故知见无所施加。所以说"阴几于道"。值得注意的是,邵雍并没有说:阴即是道。阴与阳相对,是有对待的,所以,并不是普遍的、恒常的道。这个时代的哲学家,普遍强调"主静",这应该是当时的思想共识。哲学家们普遍强调阴的根本性。但这并不是说阴比阳重要。阴更根本和阴更重要是两码事。

邵雍有时又在天与地、圣人与百姓的关系里讲体用:

> 天主用,地主体。圣人主用,百姓主体,故"日用而不知"。③

这里的"天主用,地主体",还是在讲动静的关系。而"圣人主用,百姓主体",就有些令人费解了。从"日用而不知"这句话看,"百姓主体"强调的应该是其生存状态的被动性;"圣人主用",则着眼于其主动性的发挥。"用"体现在人类社会,强调的就是人的主体性的调动和发挥。在理解邵雍思想的过程中,如何安置人的主体性、人的主体性的发挥在无法改变的整体趋势面前是如何可能的,是问题的关键所在。

三　体以四立

接下来我们讲《观物内篇》的思想。《观物内篇》的思想可以概括为"体以四立",即以四这个数字来立天地万物之体。整个《观物内篇》

---

① 《邵雍集》,第 143 页。
② 同上。
③ 同上书,第 161 页。

最醒目的就是四这个数字。《朱子语类》里有这样一段话：

> 康节其初想只是看得"太极生两仪,两仪生四象"。心只管在那上面转,久之理透,想得一举眼便成四片。其法,四之外又有四焉。凡物才过到二之半时,便烦恼了,盖已渐趋于衰也。谓如见花方蓓蕾,则知其将盛;既开,则知其将衰;其理不过如此。①

邵康节原来看到的就是"太极生两仪,两仪生四象",看的也就是个大概。但他的"心只管在那上面转",每天以观物为乐,静观、思考。邵雍的静的态度看起来和佛老很像,但是他是静中思考,是在发挥人心的思维作用。时间久了道理看得透彻,"一举眼便成四片"。邵雍看什么都是四截子,所有的事物上面他都能看出四片的分别来。很显然,四这个数字是从《易》的传统当中来的。邵雍的哲学根于《易》,但是他的哲学不是对《易》的简单解释和发挥,这是北宋道学家普遍的特点。周敦颐的《太极图说》也根于《易》,但是太极、两仪到五行这个关系在《易》当中有吗?没有。这就是一种有根基的创造与发挥。我们常常讲宋明理学是儒学的第二期发展,是有根据的。宋明时代的儒家哲学确实处处体现出伟大的创造精神。而这些伟大的创造又都是以此前的经典为依据的,都是对中国文化,特别是儒家文化的创造性的发挥。"凡物才过到二之半时,便烦恼了,盖已渐趋于衰也。"何谓二之半? 如果把事物的发生、发展理解为四个阶段,那么,过了第二个阶段,就转向衰颓了。"二之半"就是二与三之间,节气上相当于立秋。

邵雍哲学中的四是怎么发展出来的呢? 在《观物内篇》里,邵雍说:

> 物之大者,无若天地,然而亦有所尽也。天之大,阴阳尽之矣;

---

① 《朱子语类》,第 2546 页。

地之大,刚柔尽之矣。阴阳尽而四时成焉,刚柔尽而四维成焉。①

天地是万物当中最大的,但是天地也可以穷尽。天虽大,不过阴阳而已;地虽大,不过刚柔而已。邵雍的哲学用的是二分法,有点儿像我们现在电脑用的二进制,但不能将这种二分法完全理解为二进制。因为邵雍的数字里是包含了"质"的。阴阳刚柔不仅仅是一个量的问题,它有质的内涵,有价值的涵义。"阴阳尽而四时成焉",是说阴阳是时间的基础;"刚柔尽而四维成焉",讲的是空间以刚柔为基础。阴阳刚柔可以进一步细分:

> 动之大者谓之太阳,动之小者谓之少阳,静之大者谓之太阴,静之小者谓之少阴。太阳为日,太阴为月,少阳为星,少阴为辰。日月星辰交,而天之体尽之矣。

> 静之大者谓之太柔,静之小者谓之少柔,动之大者谓之太刚,动之小者谓之少刚。太柔为水,太刚为火,少柔为土,少刚为石。水火土石交,而地之体尽之矣。②

阴阳分为太阳、少阳、太阴、少阴,这是阴阳的"四片";刚柔也可四分为太刚、少刚、太柔、少柔。邵雍是从一到二、二到四、四再到十六,这与《周易》的系统是不一样的。太阳、少阳、太阴、少阴对应日、月、星、辰;太刚、少刚、太柔、少柔对应水、火、土、石。再进一步:

> 日为暑,月为寒,星为昼,辰为夜。暑寒昼夜交,而天之变尽之矣。

> 水为雨,火为风,土为露,石为雷。雨风露雷交,而地之化尽之矣。③

---

① 《邵雍集》,第 1 页。
② 同上书,第 2 页。
③ 同上。

日、月、星、辰对应暑、寒、昼、夜;水、火、土、石对应雨、风、露、雷。暑寒昼夜、雨风露雷就产生出各种复杂的影响和作用:

> 暑变物之性,寒变物之情,昼变物之形,夜变物之体。性情形体交,而动植之感尽之矣。雨化物之走,风化物之飞,露化物之草,雷化物之木。走飞草木交,而动植之应尽之矣。①

暑、寒、昼、夜变物之性、情、形、体;雨、风、露、雷化物之走、飞、草、木。值得注意的是,到了《观物内篇》后面几篇时,走、飞、草、木这个顺序转变为飞、走、木、草,这个颠倒本身是极具深意的。走、飞、草、木这个顺序没有告诉我们这里面有一个演化的、递进的过程,既不升也不降,只告诉我们事物就是这么产生的。各种复杂的感应变化形成了各种物类,讲到走、飞、草、木,万类也就产生出来了。阴阳刚柔不断地分化,阴、阳、刚、柔,雨、风、露、雷,经过感、应、变、化慢慢形成走、飞、草、木等各样的物类。万物之生没有一个确定的由低到高或者由高到低的价值秩序,事物就是这么生成的。从产生的角度看,谁也不比谁更优越。万物的产生只是复杂的感应变化关系,一种凌乱的综合,这种凌乱的综合也许我们可以用张载的话称之为"太和"。邵雍在这里是不强调秩序的,既不强调一个升的秩序,也不强调一个降的秩序。

万类产生之后,接下来讲人的出现。在邵雍看来,人之所以"灵于万物"是因为:

> 夫人也者,暑寒昼夜无不变,雨风露雷无不化,性情形体无不感,走飞草木无不应。……灵于万物,不亦宜乎。②

人"暑寒昼夜无不变",不同于别的物类。其他物类都是被某一个东西

---

① 《邵雍集》,第 3 页。
② 同上书,第 4 页。

所变:要么被暑所变,要么被寒所变,要么被昼所变,要么被夜所变。人则贯通在暑寒昼夜的变化当中,且"雨风露雷无不化,性情形体无不感,走飞草木无不应"。邵雍的《观物内篇》,没有一个概念是随意的。他把那个时代的习用语辞尽可能地结构到他的四分的体系当中,可以说是极致地展现了那个时代语言的思的边界。其实,任何一个时代的思想创造都是以这个时代的语言为前提的。哲学家的工作在某种程度上可以理解为,用极致的思的努力,释放出时代语言所蕴涵的思的可能的高度。

如果仿效前面提到的邵雍的说法——"圣人主用,百姓主体,故'日用而不知'",我们可以说邵雍想要表达的是:人主用,万物主体。因为万物只能被动地局限于暑、寒、昼、夜等给定的环境,而人则能够发挥自己的主动性,所以能够贯通和超越这些客观的局限。这里再次凸显出人的主动性问题。有了人以后,一切都改变了。

接下来是价值秩序的引入。邵雍说:

> 夫昊天之尽物,圣人之尽民,皆有四府焉。昊天之四府者,春夏秋冬之谓也。阴阳升降于其间矣。圣人之四府者,《易》《书》《诗》《春秋》之谓也。《礼》《乐》汙隆于其间矣。春为生物之府,夏为长物之府,秋为收物之府,冬为藏物之府。号物之庶谓之万,虽曰万之又万,其庶能出此昊天之四府者乎?《易》为生民之府,《书》为长民之府,《诗》为收民之府,《春秋》为藏民之府。号民之庶谓之万,虽曰万之又万,其庶能出此圣人之四府者乎?昊天之四府者,时也。圣人之四府者,经也。昊天以时授人,圣人以经法天。天人之事,当如何哉?①

昊天包括万物,也约束和整齐万物。圣人则包络万民。圣人包络万民

---

① 《邵雍集》,第 11 页。

当然不是身体意义上的,圣人的身体跟我们差不多。圣人以他的智慧、以他对道的理解包络万民,所有的人都包含在圣人的理解当中。昊天和圣人的出现使得整个世界的情形变了。昊天尽物有四府,圣人尽民也有四府。昊天尽物的四府对应的是春夏秋冬。春夏秋冬一旦引入,也就引入了由阴阳升降而来的秩序。圣人尽民的四府是《易》《书》《诗》《春秋》。《礼》《乐》汙隆于其间。人道之《礼》《乐》对应天道之阴阳。春夏秋冬是由阴阳升降形成的。《易》《书》《诗》《春秋》则体现了由于《礼》《乐》汙隆导致的治理的不同阶段。《礼》《乐》与阴阳的对应,在中国经典传统里是有根据的。《乐》属阳,《礼》属阴。昊天以春夏秋冬四府生物、长物、收物、藏物,圣人以《易》《书》《诗》《春秋》四府生民、长民、收民、藏民。昊天强调的是时,时强调的是不可逆转的必然性:万物都有其生长收藏的阶段。昊天讲的是时,圣人讲的是经。圣人以经法天。在以经法天当中,包含了人的主体性。人当然可以不法天,可以背离天时,到了春天用冬天之道,到了夏天用秋天之道。将四府中体现的生、长、收、藏自乘,就有了从生生、生长、生收、生藏到藏生、藏长、藏收、藏藏的顺序。从生生到生藏对应的是皇帝王伯,这是一个递降的顺序,总体趋势是下降的。藏生到藏藏对应的是秦、晋、齐、楚。生生是万物最蓬勃兴盛的阶段,藏藏则是一片荒芜寂寥的阶段,有形的万物都趋近于坏乱毁灭。皇帝王伯是一个治理之道的递降过程。值得注意的是,治理之道的递降过程与治理的历史展开并不是完全一致的,中间自有许多复杂的升沉变化。但宏观地看,治理之道的递降过程基本与治理的历史发展相符。这在某种意义上也是一种逻辑与历史的统一。治理之道的递降顺序仿佛春夏秋冬一样有其不可逆的必然性。

邵雍在很多地方是受到了老子的影响的:"所谓皇帝王伯者,非独三皇五帝三王五伯而已,但用无为则皇也,用恩信则帝也,用公正则王也,用知力则伯也。"①以无为为治理原则的就是皇,以恩信治理就是帝,用公正则为王,以智力把持就是伯。这显然有《老子》的印迹:"大道废有仁义,智慧出有大伪","失道而后德,失德而后仁,失仁而后义,失义而后礼,夫礼者,忠信之薄而乱之首也"。

对于《春秋》,邵雍的态度迥异于"宋初三先生"里的孙复。对于孙复所说的《春秋》有贬无褒,邵雍是不赞同的。怎么能说五伯没有功劳呢?孔子知人论世,哪能那么不通情理呢?邵雍说"《春秋》尽性之书"②,也就是说《春秋》是真正通情达理的,能理解各种局面下历史的不得已。这在《论语》中也能得到印证。《论语》里面孔子的弟子,像子路、子贡等人,提到管仲都颇为不屑,孔子却说:"桓公九合诸侯,不以兵车,管仲之力也。如其仁! 如其仁!"(《论语·宪问》)在衰颓之世能够维持一个国家的基本格局,仍然是有意义的。这个地方你能看到邵雍的宽。邵子临终对程子的提醒就是:"面前路径常令宽。"你如果自己都容身不得,怎么容得别人呢?③

邵雍对五伯是有充分肯定的。甚至对五代那些混乱世道里的枭雄,他也有所肯定。这非常难得。儒家不一定要从自己的思想中发展出权力主体性,但应该有一种包容政治家的能力。《论语》里孔子对待管仲的态度就是一种包容政治家的能力的体现。在混乱的局面里随便

---

① 《邵雍集》,第 159 页。

② 同上书,第 166 页。

③ "先君病且革,乡人聚议后事于后,有欲葬近洛城者。时先君卧正寝,已知之曰:'祗从伊川先茔可也。'伊川曰:'先生至此,他人无以致力,愿先生自主张。'先君曰:'平生学道,固至此矣,然亦无可主张。'伊川犹相问难不已,先君戏之曰:'正叔可谓生姜树头生,必是生姜树头出也。'伊川曰:'从此与先生诀矣,更有可以见告者乎?'先君声气已微,举张两手以示之。伊川曰:'何谓也?'先君曰:'面前路径常令宽,路径窄则自无着身处,况能使人行也。'"邵伯温:《易学辨惑》卷一,文渊阁《四库全书》本。另见《八朝名臣言行录》,《朱子全书》(第十二册),第 850 页。

什么人出来，哪怕能安顿一小块疆土，也是好的。在这种情形下，建立和恢复秩序才是最重要的。秩序本身就是光芒。邵雍说："治《春秋》者，不先定四国之功过，则事无统理，不得圣人之心矣。……故四者功之首，罪之魁也。"①这里的四国讲的是秦、晋、齐、楚。这四国是"功之首，罪之魁"，功绩有多大，罪过就有多大。在历史见识上，邵雍有些方面的高度是二程所不及的。

接下来讲元会运世。前面我们已经提到了日月星辰。日月星辰显然是有顺序的，一个光亮等级的顺序。日的光芒最强，月的光芒次之，星的光芒较弱，辰则近乎无光。"日经天之元，月经天之会，星经天之运，辰经天之世。"②"经"在这个地方是掌管的意思。元会运世分别对应着日月星辰。我们不能把元会运世仅仅理解为与时间有关的概念。元会运世既然对应日月星辰，就一定与光的强度有关。将元会运世自乘，就有了元之元到世之世的顺序。元之元是一，元之会是十二，元之运三百六十，元之世四千三百二十。也就是先乘一，再乘十二，然后乘三十，最后再乘十二。会之元是十二，运之元三百六十，世之元四千三百二十。关于元会运世有几种算法，在哲学史上尚存争议。从皇之皇到伯之伯意味着不同的治理原则，对应日月星辰也就是从日日到辰辰的过程。日日就是光芒强到不能再强的阶段，辰辰就是光芒暗到不能再暗的阶段。元里面分元、会、运、世，会里面又细分出元、会、运、世，这样依次往下，是一个分的过程。元之元是一个大的时间单位，元之元包括世之世。元之元结束以后一个新的周期就开始了。如果把元、会、运、世简单当作时间的段落，那皇之皇对应的是元之元，也就意味着皇之皇在治理时间上是最长的。但是邵雍明确讲："祖三皇，宗五帝，子

---

① 《邵雍集》，第166页。
② 同上书，第35页。

三王,孙五伯。"进而他感慨说:"何祖宗之寡而子孙之多耶!"①这个世界治世常少而乱世常多。所以我们一定要注意,皇帝王伯不是指实际治理时间的长短,而是其治理原则的久暂。"皇之皇"与"伯之伯"之间的差别是治理效果和治理原则的适用范围的不同。"伯之伯"对应世之世,已经是至暗的治理。但即使在这样的治理当中,也有暗合"皇之皇"的治理原则的地方。"伯之伯"基本上以智力把持天下,但也不能完全背离无为的原则。因为无为是普遍的政治原则。

邵雍说:

> 三皇春也,五帝夏也,三王秋也,五伯冬也。……唐季诸镇之伯,日月之余光也。后五代之伯,日未出之星也。自帝尧至于今,上下三千余年,前后百有余世,书传可明纪者,四海之内,九州之间,其间或合或离,或治或隳,或强或赢,或唱或随,未始有兼世而能一其风俗者。吁,古者谓三十年为一世,岂徒然哉?……惜乎时无百年之世,世无百年之人,比其有代,则贤之与不肖,何止于相半也?时之难不其然乎?人之难不其然乎?②

治世常少而乱世常多,历史发展又在一个必然的递降的过程中。为什么治世如此之难呢?在帝尧以来的三千余年里,没有能维系六七十年(兼世)的治世。古人把三十年当作一世,这难道是偶然的吗?一世三十年,其实就是一代人的有效工作时间。人即使能活到七八十岁,真正能发挥作用的时间也不过三四十年。"时无百年之世,世无百年之人",一代良法美治之所以难以长期维系,原因即在于此。

对于《论语》里的"善人为邦百年,亦可以胜残去杀",邵雍给出自己的阐释:

---

① 《皇极经世书》卷十一,文渊阁《四库全书》本。

② 《邵雍集》,第39页。

仲尼曰："善人为邦百年,亦可以胜残去杀矣。"诚哉,是言也!
自极乱至于极治,必三变矣。三皇之法无杀,五伯之法无生。伯一
变至于王矣,王一变至于帝矣,帝一变至于皇矣。其于生也,非百
年而何?①

在邵雍看来,由极乱到大治,可三变而成。伯用心经营三十年就可以转
为王道,王用心经营三十年就可以转为帝道,帝用心经营三十年则成皇
道。刚好是百年左右。但可惜的是,治世的原则总是三十年河东,三十
年河西,一代向左,一代向右。治理的原则总是没有办法延续。所以祖
宗常少而子孙常多,治世常少而乱世常多。

《观物内篇》最后讲到的是士农工商。士农工商这个等级顺序讲
的是治理的结果,也就是说在什么的治理之下,百姓就会成为什么样的
人。最高的是士,最低的是商。士农工商自乘,从而细分为十六个等
级:最高的是士士,最低的是商商。商商就是商人的平方,也就是市侩
的极致。到了这个部分,前面讲的走飞草木,变成了飞走木草。飞走木
草自乘,就形成飞飞到草草这样一个等级的序列。士士是巨民,商商是
细民,其实也就是更详尽的大人与小人的分别。飞飞是巨物,草草是
细物。

总体上讲,《观物内篇》偏向于静,偏向于体。这个静和体不是说
没有变化,没有衍生,没有发展,而是说它更多地强调一种客观的像春
夏秋冬一样不可逆转的必然趋势。这样的必然趋势在邵雍那里被理解
为静的,属体。在必然的趋势面前,人的能动作用是非常有限的。只能
顺应时势。这种态度跟二程有别。二程强调时势的转化,而邵雍是强
调顺应的。在邵雍那里,最高的能动性就是"以经法天"。②

---

① 《邵雍集》,第 32—33 页。

② 《皇极经世书》卷十一,文渊阁《四库全书》本。

四　用因三尽

最后我们来讲邵雍哲学中的用。这个部分我以"用因三尽"来概括。"三"这个数字把圆的概念引入进来。算法里常常讲"径一围三"①。邵雍将八卦纳入到三的系统：

> 体者八变，用者六变。是以八卦之象，不易者四，反易者二，以六卦变而成八也。②

八卦显然是二乘四。但邵雍把对反的两卦算为一卦，震艮、巽兑，加上不变的乾坤坎离，就成了六。"体者八变，用者六变"，六是二乘三，三这个数字出来了。八卦是二的三次方，六十四卦是二的六次方，都跟三这个数字有关。将《周易》纳入到三的系统，也就凸显出了《周易》的用的品格。邵雍是强调主体性的。朱子曾说："康节煞有好说话，《近思录》不曾取入。近看《文鉴》编康节诗，不知怎生'天向一中分造化，人于心上起经纶'底诗却不编入。"③这里显然有对吕祖谦的批评。经纶就是人的主体性的调动和发挥。"起震终艮一节，明文王八卦也；天地定位一节，明伏羲八卦也。"④按照邵雍的理解，《周易》的系统有伏羲之易和文王之易。伏羲之易是先天学，文王之易是后天学。先天学在我看来基本上是客观和必然的，到了后天学就有了主观人为。在用《易》《书》《诗》《春秋》建立起来的皇帝王伯的顺序当中，文王在《诗》的位次，恰好是朱子所讲的"二之半"，是转向衰败的阶段。其实在皇和帝

---

① "圆者径一围三，重之则六；方者径一围四，重之则八也。"《邵雍集》，第87页。
② 同上书，第52页。
③ 《朱子语类》，第2553页。
④ 《邵雍集》，第139页。

两个阶段,没有主观人为是没关系的,因为再坏也坏不到哪儿去,只要顺任时势也就可以了。但是到了王这个阶段就需要人的主动的经纶了。这也正应和了《易传》对《周易》的理解:"作《易》者其有忧患乎?"(《周易·系辞》)文王之《易》作于中古,用于向衰之世。这个《易》与《易》《书》《诗》《春秋》当中的《易》是不一样的。圣人之四府当中的《易》是指伏羲之《易》。邵雍理解《周易》的时候更多的是强调三的用的作用,也就是要强调人的主体性的发挥。

发挥出自己的主体性,不是要人主观地任意妄为。而防止主观地任意妄为的具体方法,就在于他所强调的数的作用。数是有其客观性的:"太极一也,不动;生二,二则神也。神生数,数生象,象生器。"①太极是统一的,所以不动。到了二这个阶段,就有了分别和变动。这里的神,强调的就是动。由神之动而生数。数是象和器的基础和根据。这里的"器"不一定是物。一切治理工具、治理方法、治理原则都可以叫作"器"。数是观物的基本原则和基本方法。邵雍强调蓍数、卦数、策数,强调数的自然而然、没有人为掺杂其中的客观性。对文王之《易》中的数的解析,既有对其用的性格的凸显,也有对其客观性的强调。

---

① 《邵雍集》,第 162 页。

第十讲

自立吾理:程颢的哲学

程颢,生于宋仁宗明道元年(1032),卒于宋神宗元丰八年(1085),河南伊川人。他去世后,当时的太师文彦博题其墓表曰"明道先生"。程颢天资高明,胸怀洒落。他平时不与人交往的时候,终日"坐如泥塑人",而一旦接触又会发现他"浑是一团和气"。①《论语》里讲"望之俨然,即之也温",明道庶几近之。

程颢幼年就确立了追寻圣学的目标。十三四岁时在父亲的引导下,向周敦颐问学。周敦颐令程颢兄弟去"寻孔颜乐处,所乐何事"。后来程颢曾说:"吾再见周茂叔,吟风弄月而归,得'吾与点也'之意。"②据记载,他几岁的时候就写过一首诗——《酌贪泉》,其中有"中心如自固,外物岂能迁"③的诗句,从中可以看出他对儒家根本精神的体会。程颢诗文俱佳,其《秋日偶成》曰:

闲来无事不从容,睡觉东窗日已红。

万物静观皆自得,四时佳兴与人同。

---

① 《二程集》,第 426 页。

② 祁宽:《通书后跋》,《周敦颐集》,第 119 页。

③ "河间刘立之曰:先生幼有奇质,明慧惊人,年数岁,即有成人之度。尝赋《酌贪泉》,诗曰:'中心如自固,外物岂能迁?'"《门人朋友叙述》,《二程集》,第 328 页。

道通天地有形外,思入风云变态中。

富贵不淫贫贱乐,男儿到此是豪雄。①

虽然静观万物皆能自得其意,但四时美好的情致并不因此有别于普通
人。所谓"极高明而道中庸",不外乎此。儒家从来倡导朴素的生活态
度,不高自标榜,立异惊俗。程颢批评那些别立异说的人是"强生
事"②,可谓知言。"百理具在,平铺放着"③,这道理本就坦易明白,何
必委曲生事? 这诗从平和正大的精神中流淌出来,没有分毫雕琢推敲
的痕迹,朴素浑然中,自有高致。

一　对佛教的批判

从韩愈以来,儒学复兴运动的批判锋芒便指向了佛教。但仅仅批
判是远远不够的。批判虽能确立起儒家与佛教的边界,也是自我意识
觉醒的标志,但却并不能因此树立起自己的道理。北宋到仁宗朝,虽已
"儒统并起",但总体说来,禅宗依然盛行。佛教不仅有一整套成型的
生活方式,背后还有成熟的哲学论证系统。程颢的贡献在于,他在批评
佛教的过程中树立了儒学的基本方向,即"自明吾理"④,这是对整个儒
学复兴运动的一个明确的号召。"自明吾理",就是要为儒家生活方式
确立哲学基础,为合道理的生活方式确立哲学基础。在中国哲学的视
野中,哲学的思考始终是与生活安排相关联的。也就是说,我们要不断
去探索好的生活安排,而这种好的生活安排背后得有形上学的、哲学的
依据。而这依据则根源于对天地自然之理和人的本质的洞察。这样的

---

① 《二程集》,第 482 页。

② "禅学者总是强生事",同上书,第 1 页。

③ 同上书,第 34 页。

④ "惟当自明吾理,吾理自立,则彼不必与争。"同上书,第 38 页。

意识在周敦颐、邵雍那里，我们已经可以隐约地看到，但核心问题毕竟没有被明确提出。"自立吾理"的提出，是程颢的伟大贡献。

程颢对佛教的批判是非常系统的。《二程集》里有这样一则议论：

> 昨日之会，大率谈禅，使人情思不乐，归而怅恨者久之。此说天下已成风，其何能救！古亦有释氏，盛时尚只是崇设像教，其害至小。今日之风，便先言性命道德，先驱了知者，才愈高明，则陷溺愈深。在某，则才卑德薄，无可奈何他。然据今日次第，便有数孟子，亦无如之何。只看孟子时，杨、墨之害能有甚？况之今日，殊不足言。[1]

士人相聚，皆谈禅学，令程颢怅然久之：这样的学说盛行天下，如何挽救呢？在他看来古代佛教最盛之时，不过是些愚夫愚妇做偶像来崇拜，其危害有限。到了这个时代，佛家先把性命的道理讲了，把有才华、有天分的人都吸引过去，以至于"儒门淡薄，收拾不住"，高者尽入禅门。[2]而且才分越高，其陷溺越深。儒家的道理讲得朴素，天分高的人往往不肯在平实处用力。孟子的时代面对的不过是杨朱、墨翟的思想，杨朱、墨翟的道理根本说不通。杨朱"拔一毛而利天下不为"，稍有见识的人就会知道，如果人人都这么想，那公共的社会生活是无从谈起的。墨子讲要同等程度地爱所有人，道理上说不通，实践上更行不通。因某些特定的机缘，有人毕生践行"兼爱"的道理，这样的奉献精神是值得尊敬的，但作为整体的生活道路是不可能持久的。人生活在时空关系里，有时间就有先后，有空间就有远近，怎么可能同等程度地去爱呢？程颢那个时代面对的是深究性命的佛教。道理讲得精深，为害亦深。连程颢的朋友都有很多是崇信佛法的，可见佛教对士大夫精神的熏染。

---

[1] 《二程集》，第23页。

[2] 见陈善：《扪虱新话》，商务印书馆《丛书集成初编》本，1939年，第23页。

程颢继而说：

> 今日卓然不为此学者,惟范景仁与君实尔,然其所执理,有出于禅学之下者。①

"此学"指的是禅学。在程颢的朋友中,只有司马光和范镇能不为禅学所动。但他们所执的道理很多方面又比禅学低。司马光不是思想家,却有思想家的雄心:以《资治通鉴》拟《春秋》,以《温公易说》《太玄注》拟《易传》,发明《潜虚》以拟《易经》。规模很大,道理浅近。司马光作《中庸解》,中间有一句忽然起疑,就去问程颢。程颢说:我觉得你在"天命之谓性"(《中庸》首句)那儿就该有疑问了。② 程颢说司马光根本读不懂《中庸》,司马光也不以为忤。他对程颢的高明是倾服的。程颢称许司马光、范镇不受佛学影响,但也指出他们所执的道理是不能与佛法相抗衡的。所以,程颢说:"惟当自明吾理,吾理自立,则彼不必与争。"

程颢对佛教的批判不见得都是出于对佛教的正解,但对其根本的批评,还是无法回避的。

程颢说：

> 佛学只是以生死恐动人。可怪二千年来,无一人觉此,是被他恐动也。圣贤以生死为本分事,无可惧,故不论死生。佛之学为怕死生,故只管说不休。③

佛教讲一切皆苦,入手便讲生老病死。《坛经》有一则故事:有人来见六祖,一刻不停地绕着他走。六祖问他:你走什么? 他说:"生死事大,无常迅速。"(《坛经·机缘品第七》)生死的确是佛教最关切的问题之一。程颢批评佛教"以生死恐动人",是有根据的。关于生死,程颢讲:

---

① 《二程集》,第 25 页。

② 同上书,第 425 页。

③ 同上书,第 3 页。

"死之事即生是也。"①一切关于死后的说法，都无法验证。无法验证的道理不是道理，只是一种没道理的相信。儒家不在此世之外寻求虚幻的慰藉，而是以最诚实的态度勇敢地面对生命和终将到来的死亡。

佛教追求解脱，要断根尘。解脱是佛家最核心的目标。因此，程颢说佛法"本是利心上得来，故学者亦以利心信之"②。佛家思想根子上是一颗自利的心。因为厌苦嗜乐，又发现苦与乐相依，因此要去追求"极乐"。要将苦乐的共同根基——"牵挂"去除，所以以实有的世界为幻相。程颢说：

> 天地之间，有生便有死，有乐便有哀。释氏所在便须觅一个纤奸打讹处，言免死生，齐烦恼，卒归乎自私。③

程子认为烦恼与痛苦是人生无可逃避的内容，而人作为有限者也终有一死，这是人生最真实的本相。不可逃也不必怕。富贵福泽与贫贱忧戚都有可能成为生命的助益，不能因为恐惧、厌恶就斥为幻妄。佛教要去根尘，出发点是要利自己的躯壳，所以程颢说这根本上是一个自私自利的规模。④

对于佛教，程颢也不是全盘否定，他认为佛教在很多地方是有所见的，比如对"苦"的分析，指认执着为苦的根源。但一定要走向断根尘的境地，就极端化了。程颢说：

> 释氏说道，譬之以管窥天，只务直上去，惟见一偏，不见四旁，故皆不能处事。⑤

---

① 《二程集》，第 17 页。
② 同上书，第 3 页。
③ 同上书，第 152 页。
④ "释氏之学，又不可道他不知，亦尽极乎高深，然要之卒归乎自私自利之规模。"同上。
⑤ 同上书，第 138 页。

佛教不是没有看到道理,而是看到的不是道理的整体。其所见局限于一隅。这样一个自私独善的规模,如果只是枯槁山林,无非是这世界上少了一个人。自私独善,总比利欲熏心之徒强得多。但佛教却偏要将不能周普的道理普遍化。如果都按佛教的生活方式生活,都去出了家,那谁来承担社会义务呢? 都不承担人类繁衍的义务,人类岂不一代就灭亡了? 佛教徒不事生产,靠谁来养活呢? 佛教的生活方式是不能普遍化的。所以,程颢说:"释氏谈道,非不上下一贯,观其用处,便作两截。"①发用处既分了染净,其本体上必是不能周普的。

佛教强调自己与儒家"心同迹异",即道理讲的是一致的,只是外在表现不同。程颢认为这种说法"弥近理而大乱真"②。儒佛之间迹不同,根本上是因为心不同。程子说:"心迹一也。岂有迹非而心是者也? 正如两脚方行,指其心曰:'我本不欲行,他两脚自行。'"③迹是心的表现,哪有外面的表现是错的,心却是对的道理呢? 因此对于佛教,只要看到了它形迹上的问题,就可以搁置在一边了:

> 释氏之学,更不消对圣人之学比较,要之必不同,便可置之。今穷其说,未必能穷得他,比至穷得,自家已化而为释氏矣。今且以迹上观之。佛逃父出家,便绝人伦,只为自家独处于山林,人乡里岂容有此物?④

程颢认为不要想研究透佛教之后再去反驳它,因为等你研究透了,你已经为其所化了。对于佛教,要像淫声美色一样远离它。要严于儒佛之辨。一种思想传统过分包容,就会失去自我,失去主体性的自觉。边界

---

① 《二程集》,第 417 页。
② 《朱子语类》,第 1481 页。
③ 《二程集》,第 3 页。
④ 同上书,第 149 页。

意识和主体性是关联在一起的。

二 道学话语的建构

在道学的基本概念、逻辑架构和思想共识等方面的建设上,程颢的贡献是奠基性的。通过道学话语的建构,程颢的"自立吾理"得到了具体的落实。

在道学话语的建构上,程颢的贡献体现在如下五个方面:

其一,程颢确立了衡量哲学体系是非对错的基本判准。这一基本判准的确立就为思想的对错确立了明确的标尺。程颢衡量思想对错的根本判准是"一本"。"一本"强调的是一元和普遍。天地万物的基本原理一定是统一的和普遍的。程颢说:

> 道之外无物,物之外无道,是天地之间无适而非道也。①

统一的世界,必然有统一的基本原理。这样的基本原理必定是普遍的。以这一基本原理为根据的各种具体的道理,表面上虽有区别,但都是统一的基本原理的具体实现。"一本"这个概念出自《孟子》。孟子对墨家的最根本的批评,就是指出墨家的"二本"(《孟子·滕文公上》)。道得是适用于所有人,适用于天地万物的。"一本"原则的确立,就为道学设定了更为明确的体系建构的标准:哲学体系一定得是"一元"的,"二元论"只能被看作未完成的哲学。周敦颐、邵雍的哲学,都是一本或一元的。

其二,道学基本概念的提出。程颢说:

> 吾学虽有所受,天理二字却是自家体贴出来。②

---

① 《二程集》,第73页。
② 同上书,第424页。

二程的思想虽有传承,但"天理"概念却是自己体贴出来的。"天理"这个词不是二程兄弟的发明,其直接的来源应该是《礼记·乐记》。《礼记·乐记》篇"天理""人欲"对举,与两宋道学的用法是一致的。如何理解"天理"二字?从程颢的论述中我们可以看到,"天"首先强调的是普遍性。"天理"一定是普遍的,遍在于万事万物当中。其次是客观性。"天理"不是人主观造作出来的,而是宇宙万化的实体。《庄子》《韩非子》等先秦典籍中,已经出现了"理"这个概念。《韩非子》中的"理",指的是物的大小、坚脆、轻重等客观属性。"理"的本意是"治玉",即通过某些工艺把璞石中潜藏的美玉的纹路显露出来,引申为分别、剖白、使一个东西体现出纹理来的意思。"理"字有一个明显的从动词到名词的过程。由此而来的名词化的"理",也就自然包含了分别义。"天理"这个词是有动态的分别义的:既是实际体现出的纹理,又有使纹理显露出来的分别作用的含义。由于汉语没有词形变化,所以,在关键的概念上要注意这种动态化的倾向。

"天理"二字是对北宋道学所确立的实体的概括和总结。北宋道学发展出了三个实体概念:周敦颐的"太极诚体",着眼于实有;张载的"太极神体",着眼于生生不已的鼓动;二程的"太极理体"。"太极理体"兼有实有和分别二义,等于将前两者熔铸到"天理"概念当中了。正因为如此,"天理"概念提出以后,就渐渐成为道学的核心概念。

其三,对儒家的根本价值——"仁"的深入阐发。陈来老师在《宋明理学》中将程颢的仁总结为三个方面的含义:其一,以一体论仁;其二,以知觉论仁;其三,以生意论仁。其实这三个方面的含义是有内在关联的。天地之生意就是变化的永恒性,这样就把"仁"与天地万物的根基关联起来。生生不已的永恒创造,是所有事物存有的根源。由生意之仁可推出一体之仁:我们保存自身生意的倾向,可以推知一切物类都有同样的倾向。一体之仁又必定体现为对万物生意的真实感知,这种真实感知就是知觉之仁。仁作为儒家的根本价值,在程颢这里就有了天道的基础。

其四,对形上形下的强调。在周敦颐和邵雍的思想里,已经能够看到无形者与有形者的区别。但是由于他们没有强调形而上和形而下的分判,可能的哲学思辨的空间就没有确立起来。对形而上、形而下的区别的强调,为道学思想的发展开辟了巨大的思考空间。正是在这一区别的基础上,道器关系、理气关系等哲学问题才有了深入讨论的可能。程颢虽然强调形上形下的概念,但他的思想太过圆融,生怕在道理上分别过甚。所以,原本具有的思想的丰富可能,在他这里并没有充分展开。程颢说:

> 形而上为道,形而下为器,须著如此说。器亦道,道亦器,但得道在,不系今与后,己与人。①

程颢认为,"形而上者为道,形而下者为器",说的时候只能这么讲,但在实际上形而上跟形而下是不能分开的。因此说,"器亦道,道亦器",道跟器是相统一的。程颢虽然强调形而上、形而下的概念,但随即又强调形而上、形而下的无法割裂的关联和统一。这从道理上讲是正确的,但也因此把形上、形下这一分别背后潜藏着的巨大思想空间消弭掉了。

其五,持敬在修养功夫中的核心作用的确立。程颢强调"敬"对于修身的重要性。"敬"与"怕"不同,是不面对任何具体对象的精神凝聚。精神收敛在内,心灵在高度的醒觉当中,因此有对自己的存在状况的清晰感受;与此同时,醒觉的心灵也能够更加清晰地感受他人和外物。程颢说:"诚者天之道,敬者人事之本。"②又说:"敬胜百邪。"③"敬"这个字在被遗忘千年以后重新拈出,对于宋明道学的功夫论是至为关键的。

---

① 《二程集》,第4页。
② 同上书,第127页。
③ 同上书,第119页。

三　天理

关于天理，程颢有这样的论述：

> 天理云者，这一个道理，更有甚穷已？不为尧存，不为桀亡。人得之者，故大行不加，穷居不损。这上头来，更怎生说得存亡加减？是他元无少欠，百理具备。[①]

首先，天理是普遍的，遍在于一切人和物，而且没有"穷已"之时。其次，天理是客观的，"不为尧存，不为桀亡"。人事的变化、天下的治乱对天理都不会有任何影响。体认到这天理的人，不会因"大行"或"穷居"这类人生际遇的变化而有所改变。这天理"元无少欠"，一切具体的道理皆由此出。

程颢虽然没有明确论及天理的内涵，但从他的相关论述中，我们可以推论出来：

> 万物皆只是一个天理，己何与焉？至如言"天讨有罪，五刑五用哉！天命有德，五服五章哉！"此都只是天理自然当如此。人几时与？与则便是私意。有善有恶。善则理当喜，如五服自有一个次第以章显之。恶则理当恶，彼自绝于理，故五刑五用，曷尝容心喜怒于其间哉？……只有一个义理，义之与比。[②]

《尚书》里有"天讨有罪""天命有德"的说法，似乎在强调天的人格性。程颢对此给出了理性主义的解释："此都只是天理自然当如此。"天理是自然的，不是人为所能干预的。"善则理当喜""恶则理当恶"，则凸

---

① 《二程集》，第31页。

② 同上书，第30页。

显出天理当中的应然的含义。而既然"万物皆只是一个天理",则天理又是普遍必然的。因此,程颢的天理概念,就兼有自然、必然和应然的含义。这与朱子的天理观念是一致的。值得注意的是,天理的必然性不是一般意义上客观规律的必然。这里的必然性强调的是一切事物都不在天理之外。天理的充分实现,是需要人的主动性的发挥的。

既然"天理"是无不善的,而且一切具体的道理都源出于天理,那么恶从何而来呢?程颢说:

> 事有善有恶,皆天理也。天理中物,须有美恶,盖物之不齐,物之情也。但当察之,不可自入于恶,流于一物。①

程颢讲事有善有恶,但无论善恶都是天理。这对于理解他的人性论也非常重要。"天理中物",自然有美好有不美好的东西。孟子说:"物之不齐,物之情也。"中国哲学的总体态度是,天地万物无穷无尽,是真正意义上无限的。而所谓"无限",就是永远无法确定和完成的。这样的无限,总是体现在具体的万事万物当中,是有差别的无限。我们不能说美的东西符合天理,丑的东西不符合天理;也不能说善的东西符合天理,恶的东西不符合天理。但如果恶也符合天理,那岂不是说恶也是应该的?在程颢那里,恶是"自入于恶",其后果是"流于一物"。当原本普遍的存在,把自己局限在有限内,进而以个体的普遍性遮盖了整体的普遍性,就是恶的。蛇吃鼠、狮子捕捉羚羊,从被捕食者的角度看,捕食者构成了它的否定性要素,但不能说捕食者是恶的。但如果一条蛇不是出于自身保存的目的而伤人,那就是恶了。人要饮食不是恶,但对饮食的铺张、浪费和囤积,就是恶了。人跟物的区别,在于人有更大的普遍性。这点尤其表现在"自反"的能力上。一般的物没有自我反省的能力,所以它不会自己寻求改变,本来如何就是如何。其他的物是受限

---

① 《二程集》,第 17 页。

于环境的,而人则有超越环境的可能。但如果人不能察自己之美恶,为环境所拘蔽而流为一物,就失去了人之为人的本质,自入于恶了。只有真正认识到自己既是个体的又是普遍的,才有善的实现的可能。

四 生之谓性

由于万物都是天地生生的结果,因此万物都有其诚性。两宋道学强调"诚",其着眼点即在于世界的实有。在解释《易传》的"生生之谓易"时,程颢说:

> "生生之谓易",是天之所以为道也。天只是以生为道,继此生理者,即是善也。善便有一个元底意思。"元者善之长",万物皆有春意,便是"继之者善也"。"成之者性也",成却待他万物自成其性须得。①

生生不已的创造,就是天道的实质。天只是个生生不已。万事万物皆承此"生理"而来,都是善的。"继之者善"强调的是:在禀承天地生生之理这点上,所有的物的存在都有其充分的理由,有其诚性或善性。哪怕一条毒蛇,一个小小的毒蘑菇,一根小小的野草,一只苍蝇,从自有其生理的角度看,都是善的。因此说"元者善之长",天道生生不已,不会去分别其中的好或不好。但禀承的生理是先天的,成就这个生理却有后天的成分。这显然是对有生之物来说的。没有生命的东西,比如石头,不会主动地选择和拒斥,所以是无所谓善恶的。有生之物会主动分辨利害,才有了善恶的可能。善是需要通过自主地判断和选择成就出来的。

"生之谓性"是告子的人性论命题,孟子曾有过明确的批驳。程颢

---

① 《二程集》,第29页。

虽然承接思孟学派的理路,但并不拒绝"生之谓性"的提法。在哲学的层面上,两宋道学是有其超学派的属性的。这体现在他们对一切有道理的东西,都持开放的态度。张载之于"兼爱",也取类似的态度。事实上,根本的价值取向才是学派归属的判准。程颢接受了"生之谓性"的命题,但给出了完全不同的解释:

> "生之谓性",性即气,气即性,生之谓也。人生气禀,理有善恶,然不是性中元有此两物相对而生也。有自幼而善,有自幼而恶,是气禀有然也。善固性也,然恶亦不可不谓之性也。盖"生之谓性"、"人生而静"以上不容说,才说性时,便已不是性也。凡人说性,只是说"继之者善"也,孟子言人性善是也。夫所谓"继之者善"也者,犹水流而就下也。皆水也,有流而至海,终无所污,此何烦人力之为也? 有流而未远,固已渐浊;有出而甚远,方有所浊。有浊之多者,有浊之少者。清浊虽不同,然不可以浊者不为水也。如此,则人不可以不加澄治之功。故用力敏勇则疾清,用力缓怠则迟清,及其清也,则却只是元初水也。亦不是将清来换却浊,亦不是取出浊来置在一隅也。水之清,则性善之谓也。故不是善与恶在性中为两物相对,各自出来。此理,天命也。顺而循之,则道也。循此而修之,各得其分,则教也。自天命以至于教,我无加损焉,此舜有天下而不与焉者也。①

气与性相即不离,这是与生俱来的。这种与生俱来的气禀,当然有善有恶。但不是说性中本来就固有善恶二元。孟子论性善,说的只是"继之者善"。水流而就下,是无论水之清浊的。若仅从水之就下而言,则一切水都是相同的。但人性之善恶不能只在"继之者善"这个层面讨论。就像水不是只有就下这一种属性。水总有清有浊,人的气禀也自

---

① 《二程集》,第10—11页。

有差异。不能只在就下一项上谈论水,同样不能只在"继之者善"的层面上谈论性。"继之者善"属"'人生而静'以上",着眼的是人与万物禀得的生理。"生之谓性"以生理论性,所说的当然不是"万物自成其性"的性。还没有体现为具体生命形态的生理,严格说来,不能算作性。生理没有落实为具体的生命形态,是没有具体而确定的倾向的。要到了"成之者性"这个阶段,具体而确定的倾向才呈显出来。这种具体的呈显就有善恶分别了。水之清浊虽然不改变其就下的方向,但浊水会对水的流动带来额外的阻滞。人的气禀不会改变其维持生理的倾向,但气质浊恶者会败坏自己固有的生理。在这个意义上,恶其实不过是善的实现的某种阻碍,不是本性当中有个恶的根源在那里。气质浊恶就需要加"澄治"之功,这"澄治"之功只是自己的改善和复原,而不是用清的来换掉浊的。本原的善只是人继继不已的生理。气禀是善是恶,则在于是否有利于此一生理的实现。以清的换却浊的,或者将浊者搁置到一边儿,意味着要舍弃恶浊者的生理。导人向善,本来目的是让所有人都能充分实现自己的生理。如果最终却以其恶浊为理由清除和舍弃,岂是仁者之怀?

虚构出一个纯然洁净的性,想以此换却被认为是不好的性,清浊就打作两截了。在程颢那里,真正普遍的只有"继之者善",至于落实在气质层面的"成之者性",则是个个不同的:

> 伯淳先生尝语韩持国曰:"如说妄说幻为不好底性,则请别寻一个好底性来,换了此不好底性著。道即性也。若道外寻性,性外寻道,便不是。圣贤论天德,盖谓自家元是天然完全自足之物,若无所污坏,即当直而行之;若小有污坏,即敬以治之,使复如旧。所以能使如旧者,盖为自家本质元是完足之物。若合修治而修治之,是义也;若不消修治而不修治,亦是义也;故常简易明白而易行。

禅学者总是强生事。"①

韩持国虽年长，但长期向二程兄弟问学。韩有佛教信仰。佛教以天地万物为幻妄。如果认为人执迷于幻妄，是"不好底性"，那就请从别处找一个好的本性来，换掉这不好的本性。不好的本性中若无道，则是有道外之性了。天道既是普遍的，就没有外在于天道的性。离开人的朴素本性去寻求道，等于说有道外之性和性外之道。人的固有倾向本身即是对天道的承续，道与性是一贯的。人的本性原是"天然完全自足"的。有所污坏，则修治之。而之所以能修治，是因为"自家本质元是完足之物"。污坏的可能，也不在性和道之外。本质倾向在具体实现的过程中，本就有过或不及的可能。过或不及，就流于恶了。思孟学派讲"性命"，"命"是从外赋予的、人无法选择的不得已；"性"就是"命"在我们身上具体体现出的不容已的倾向。人在这世界中，总有对他者的关联。这些并非幻妄。对他者的关联牵挂，是根本无从放下的。我们应该做的不是换掉这看起来不太清净的性，而是主动去"成"这个"性"，把我们固有的普遍倾向充分地实现出来，把自己有限的人生变成普遍性实现的途程。

以生理言性，是否就抹除了万类的差异呢？程颢说：

> 告子云"生之谓性"则可。凡天地所生之物，须是谓之性。皆谓之性则可，于中却须分别牛之性、马之性。是他便只道一般，如释氏说蠢动含灵，皆有佛性，如此则不可。"天命之谓性，率性之谓道"者，天降是于下，万物流形，各正性命者，是所谓性也。循其性而不失，是所谓道也。此亦通人物而言。循性者，马则为马之性，又不做牛底性；牛则为牛之性，又不为马底性。此所谓率性也。人在天地之间，与万物同流，天几时分别出是人是物？"修道之谓

---

① 《二程集》，第1页。

教"，此则专在人事，以失其本性，故修而求复之，则入于学。若元不失，则何修之有？是由仁义行也。则是性已失，故修之。"成性存存，道义之门"，亦是万物各有成性存存，亦是生生不已之意。天只是以生为道。①

从生意上讲，可以说万物都有生意，但不同物类的性是有差异的，如牛马之性就不同。程颢认为告子"生之谓性"这个命题本身没错，是他的理解有问题，因为在告子的"生之谓性"的观念里，牛之性、马之性、人之性都是只看到了理一却看不到分殊。这实际上也是孟子对告子的批评。程颢在人性论上承继的仍然是孟子的性善论。程颢用"生之谓性"这个命题强调天地生生之理，万物继承、延续了天地生生之理。在具体的继承、延续当中，马有马之性，牛有牛之性，人有人之性。每种物类将自己的本性实现出来，就是"率性"。"循其性而不失"，就是道。既是万类的应然，也是其不得不然。程颢认为《中庸》首章"天命之谓性，率性之谓道"，是人与物通说的，只有"修道之谓教"才专门论及人道。牛马是谈不上教的，牛马驯化不是主动的改变，而是被动的驯服。人的独特性在于人有自反的意识。一旦意识到自己已失其本性，就能修而复之。

恶不是在人性中别有根源的：

> 天下善恶皆天理，谓之恶者非本恶，但或过或不及便如此。②

所谓的恶其实本身并不是恶，只是生理的具体实现中有了过和不及，才流为恶。恶不过是善之失而已。

与那些"强生事"的哲学不同，程颢讲的道理是简易直截的。天地只是一个生生不已，由此而来的万物都有其诚性、生理。恶生于过或不

---

① 《二程集》，第29—30页。
② 同上书，第14页。

及。而过或不及的标准是以每个人的"分"为根据的。程颢说："天生一世人,自足了一世事。"①可为什么每一代都遗留下没有解决的问题呢？因为总有人不能尽其本分。过和不及都是不尽分的表现。程颢没有像佛教那样将现象与实体分隔开来,以为一切现象都是虚幻的,所以要在虚幻的现象背后找一个实相出来。他认为,一切呈显出来的都有其真实性。天下何尝有完全不真实的东西在？日月星辰周而复始,有它自然的规律。天地万物的生化也有它自然的规律,马不会生成牛,牛也不会生成马。万物都继生生之理而来,所以我们要尽可能地善待万物。每个事物都有自己的本性,所以有自己的道路,本性是道路的基础。所有的事物顺从自己的本性存在,就都是善的。其实,这就是《易传》所说的"易简而天下之理得矣"。程颢说佛家"强生事"。"强生事"三个字,可谓说尽了天下无聊的哲学。在看到现象背后没有其他多余的假设这点上,可以说儒家才是真正"现象学"的。既不假设一个上帝、一个人格神,也不假设一个圆足的"相",而是即此实实在在生生不息的世界告诉你,这就是世界的本质。

五　以觉言仁

"以觉言仁"是程颢的一大发明。他说："医书言手足痿痹为不仁,此言最善名状。"②

手足痿痹,半身不遂或高位截瘫,本来属于身体一部分的现在变得痛痒无关,这就是"不仁"。这个讲法虽然极具启发,但终归是比喻。程颢讲的知觉主要不是气质层面的感通,而是对义理的体认和知觉：

---

① 《二程集》,第2页。

② "仁者,以天地万物为一体,莫非己也。认得为己,何所不至？若不有诸己,自不与己相干。如手足不仁,气已不贯,皆不属己。"同上书,第15页。

医家以不认痛痒谓之不仁,人以不知觉不认义理为不仁,譬最近。①

气质层面的知觉,无论如何不可能是普遍的。只有知觉体认义理,人才有可能超越个体的有限性,达到普遍的一体之仁。

程颢有一段很短的话,后世称之为《识仁篇》。其文曰:

学者须先识仁。仁者,浑然与物同体。义、礼、智、信皆仁也。识得此理,以诚敬存之而已,不须防检,不须穷索。若心懈则有防,心苟不懈,何防之有?理有未得,故须穷索。存久自明,安待穷索?②

人和万物的"生生之理"本自一贯,因此可以推至"浑然与物同体"。这种"同体"不是气质上的偶然感应,而是理上的必然贯通。"义、礼、智、信皆仁也",是程颢的又一个伟大发明。这一创发,是使儒家价值真正确立为一元的关键。仁、义、礼、智、信表面看来各有侧重,但是举一个"仁"字,义、礼、智、信就包含在其中了。不能说生是仁,杀就不是仁;不能说爱是仁,恨就不是仁。世间万物,有春就有秋,有生就有杀,杀在这个意义上构成了生的环节——个体的消亡是生生不已的环节。在这个意义上,义、礼、智、信不过是仁的不同表现,是"仁"这样一个更高的原则和道理的具体化。"仁"这一根源价值不是在气上证实,而是在理上证实的;不是靠经验来论证,而是在义理上论证的。人对他人的同情的普遍性不是根源于气质的感通,而是根源于对生理之一贯的觉知和体认。

---

① 《二程集》,第33页。

② 同上书,第16—17页。

六 定性

《定性书》是程颢作品中很著名的一篇。这篇文章的背景是张载写信问程颢:"定性未能不动,犹累于外物。"①按张载和二程交游的过程看,这封信应该写于嘉祐三年前后。此时的张载,还没有形成自己完整的体系。

张载为什么要追求定性? 这不是任何佛教意义上的问题,而是出自儒家固有脉络。儒家对自主性的关切,是相关讨论产生的根本。在儒家传统语境中,特别是思孟学派的语境中,"在我"与"在外"的分别是至为关键的。"在我"的领域是人自主且必然的领域,而"在外"的范围则是人无法掌控的。如何不为"在外"的东西扰动,是这一问题的关切所在。孟子说"不动心",即着眼于此。张载的问题是:若一味地追求定性,则难免落入虚寂,无法面对天下的责任;若有外向的关切,则"在外"的种种不免会影响人的自主性的实现。对于张载的困惑,程颢回答说:

> 所谓定者,动亦定,静亦定,无将迎,无内外。苟以外物为外,牵己而从之,是以己性为有内外也。且以性为随物于外,则当其在外时,何者为在内? 是有意于绝外诱,而不知性之无内外也。既以内外为二本,则又乌可遽语定哉?②

"定"不是"静",不是躲在角落里不应接事物才叫定。定是贯通动静的。人们之所以会觉得被外物牵累,是因为人为地分隔了内外。而既然人禀得了普遍的天理,那么,所有的事物就都不在分外。只要有

---

① 《二程集》,第460页。
② 同上。

"外",也就意味着天理不是普遍的。顺承天理的普遍性,人就有了超越自身的有限性的倾向。这种指向无限的普遍性人格,是无内外限隔的:

> 夫天地之常,以其心普万物而无心;圣人之常,以其情顺万事而无情。故君子之学,莫若廓然而大公,物来而顺应。①

圣人"情顺万物",一方面能将万物都置于自己的分内,另一方面又能依事物的固有本质做有差别的安顿,从而避免了"兼爱"之弊。表面上看,程颢似乎是主张圣人无情的。但他又说:

> 圣人之喜,以物之当喜;圣人之怒,以物之当怒。是圣人之喜怒,不系于心而系于物也。②

圣人并非没有喜怒,只是喜怒的根源不出于己,而出于物。圣人之情只是事物客观情态的反映而已。只要有出于自身的爱憎喜怒,就无法做到"廓然而大公"了。圣人通万物之情,不是气质层面的感通,而是根源于对义理的知觉和体认。气质上的感通总是有所偏倚的,只有从义理的当然出发,才能实现"物各付物"的公道。"情顺万事而无情"针对的恰恰是将仁理解为恻隐之类的情感的偏失。仁者之"浑然与物同体"是义理层面的知和觉,而非情感意义上的关联感通。

---

① 《二程集》,第460页。
② 同上书,第461页。

第十一讲

一物两体:张载的哲学

张载字子厚,出生于公元 1020 年,去世于 1077 年。世居大梁(河南开封),因其父卒于涪州任上,张载兄弟二人在扶柩归乡的途中资斧罄尽,就停留在陕西凤翔府眉县横渠镇。因其长期在横渠镇讲学,所以世称横渠先生。张载生平有几个重要的转折:一、二十一岁时上书谒见范仲淹。张载年轻的时候倜傥豪爽,常以军功自任,甚至曾想纠结义兵取洮西之地。据说,范仲淹"一见知其远器",因此,赠其《中庸》一篇,说:"儒者自有名教可乐,何事于兵!"范仲淹对张载的印象究竟如何我们无从得知,但谒见范仲淹这件事本身在张载自己的思想发展历程中非常重要。张载回去读《中庸》,觉得美则美矣,但根本的道理似乎并没有讲透。于是"访诸释老",经过多年探究,"知无所得",又反归六经。[①] 这是他成学的第一个阶段。二、三十六岁时开始与二程兄弟往来。据记载,嘉祐元年,张载到开封准备第二年的科举。他在一寺庙坐虎皮之上讲《周易》,"听从者甚众"。某天晚上二程兄弟来访。张载和二程一晚长谈后,第二天撤去虎皮,跟听者说:我平时跟你们讲的都是瞎说,你们去跟二程兄弟学。[②] 这是他成学的第二阶段。关于张载见

---

① 参见《宋史·张载传》,《张载集》,北京:中华书局,1978 年,第 385—386 页。
② 同上书,第 386 页。

二程以后的思想变化,有两种说法:一曰"尽弃其学而学焉"①,一曰"尽弃异学,淳如也"②。伊川对前一种说法提出了极为严厉的批评。但张载的思想受到了二程的深刻影响,是不争的事实。三、晚年在横渠镇讲学的七年。从嘉祐元年见二程一直到熙宁三年这段时间,是张载思想的形成期,其思想总体上笼罩在二程的影响之下。这种情况直到张载晚年写作《正蒙》时,才有了根本的改变。熙宁九年张载复出,在开封见到程颢。两人议论不合,以致张载写信给程颐,请他来做评判。由此可见双方的思想分歧。现在《二程集》中有一卷《洛阳议论》,是张载与二程最后的交往记录。在《洛阳议论》里,张载和二程已经基本上不谈哲学问题,只能就井田、礼制等方面的细节相与讲论。虽然他们的哲学指向的方向是一致的——为儒家的生活方式奠定哲学基础,但哲学体系已经有了根本的不同。

　　张载真正的思想成熟期,是熙宁三年至熙宁九年这七年时间。据记载,张载在这段时间"俯而读,仰而思,有得则识之",每天"左右简编"。③ 张载哲学思考的功夫很特别,主要靠写作。在他看来"写"是一种功夫,因为心跟文字是分不开的:一个人道理说不通、文字有问题,一定是因为心有问题。他写作的方式是"立数千题",也就是先定几千个思考的题目,在题目下面写下心得,然后就不断地修改。他的观点是:"改得一字,即是进得一字。"所以,"或中夜起坐,取烛以书"。④ 程颢听说了以后说:"子厚却如此不熟。"⑤明道觉得横渠的道理还是没想透,若思想纯熟又怎会怕忘记? 明道思想成熟太早,他一向资质高明,

① 参见《二程集》,第414—415页。

② 《张载集》,第386页。

③ 参见吕大临:《横渠先生行状》,同上书,第383页。

④ 参见《宋史·张载传》,同上书,第386页。

⑤ 《二程集》,第427页。

不屑于下这种苦功夫。而张载是一个鲁钝的思想家。他评价自己说:我这个人不是高明的人,"明者举目皆见","昏者观一物必贮目于一"。昏者就是眼睛近视。眼睛好的人,一抬头四周就看得清清楚楚,近视的人看东西时,得盯着一个东西才能看明白。张载知道自己并不是一个根器极高的人。他讲自己:我这个人资质不行,屡年所得,也就好像"穿窬之盗"①,偶尔偷得了些什么。直到晚年,张载才对自己的哲学有了完全的自信,他曾说:近年来,常常一两年间一个字都改不动,看来这道理是真正立得住了。而《正蒙》一书,就是在这样"苦心极力"的写作实践中完成的。张载最著名的作品《西铭》,后来也被收入《正蒙》当中。二程对《西铭》极为表彰,以为孟子以后,学者都没有达到这样的见识。程颢讲:"得此文字,省多少言语"②,所以二程门下入手功夫就是先读《西铭》。正是通过这样严密的写作实践,张载的哲学在体系化的完成度上才达到了北宋的巅峰。

我们可以用一句话概括张载的一生:思学并进,德智日新。张载去世后,朋友们私谥之曰"明诚夫子","自明诚"是张载的自我期许,也是时人的共识。二程评价张载是"勇于造道"③,赞扬他勇于求索,达到了对大道的体察。他曾作过一首诗:"芭蕉心尽展新枝,新卷新心暗已随。愿学新心养新德,旋随新叶起新知。"④这首诗是对芭蕉这一典型的佛教喻象的强力翻转——将喻指空无的意象扭转为生生日新的象

---

① 《张载集》,第 288 页。

② 《二程集》,第 39 页。

③ "问:'《西铭》如何?'明道曰:'此横渠文之粹者也。'曰:'充得尽时如何?'曰:'圣人也。''横渠能充尽否?'曰:'言有两端:有有德之言,有造道之言。有德之言说自己事,如圣人言圣人事也。造道之言则智足以知此,如贤人说圣人事也。横渠道尽高,言尽醇,自孟子后,儒者都无他见识。'"黄宗羲、全祖望:《宋元学案》,北京:中华书局,1986年,第771页。

④ 《芭蕉》,《张载集》,第 369 页。

征。而无论是意象本身,还是写作的方向和力度,这首诗都可以作为张载一生的写照。

一 虚与气

张载哲学研究有两条不同的路向:其一是张岱年先生、陈来先生的学脉。老一辈学者中最重视张载的是张岱年先生,因为张先生继承的是唯物主义传统,所以格外重视气本论。这是一个路向。另一个极具影响的路向是牟宗三的脉络。牟宗三拒绝承认张载是气本论,因为在他看来,气本论是唯物的,将张载理解为唯物主义是他绝对不能接受的。两条路向的根本分歧在于对张载的"虚""气"关系的不同理解。

"虚"与"气"是张载哲学的结构性概念。虚与气的关系中又扭结着形与象的分别,所以我们把这两组概念结合起来讲。

张载认为,实存的世界是由两种基本的存有形态构成的:一是太虚,一是气。太虚不意味着不存在。张载讲:

太虚无形,气之本体,其聚其散,变化之客形尔。①

对"气之本体"的解读对于理解张载哲学至为关键。中国哲学对于"本体"有两种讲法:一为"体用"之体,有体则有用,有根本的原则和道理就有具体的发用显现;一为本来状态的意思。张岱年先生在《中国哲学大纲》中明确指出:这里的"本体"不能读成"体用"的"体",而应该理解为"本来样子"的意思②。太虚是无形的,这是气的本来状态。张载哲学中有两种气的用法:一是指与无形的太虚相对的有形的气;二是指包括太虚在内的、构成大化流行的统体的气。"其聚其散,变化之客

---

① 《张载集》,第7页。

② 参见张岱年:《中国哲学大纲》,北京:中国社会科学出版社,1982年,第44页。

形尔"中的"其",只能是指第二种意义上的气,因为太虚本来就是气散的结果,是不能再散了的。天地万物的存在,不过是气的不同形态而已。而且,既然聚散都是"客形","太虚"当然也是一种"客形"。"太虚"虽然是一种基础的、永不消失的质料,但也是气的一种暂时的状态。

张载又说:

> 太虚不能无气,气不能不聚而为万物,万物不能不散而为太虚。[①]

在陈来先生的《宋明理学》里这句话被表达为一个图示:太虚到气再到万物,万物再直接回到太虚。这一图示在最早的辽宁教育出版社的版本中与现在常用的版本不同。在现在通行本的《宋明理学》中,万物散归太虚的过程中加上了气的阶段。[②] 从上面引用的这段材料看,我认为还是辽教本更符合张载的论述:万物直接返回太虚,不是先散为气、再散为太虚。

这一虚气循环的过程有两点需要强调:其一,由于太虚也是气的一种状态,所以太虚不是"无",而是无形的、不可见的实有。所以张载说:

> 知太虚即气,则无无。[③]

这句话的关键在于对"即"字的理解。张岱年先生和牟宗三先生对这个字的理解完全不同。牟宗三先生把"即"读作"相即不离"[④]的意思,张岱年先生则将其读成系动词"是"。也就是说,按张先生的说法,那

---

① 《张载集》,第 7 页。

② 参见陈来:《宋明理学》(第二版),上海:华东师范大学出版社,2004 年,第 46 页。

③ 《张载集》,第 8 页。

④ 参见牟宗三:《心体与性体》(上册),长春:吉林出版集团有限责任公司,2013年,第 394—401 页。

么太虚就是气。① 而如果按照牟宗三先生的读法,太虚和气就是相即不离的,而太虚为体、气为用。牟宗三的解释与张载哲学的基本论述是不相符合的。如果太虚与气是体用之间相即不离的关系,那么气为现象、太虚为本质,太虚遍在于一切气的表现当中,且不能脱离气而独立存在。但是在张载的哲学话语里面,太虚是可以脱离具体的事物而独立存在的。只有这样才能理解张载常讲的"昼夜""幽明""聚散",昼、明和聚,讲的是可见的气和万物;夜、幽和散,则指太虚。说清浊、聚散相即不离,虽然也不合理,但还不至于绝不可通;但若说昼夜是相即不离的,就近乎荒唐了。所以,太虚、气和万物是一个在时间中不断转化的过程。一旦明白了太虚就是气,是气的本来状态,那么,"无"在概念上就是不能成立的。因为,天地间并没有"无"的存在。张载说:"大《易》不言有无,言有无,诸子之陋也。"②《易传》当中是没有"有""无"的概念的,《易传》只讲"幽明",即可见和不可见。"幽"只是不可见的有。在张载看来,"不言有无"正是《周易》的高明所在。从"无无"这一表达及其理论指向看,张载应该是受到了郭象的影响。

其二,太虚与气和万物是并存的。将"太虚即气"的"即"理解为"相即不离",其依据之一就是"太虚不能无气"这句话。也就是说,张载没有明确讲"太虚聚而为气"。我们前面讲过,张载与二程等人不同,他的著作,尤其是《正蒙》,是经过反复修改而成的。所以,"太虚不能无气"一句没有表述为"太虚不能不聚而为气",一定是有其深意的。既然最后说"万物不能不散而为太虚",那么,太虚不可能不是独立于气和万物而存在的,因为,如果太虚与气相即不离,万物消散后回归的就只能是气,而非太虚。所以,张载要表达的就是"太虚聚而为气"的思想。但何以最后却表达为"太虚不能无气"呢?"太虚不能无气"应

---

① 参见《中国哲学大纲》,第45页。

② 《张载集》,第48页。

该理解为太虚与气是同时并存的。无形的太虚不是宇宙演化的起点。不是先有太虚的阶段，再产生出气和万物来。天地间永远有相互独立、同时并存又相互作用的太虚和气。张载不能接受这样的宇宙模式：先有一个无形的太虚的阶段，然后是一个由太虚聚成的气的有形的阶段，最后是有形的万物返归无形的太虚的阶段。无形的太虚与有形的气和万物同时并存，相互作用和转化，就形成了这个氤氲不息的世界。这样的氤氲不息，在张载的哲学里被称为"太和"。

张载关于虚气关系的思考，是有其明确的对治方向的。其一是破除佛老的宇宙观。张载明确说：

> 若谓虚能生气，则虚无穷，气有限，体用殊绝，入老氏"有生于无"自然之论，不识所谓有无混一之常；若谓万象为太虚中所见之物，则物与虚不相资，形自形，性自性，形性、天人不相待而有，陷于浮屠以山河大地为见病之说。①

"虚能生气"，也就是从无限定性的虚空中生出有规定性的气来。但虚空没有任何具体的限定，气却是有限定的。无限定的虚与有限定的气，必定是隔断的。虚为体，气为用，所以是"体用殊绝"，从而产生"有生于无"的错误观念。张载既然认为"虚无穷，气有限"是不可理解和接受的，那么，他能接受的就只有"虚无穷，气亦无穷"或"虚有限，气亦有限"了。从太虚不能再消散看，在张载那里，太虚不是全无限定性的，所以，不是"无穷"的。因此，张载的宇宙观就只能是"虚有限，气亦有限"了。也就是说，在张载那里，气是有限且永恒不灭的。这种永恒"质料"的观念，会导致生生变化成为一个大的轮回。后来朱子对张载的批评，即着眼于此。佛家说空，因为世间万物都在生灭变化当中，没有不变的自性，因此是虚假的。张载指出，如果万物都是不真实的，只

---

① 《张载集》，第8页。

有其背后的太虚(空)才真实,其结果是"物与虚不相资",有形的物和真实的空之间就没有了依赖、凭借的联系,从而导致"形自形,性自性",现象与本质之间就隔断了。以此为根据,而"以山河大地为幻妄",这样的理解,是不能成立的。

其二是破佛老的生死观。这里张载的驳难有一个小偏差:他在哲学上批判的是道家,在生死观上批判的却是道教。在生死观上,佛老的错误在于:

彼语寂灭者往而不反,徇生执有者物而不化。①

佛教的错误是把死亡当成寂灭,所以是"往而不反"。道教的错误是追求长生,因此是"物而不化",为了自己有限的形体而执着于自己狭小的有,不知道万物变化消长的必然。事实上,留恋有限形体的是道教,道家是不留恋有限的形体的,反而要讲顺化。张载在这里有明显的知识上的混淆。但他对于"徇生执有"的批评是深刻的,因为追求长生的人完全局限在自己的有限性当中,而忽略了有限形体与无限的关系。这种关系以人为例,一方面在于能够超越自己的形体,对他者产生感知与关怀;另一方面也能坦然地把自己有限的生命看作生生不息的无限过程中的环节,死生随化。人与物的不同,就在于人能够真实地觉知到这种无限性,道教的问题在于因为怕死,所以努力把自己活成了一个物件。张载生死观的问题出在对佛教生死观的批判上。他认为佛教在生死问题上最荒谬的不是轮回,而是寂灭。对"往而不反"的批评说明张载认为正确的生死观是"往而能反"的,所以后来朱子说张载破除了小轮回,却又造出了一个大轮回,是切中要害的。② 大轮回能成立的关键在于:"太虚"作为无法消散的永恒质料是有限的。而如果消亡不是灭

---

① 《张载集》,第7页。

② 参见《朱子语类》,第2537页。

尽无余,也就意味着不可能有全新的创生。残留下来不可消散的东西,也就成了日新不已的生生造化的障碍。

关于人的生死,张载认为正确的理解是:

> 散入无形,适得吾体;聚为有象,不失吾常。①

人死后气消散了,脱离了小我的身体后,就融入到天地造化的伟大形体当中。一旦拥有了狭小的肉体,仍然能够不失自己真实的本性,不为"蓊然"肉身所限。这样一种从容生死的态度,较之恐惧和贪恋,自不可同日而语。但在义理上却不无问题。在这里,二程对张载的批评是值得重视的:以虚气循环来理解变化和生死,导致的结果是,太虚不过是万物的尸骸,生生不已的造化中,万物的产生就不得不资于"既毙之形,既返之气"。这样一来,根源于天地生生之理的造化就成了有条件的了。② 二程认为:天道自然生生不已,③是无条件的造化。在解释《论语》"未知生,焉知死"这句话时,程颢说:"死之事即生是也。"④个体的死亡是生生之道得以实现的环节。如果个体可以永生,生生之道也就有可能终结了。程颢批评佛教着眼于轮回,而非寂灭。人死了,就是往而不返。个体的死,为新生创造了条件。

二 形与象

张载哲学是气本论的。我们要注意的是,气本论并不等同于我们今天讲的唯物主义,当然我们也不必执意要把它和唯物主义区别开来。

---

① 《张载集》,第 7 页。
② 《二程集》,第 148 页。
③ 同上书,第 167 页。
④ 同上书,第 17 页。

实际上,中国古代哲学中"气"的概念与西方传统中的"物质"的概念是有差别的。在亚里士多德那里,质料是没有定形的材料,独立于动力因;而中国哲学的传统则强调,气本身就内涵了能动性。① 当然,这一能动性的根源还有进一步深入考察的必要。气本身的能动性,与张载的"一物两体"的思想是紧密关联的。《正蒙·太和篇》讲:

> 太和所谓道,中涵浮沉、升降、动静、相感之性,是生絪缊、相荡、胜负、屈伸之始。②

动力是内含在质料当中的,所以天地自然絪缊不息。这样一种极尽动之义的对于世界的理解和四因说构建的对世界的理解是有着根本差别的。中、西方哲学之间的最重要的区别之一,就在于是否强调"形"。我们常说的柏拉图的"理念",陈康以为就希腊文的本义而言,应该翻译为"相"。而"相"就有"形"的含义。西方哲学传统中,"形"本身就是一个追求的目标。但在中国哲学传统里,有形的东西是末,无形的才是更根本的。这也就是中国哲学强调形而上与形而下的分别的根由所在。

在张载的哲学话语里,象与形是严格区分的。这个区分根源于《易传·系辞》:"在天成象,在地成形。"象属天道,形属地道。地道对应的是有相对固定形质的东西;天道对应的是无形而有象的东西。比如我们眼前的桌椅、草木都是有相对固定的形质的;而在古人的眼中日月风云等天象都是没有固定形体的。在张载那里,有形的东西一定有象,但有象的东西不一定有形。比如,太虚就是有象而无形的。此前的张载研究基本都忽略了这一区分,把形与象混为一谈。形与象的区分不是一个偶然的细节,而是张载哲学的必然分判。张载把存在分成两

---

① 参见杨立华:《气本与神化:张载哲学述论》,北京:北京大学出版社,2008年,第65—67页。

② 《张载集》,第7页。

种状态,一种是可见的有形的状态,另一种是不可见的无形而有象的状态。形一定是感官可以把握的,象虽然无形,但也不是完全不可感知的。"苟健、顺、动、止、浩然、湛然之得言"①,只要可以用名言摹状、言说的,就都是可名之象。后来二程批评张载的形上学时说他以"清虚一大"为本,②而"清虚一大"都是象。

象与形的关系该如何理解?在我看来,象就是可见的有形的物之间的关系,所以,象必须通过形才能表现出来。有形的物在各种关系当中变化,这些关系本身是感官无法把握的。我们只能通过有形的物的变化,确知这些关系以及由之产生的影响的真实无虚。比如,我们可以通过盐在水中的逐渐减少,知道水对盐的融化作用。再比如,我们可以从一个人对其他人的态度,确定两者之间的关系。一个正在接自己尊敬的长辈打来的电话的人,与正在跟朋友聊天的人,其身体姿态和语音、语气是有显著区别的。我认为,象其实就是物与物之间关系的某种感性化的呈显,这种感性化的呈显不是任何单一的感官可以把握的。所以,我们既不能简单地说象是可见的,也不能说它就是不可见的。晚霞是阳光和云层以及大气的某种折射关系造成的我们可以"看到"的东西,它是可见的东西构成的一种趋势,一种时空当中的关系。因此,《易传》说"在天成象"。象总是由有形的物体现出来,但又不能被等同于有形的物。把所有现成态的有形的物全部加到一块儿,也无法把象完全包含于其中。

接下来的问题是,形而上和形而下的分界何在?如果太虚是有象无形的,气和万物是有形有象的,那么太虚属形而上还是形而下?张载认为,有象而无形的太虚已经是形而上者。在他那里,形而上和形而下

---

① 《张载集》,第 16 页。

② "横渠教人,本只是谓世学胶固,故说一个清虚一大,只图得人稍损得没去就道理来,然而人又更别处走。今日且只道敬。"《二程集》,第 34 页。

就是有形和无形的区别。凡无形者都是形而上者,但形而上者是分层次的。太虚这种有象而无形的存在虽然已经是形而上者,但由于有象的太虚是可以言说的,因此还不是最高的形而上者。由于天地变化就是在有形的万物和无形而有象的太虚之间不断相互作用、相互转化,那么这种相互作用、相互转化如何才是必然的呢?其根本的动力何在呢?太虚和气中都没有这样的根本动力,可知无形而有象的形上者还不是最根本的形而上者。最高的形上者是贯通于太虚和气当中的"神"。神作为最高的形而上者,贯通在对立的双方之中。无形之象与短暂的客形之间之所以能发生作用,就在于神的"鼓动"。

三 参两

"参两"即"叁两"。这一重要论述在张载哲学里,着眼的是相互作用如何有必然性的问题。张载哲学强调"三"的结构,具体说来,就是两和一的关系:

> 两体者,虚实也,动静也,聚散也,清浊也,其究一而已。有两则有一,是太极也。若一则有两,有两亦一在,无两亦一在。然无两则安用一?[①]

"两体"从根本上讲就是太虚与气的二分。在张载那里又具体化为虚实、动静、聚散、清浊等。这些都是分化的两体,而两体中始终贯通的就是"一"。正是因为这种贯通作用,所以虚实、动静、聚散、清浊等两体才能相互作用、相互转化。张载认为,"有两则有一"。反过来,如果先有一再有两,其结果是:有两体对立的情况下一可以存在,没有两体对立的情况下一也可以存在。但若没有了两体,保留这个一又有什么意

---

① 《张载集》,第233页。

义呢？所以张载说：

> 两不立则一不可见，一不可见则两之用息。①

没有两体的确立，一也就因灭息而无从把握；一旦灭息而无从把握，
两体的相互作用也就停止了。由此，我们可以看出有两种世界图景是
张载不能接受的：其一，没有对立的两体存在的、无分化的、一团死寂的
一，这是僵死的、不运动的、没有分别的世界。如果这样的世界可以存
在，那么，世界就应该始终处在无分化的状态，而不应有任何生生变化
的产生；其二，如果仅仅有两无一，就会形成一个分裂的世界，阴阳、动
静、虚实、昼夜没有了相互作用、转化的可能，从而割断成不相关涉的世
界。因此无论只有两没有一还是只有一没有两，由此形成的世界图景
都不能真实地反映这个世界的实际的状况，所以是不能接受的。一与
两的统一，就是天道之叁。

　　天道属神，地道属气。凡对立的两体皆对应地道。而天道之叁，则
是神贯通于两体当中。神是最高的形上者，既无形，也无象。但张载
又说：

> 顾有地斯有天，若其配然尔。②

"顾"表转折。有地才有天，天反而成了地之配。这个讲法实际上是
"有两则有一"的另一种表达。

　　张载又说：

> 一物两体，气也；一故神，（两在故不测。）两故化，（推行于
> 一。）此天之所以参也。③

---

①　《张载集》，第 233 页。

②　同上书，第 11 页。

③　同上书，第 10 页。

"一物两体"说的是两体本一,也就是所谓清浊、聚散,"其究一而已"。我们谈到差异,总是有此则有彼、有是则有非。提到"浊","清"就已经内在于"浊"的定义中,作为"浊"的否定性界定出现了。可见两体不是割裂的,而是本于一的。因此谈到差异的同时,同一的概念也就已经内在于其中了。反过来谈到同一,也自然就有了差异的概念。所以"一故神"这句话,完整地说应该是"本一故神"。"神"是神妙不测,就是不能够去摹状、描述和用语言表达的。张载自注曰:"两在故不测"。他怕人们把"一故神"误解为单一的世界,所以他同时又讲两体的存在。接下来讲"两故化",指本一的两体(差异)间必然的相互作用,并在相互作用中"推行于一"的过程。两体中始终贯通着"一",也即"清通而不可象"的神。正是因为神的这种贯通作用,所以虚实、聚散等两体才能不间断地相互作用。这种结构我们可以表达为下图:

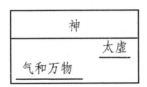

有形的万物和无形的太虚之上贯通着一个神的作用。但这个图示显然只是权宜的表达,因为不能把神和两体截然分开。我们只是借此表达一个"三"的结构,而正是这样一个结构使得天地生生不已得以永不停息。

这个世界的实存永远只有可见和不可见两个部分,而可见的和不可见的又不是截然分开,而是始终相互转化、相互作用、氤氲不息的。之所以会这样氤氲不息,原因在于本一之神与两在之不测的统一。

四　神化

整个天地就是一个化的过程。神和化是张载哲学中很难把握的一对概念。与化相关联的还有变的概念。"变""化"二字出自《易传》。

张载说：

> 变则化，以著显微也。化而裁之谓之变。①

化是这个世界连续的、难以察觉的改变的积累；化积累到了显著的阶段就成了变，就可以察觉出来了。世界始终只有一个化的过程，变是人为的裁断。"变"把"化"裁成了不同的阶段。最典型的裁断体现在《论语》孔子的自述中："吾十有五而志于学，三十而立，四十而不惑，五十而知天命，六十而耳顺，七十而从心所欲，不逾矩。"（《论语·为政》）张载认为，一般人对自己每天的变化是不自知的，圣人却不同，圣人对自己每一阶段的改变都能有清醒的认识。

对神与化的关系，张载有这样的论述：

> 神，天德，化，天道。德，其体，道，其用，一于气而已。②

神和化是体用关系，神为体，化为用。换言之，化不过是神的作用的具体体现。在张载那里，化就是构成万物的虚实、动静、聚散、清浊等两体之间连续的相互作用导致的细微改变。生生变化的过程，本质上就是由本一之神推动的两在之不测。

张载又说：

> 形而上者，得辞斯得象矣。神为不测，故缓辞不足以尽神，化为难知，故急辞不足以体化。③

在形而上者的层面，能够用名言表达也就意味着是"可象"的。这与前面论及的"清通而不可象"，至少在表述上是矛盾的。神从根本上说是不可象的，是最高的形上者。但神的作用又无处不在，所以，也不是全

---

① "'变则化'，由粗入精也；'化而裁之谓之变'，以著显微也。"《张载集》，第16页。
② 同上书，第15页。
③ 同上书，第16页。

无可象的朕迹。神之不测,使得一切辞相对于神之迅捷皆为"缓辞","缓辞"是无法充分表达神的。化之细微难知,使得一切辞相对于其细微都成了"急辞","急辞"是不能完全体现"化"的。在解释"鼓之舞之以尽神"(《周易·系辞》)的时候,张载讲:为什么巫能与天地相通呢?因为巫在入神的状态中已不再是一个简单的个体,而是被作为鼓动之根源的神所掌控。① 所以,只有这类跳动的、鼓舞的言辞能够"尽神"。张载那里的神显然没有人格神的意味,神是万化的鼓动者。

本质上说,世界上只有神与化而已:

凡天地法象,皆神化之糟粕尔。②

这句话是理解张载哲学的关键。糟粕就是酿酒之后剩下的渣滓,把粗的部分去掉,留下的才是精华。"天地法象"都是粗的渣滓,真正的精华是神和化。这里的"法象"与佛教的"法相"显然不同。《易传》说:"成象之谓乾,效法之谓坤。"(《周易·系辞》)这里的"法"就是"形"的意思。无论是无形有象的太虚还是有形有象的气和万物,一切客形都是神和化粗糙的痕迹而已。离开了粗糙的痕迹我们将不能看到神化的作用,但是不能把虚实、动静等同为神、化。

五 感

张载高度体系化的哲学解决了如下几个重要的问题:第一,世界之实有;第二,实有世界之生生变化的根源;第三,使生生变化能够永恒的模式。接下来的问题是,这一哲学的伦理指向是什么呢? 这里我们要特别强调张载的感的概念。而张载之所以要强调差异的普遍存在,就

---

① 参见《张载集》,第205页。
② 同上书,第9页。

是要在逻辑上安顿这个"感"字。差异是感的逻辑环节,如果没有差异就无所谓感了。

具体而言,张载强调三种"感"。

第一种是"天地阴阳二端之感"。这种感就是两体之感,是普遍且必然的。《易传》"屈信(伸)相感而利生焉"一句,张载注曰:

> 屈信相感而利生,感以诚也;……此则是理也,惟以利言。①

天地间只有一个屈伸相感,所以只有利没有害。天地阴阳二端之感,是至诚无伪的正感。"屈""伸"与"鬼""神"有关。"鬼者,归也",鬼是消散的倾向;"神者,伸也",神是生长的倾向。张载说:"鬼神者,二气之良能也。"②屈伸相感是阴阳二气固有的功能,天地间只有一个屈伸相感。

第二种感是"人与物蕞然之感"。"蕞"就是狭小的意思。"蕞然之感",虽然也根源于"二端之感",但却是人与物出于客形的狭隘之感:

> 诚则顺理而利,伪则不循理而害,《易》言"情伪相感而利害生",则是专以人事言,故有情伪利害也。③

人与物的狭隘之感有诚妄之别,就不再仅仅是利,而是利害相杂了。发于客形之感会在自己狭小而短暂的躯壳上起念头,因此有伪妄的部分,本来平实的事儿也会生出许多造作。比如说生死问题,由于怕死而产生出对死的各种各样的虚妄想象,以及对世界的不真实的看法。归根结底,是忧虑客形的自我保存,而不能诚实地面对人终有一死之理。自我意识太强,得失心就重。失了当然不快乐,得了也免不了忧患,其实都是见理不明所致。当然,"蕞然之感"也是根源于"二端之感"的,并非全属伪妄。比如对亲爱之人的牵挂、对苦难之人的哀矜,都属于"正

---

① 《张载集》,第232—233页。
② 同上书,第9页。
③ 同上书,第232—233页。

感""正执",并不是虚幻的。

第三种感是圣人之感。圣人之感就是不断超越"人与物蓦然之感",向"天地阴阳二端之感"的回归。张载认为,圣人是能通天地万物之情的。正因为他对天地万物有真正意义上的感通,所以能呵护照料万物。

张载强调"感"的重要,直接的指向还是佛教。他说:

> 释氏以感为幻妄,又有憧憧思以求朋者,皆不足道也。①

为什么说释氏无感呢?按照吕澂先生的讲法,佛教最核心的两个字就是"解脱"。人生一切皆苦,而苦的根源在于执——"我执"和"法执"。我是执着的主体,法是执着的客体。因此要想破除执着,就要破掉执着的主体和执着的客体。看到"我相本空",就破掉了执着的主体;看到"法相亦空",就破掉了执着的客体。执着去尽,烦恼也就消了。佛教破除烦恼的方式从根本上讲就是一个割断。所以要出家,要断根尘,要六根清净,要把所有带来烦恼的牵挂、贪著都打掉。② 张载认为佛家要把贪欲打断也就算了,但人的很多牵挂和情感是根源于天地自然的,是不应该否定,也不能否定的。在哲学上证明了感的真实性、普遍性,也就证明了人与人、人与物之间普遍的关联性;这种普遍的关联性,从根本上证明了儒家强调的伦常关系的合理性。这一对感的真实性的论证就为儒家的伦理生活奠定了哲学基础。

六　人性论

在人性问题上,张载区分了天地之性和气质之性。程颢的思想当中,已经隐涵了天地之性和气质之性的分别,但明确将其表达出来的还

---

① 《张载集》,第 126 页。

② 参见吕澂:《印度佛学源流略讲》,上海:上海人民出版社,2005 年,第18—22 页。

是张载。气质之性与天地之性的区分,是对孟子人性论的一个重要的发展。孟子性善论强调:人的本质倾向都是善的,只是后天的习染导致了人的种种变化。孟子说:

> 人无有不善,水无有不下。今夫水,搏而跃之,可使过颡;激而行之,可使在山。是岂水之性哉? 其势则然也。(《孟子·告子上》)

这里的势就是客观环境、客观条件。孟子的人性论承袭的仍然是孔子性与习相成的结构。

张载则在性和习之外引入了另一个字——"气"。"性、气、习"三要素的结合使得我们对人性的具体体现有了更加完整和准确的把握,同时也能更好地解释经验事实。有的人生而质恶,即使再好的教育也无法改变;有的人则生而质善,再恶薄的环境也不会败坏他。这就只能用天生气禀来理解了。张载说:

> 形而后有气质之性,善反之则天地之性存焉。故气质之性,君子有弗性者焉。①

"天地之性"是神化生生不已的本性,因此可以说是纯善无恶的。"气质之性"则是神化之性落入具体气质形体的倾向,是有善有恶的。在张载那里,气质之性主要体现为厚薄、清浊两个方面。有的人禀气厚,就比较厚道;有的人禀气薄,就比较刻薄。当然厚薄也与日常所说的福分有关。另外一种区别是清浊,禀气清,人就聪明,反之则愚鲁。厚薄、清浊属气,是从构成的材料讲的。人与物的区别就在于所禀气质的厚薄、清浊的不同,而修养功夫的重点就在于通过变化气质,向天地之性回归。

对于天、道、性、心这四个概念,张载给出了界定:

> 由太虚,有天之名;由气化,有道之名;合虚与气,有性之名;合

---

① 《正蒙·诚明篇》,《张载集》,第23页。

性与知觉,有心之名。①

从整段的句式看,"由……有……之名"的句式受到了王弼的影响。王弼讲道是本体,从不同的角度看会有不同的称谓,"由物无不由也",而把它命名为"道";由不可见而把它命名为"无"等等。② 按照这样的句式,这段话的后面两句缺省了两个"由"字。其本意应该是"由合虚与气有性之名""由合性与知觉有心之名"。其重点在于"合"字。"合"是贯通义。从对虚与气的贯通的角度,就有了性之名。张载说:

感者性之神,性者感之体。③

感是性的神妙的作用,性是感的内在动力和结构。这种对人性的理解不是静态的,而是动态的,是一种倾向和趋势。这样的表达在张载讲到性命关系的时候表现得尤为突出。汉语里没有词形变化,所以得用相当复杂的表达,才能表达出动态来。张载以"天所性者""天所命者"来替代一般讲的性命概念。由此可以看出,张载的哲学思考已经触及了汉语的表达困境。为了防止"性"和"命"被理解为静态的东西,张载不得已才创造了"天所性者""天所命者"这样的表达。

张载说:

性通乎气之外,命行乎气之内,气无内外,假有形而言尔。④

这里的"气之外"的说法好像在说气是有边界的。但张载接着就告诉

---

① 《张载集》,第9页。

② "夫'道'也者,取乎万物之所由也;'玄'也者,取乎幽冥之所出也;'深'也者,取乎探赜而不可究也;'大'也者,取乎弥纶而不可极也;'远'也者,取乎绵邈而不可及也;'微'也者,取乎幽微而不可睹也。然则'道'、'玄'、'深'、'大'、'微'、'远'之言,各有其义,未尽其极者也。"《老子指略》,《王弼集校释》,第196页。

③ 《张载集》,第63页。

④ 同上书,第21页。

我们这只是出于表达的方便。"气无内外",之所以说"气之外"不过是假借形体来说而已。张载实际上要说的是:性通乎形之外,命行乎形之内。命是一受成形就不可改变的东西。所以张载说:气质方面有不可改变的,比如"死生修夭"①。一个人的寿命之长短在张载看来是不可变的,大德也不会延命。以颜子之贤,不过四十二岁而已。结合前面的讨论,"性通乎气之外"的含义就很清楚了:性是人向外关联感通的倾向。这样一种向外关联感通的倾向,如果没有人与物"蕞然之感"的遮蔽,没有气质的遮蔽,应该是无所不感的,应该能够体知天地万物的难处。但人总在气质之中,气质总有清浊。禀气清的人向外关联感通得远,心胸就广大,可以体达天地万物一体之仁。

一味地向外感通,会不会有流于兼爱的危险呢?张载是明确讲过"爱必兼爱"②的。当然,他所说的"兼爱"实际上是在说我们对天地万物都有同样的感,感通是普遍的。但是在具体的实施上还是有差等的。禀气清的人能够体会到天地万物一体之仁,比较清的人感通得比较远,比较浑浊一点的人只能够感受到近处的人,再浑浊一点的就只能感受到自己,最浑浊的人连自己都无所知觉了。因此,修养就是使自己的气禀由浊返清的过程。

七 性与心

张载特别强调发挥心的主动的作用。在他看来,性是一种结构性的倾向,是必然的。但性没有自主性,不能自己决定自己的实现程度。作为一种本质倾向的性的实现,需要心的主动性的发挥。在解释《论语》"人能弘道,非道弘人"一句时,张载说:

---

① 《张载集》,第 23 页。
② 同上书,第 21 页。

心能尽性，"人能弘道"也；性不知检其心，"非道弘人"也。①

"弘"在这里是使之扩大、使之博大的意思。也就是说心能够使性的实现充分且广大，而性没有主动性，所以它不能够检点人的心。人之所以能够修养和提升自己，根本在于心的主动性。这也就是张载所说的"大其心则能体天下之物"②。

修养功夫的第一步是变化气质。有些学者把变化气质作为张载修养的目标，其实不对。张载的确说过："为学大益，在自求变化气质。"③但在修养功夫里，我们得明白具体什么是"变化气质"。张载说：

变化气质与虚心相表里。④

"变化气质"的过程同时也就是"虚心"的过程：变化气质为表，虚心为里。"虚心"就是要克制自己的主观成见。去除个人的主观成见就是虚心。张载明确指出：一般情况下，自强自是的人难有进步，因为这样的人总觉得自己了不起，缺少自我反省的能力。这样的人是最需要变化气质的。具体怎么变化呢？先改变他的身体姿态。对于自是自强的人，第一步就是要"下其视"⑤，也就是把他的目光从高处移下来，这种身体形态的调整可以改变人的内心。变化气质虽然是修身的入门功夫，但做起来并不容易。儒家强调内外交养，一方面通过身体的变化来改变自己的内心，另一方面通过内心的变化来改变身体。变化气质以后，人心里面潜藏着的各种成见就会有所松动，开始用一种平和的、公正的态度来看待自己、看待他人。通过变化气质，我们就有了进一步向

---

① 《张载集》，第 22 页。
② 同上书，第 24 页。
③ 同上书，第 321 页。
④ 同上书，第 274 页。
⑤ 同上书，第 268 页。

道理开放的可能。虚心才能朴素平和,才能让真实的道理进来。

"虚心"打开了一扇门,接着就要去面对道理了。"大其心"的内涵就是"穷理"。张载说:"释氏便不穷理,皆以为见病所致。"①又说:

> 万物皆有理,若不知穷理,如梦过一生。②

"大其心"就是要研究天下万物的道理。在理解世间万物的道理的基础上,我们才能建立起对事物的真实感通。抽象的同情心和具体的同情心的区别就在于,能不能通过对事物的具体的认知,把这同情心落到实处。通过变化气质和虚心,我们就为穷理创造了基本的条件。

张载将知识分为两类:一类是"见闻之知",一类是"德性之知"。张载说:

> 见闻之知,乃物交而知,非德性所知;德性所知,不萌于见闻。③

"见闻之知"就是通过物与物相感得到的知识。我们的感官知识,我们对一个事物的颜色、形状、温度、大小的认知,都属于"见闻之知"。另外一种知是"德性所知",德性之知不是从人的所见所闻当中萌发出来的。当然,并不是说"见闻之知"不重要,但要以"德性所知"来统领"见闻之知"。德性所知强调的是道德行为的出发点。道德一定是来源于自己内心的价值取向,而非源自对象自身的经验品质。如果国家值得我们爱我们才爱,那所有乱臣贼子就都有了借口!父亲值得我们孝,我们才对他孝,那就有一万个理由不孝顺父亲。"德性所知,不萌于见闻",德性源自作为我们的本性的固有倾向,这种固有的倾向是我们应该去觉知的最根本的东西。我们首先要觉知到自己对他人的感通关联

---

① 《张载集》,第321页。

② 同上。

③ 同上书,第24页。

的倾向,觉知到我们内心中的天地之性,进而意识到自己的气质之性对天地之性的遮蔽。在此基础上,通过穷理一点点充扩出去,扩充到极致,从而将自己对天地万物的体贴落到实处。

第十二讲

形上定体：程颐的哲学

　　程颐，字正叔，生于宋仁宗明道二年（1033），卒于宋徽宗大观元年（1107）。程颐终生不喜为官，以为做官夺人志。初试科举不第，遂不再考，恩荫的机会也都让与族人。他一生的关注始终在儒家的经典解释和哲学建构上，元祐元年才在司马光、吕公著等人的举荐下，任崇政殿说书，负责哲宗皇帝的教育。

　　程颐为人端严。明道在生活中多有妙趣，伊川则直是谨严。所以程颢说："异日能使人尊严师道者，吾弟也。若接引后学，随人材而成就之，则予不得让焉。"[1]当然，程颐的严格首先是指向自己的。他一生谨于礼。有人问他：你如此律己，是不是很累？程颐答曰："吾日履安地，何劳何苦？"[2]程颐幼时体弱，但随着年纪的增加，反而日益强健。《礼记》曰"君子庄敬日强"，岂虚言哉？

一　形上形下

　　程子哲学的最大贡献在于严格了形上与形下的区分。周敦颐、邵

---

[1] 《二程集》，第 346 页。

[2] 同上书，第 8 页。

雍、张载等人都有区分形而上、形而下的思想,但他们并没有把形而上、形而下作为严格的概念强调出来。到程颢那里,形而上、形而下才开始被作为结构性的哲学概念凸显出来。

程颢虽然有对形而上、形而下的强调,但由于他的思想过于圆融,从而使这一区分所蕴涵的内在的哲学张力未能充分地彰显,其本应具有的哲学空间没有真正地敞开。这里所说的哲学空间,是指一个思辨的空间。关于形而上、形而下,明道说:

> 形而上为道,形而下为器,须著如此说。器亦道,道亦器,但得道在,不系今与后,己与人。①

在程颢看来,我们思考这个世界的时候,可以分形而上、形而下。但实际上,形上、形下是不能割裂开来的。所以他讲"器亦道,道亦器",强调形而上与形而下的相即不离。形上、形下的分别在程颢那儿只是一个勉强的区分。在实然的世界里,道离不开器,器离不开道。过分强调道器不离,难免会忽略形上、形下的分际,从而无法展开其中隐涵的哲学问题。

与程颢不同,程颐更强调形上与形下之间不容混淆的区别:

> "一阴一阳之谓道",道非阴阳也,所以一阴一阳者道也。②

《易传·系辞》中的"一阴一阳之谓道"容易让人误解,以为阴阳就是道。但是阴阳已经落入到器这个层面,已经是有分别的了。有阴有阳就不再是一,而是二了。一旦有了分别,就已经不是形上层面的了。有了阴阳,就有刚柔。有阴阳、有刚柔,终始、聚散、幽明也就出来了,进而消长、生灭、成毁也就产生了。这些概念都不是形而上的。道虽然始终

---

① 《二程集》,第4页。
② 同上书,第67页。

在阴阳之中，但道不是阴阳，而是一阴一阳的所以然。更具体地说，是阴阳之间必然的相互作用的根源和根据。因此，程颐用"所以"二字，标示出明确的形上、形下的分别。

形上者不是空洞、无内容的无。程子特别强调天人一理，特别强调形上、形下的一体。他有这样一段著名的论述：

> 冲漠无朕，万象森然已具，未应不是先，已应不是后。如百尺之木，自根本至枝叶，皆是一贯，不可道上面一段事，无形无兆，却待人旋安排引入来，教入涂辙。既是涂辙，却只是一个涂辙。①

"冲漠无朕"指理本体或道。道作为一阴一阳的所以然，是无形无象的，是真正的形上者，是没有任何的象状、朕迹的，但万象却包含于其中。"万象森然已具"强调形上者不是没有内容的空无。因为如果形上者是无，那也就意味着形而下层面的丰富性没有了形而上的根据。就像一棵树，从根本到枝叶得是一以贯之的。所以他说："不可道上面一段事，无形无兆，却待人旋安排引入来，教入涂辙。""上面一段事"指的是形而上的天理。不能认为形而上者是没内容的空无。生活中各种复杂的规范、仪则，各种具体的价值，并不是人为安排出来的秩序。

程颐这段话里有几点需要强调：第一，这个形上者虽然不可见，"冲漠无朕"，但其本身就是根本性的道理，是所有具体的道理的根源，不是空洞的、无内容的；第二，这个道理跟万物的秩序和原理是一致的，这样才是"一本"。"既是涂辙，却只是一个涂辙"；第三，秩序和仪则不是人为的安排，而是自然的体现；第四，既然不用人为来安排，就是易简之理。这里的"旋"字是副词，应为"屡次，常常"之义，引申出忙乱的意思。人类社会的种种当然之则不是"人旋安排"的结果，而是简易自然的。现在不少人在谈价值重建的问题。但怎么重建？我们可以给出各

---

① 《二程集》，第153页。

种补丁版的价值观。比如把自由派的、新左派的、传统文化派的各种各样的"政治正确"拼接在一块儿,补缀起来,形成一套所谓的共识;然后在这个共识的基础之上,大家讨价还价,你加一点我加一点,构成一套伦理的原则或者价值的系统。这样的做法,就是"人旋安排引入来,教入涂辙"。凑合出来的价值体系,在基本原理和思想逻辑上是没有贯通性的,一定要找"遁辞"。一种道理,自己讲不通就必然要找"遁辞"。而所谓"遁辞",就是要给自己的理论开个后门,找个规避批评的出路。真正的自然不是由人来安排的,不需要任何牵强的解释,因此是易简的。这个世界就是这个样子,人就是这个样子,我们朴朴实实地按照人可能的样子来构想人应该的样子,不必也不该去虚构出一个不存在的圆满来。离开了人可能怎样,来讨论人应该怎样,其结果是能然与应然的割裂。那么,人可能怎样、应该怎样的根据何在呢?在程颐看来,这根据就在"上面一段事",也即形而上的天理。

对形上与形下做强调性的区分是程颐的一大贡献,正因为程颐的谨严造就了一个格局,这个格局使得一个真正思辨性的、巨大的哲学空间被打开了。如果没有这样的努力,一味地强调圆融,那么宋明道学的理论建构和哲学发展无论如何不可能达到深细详密的高度,朱子集大成的哲学体系也根本无从谈起。

二 体用一源

"体用一源"是《周易程氏传》中的论断。在《易传序》中,程颐说:

> 至微者理也,至著者象也。体用一源,显微无间。[1]

这段论述显然是在讲道器关系。在程颐那里,"体用一源,显微无间"

---

[1] 《易传序》,《二程集》,第 582 页。

是对道器关系最准确的表达。"至微者理也","微"就是难以察觉;"至著者象也",象则显著明白。这里并没有对象与形的区别的强调。"理"为体,"象"为用。"体用一源",不是讲体用为一,而是说体和用有共同的源头、根本。强调了区分,又强调了同源。"显微无间",说的是至微的理和至著的象之间虽然有形上、形下的判然分别,但又不是相互独立、不相关涉的。看不见的理和看得见的象始终结合在一起。因程子强调分别而以为他未达一本,显然是一种误解。

程子说出这一论断,显然是经过了细密周详的思考的。相较而言,程颢的"道亦器,器亦道"就太过粗糙了,一味地讲道器合一,却并没有说清楚是怎么合一的。很多人在理解程子的"体用一源,显微无间"时,就只停留在了体用相即不离这样一个粗疏的程度。这样一来,其中蕴涵的各种深入思考的可能性就湮灭了。朱子《太极图说解》成篇以后,受到了各方的质疑。质疑者认为朱子的分析性解说和思考违背了"体用一源"的基本原理。然而,仅仅以体用、显微相即不离来理解程子的"体用一源,显微无间",等于完全没有意识到这个论述本身内蕴的思想和表达的张力。面对众多的质疑,朱子以对程子的"体用一源,显微无间"的深入理解作为理据来回应。在他看来,一旦错将程子的思想理解为体用为一、显微无别,那么这个世界要么是纯形而下的、无原则的气,要么是纯形而上的、空洞的理。越强调合一,反而越造成割裂。

三　生生之理

生生之理或生生之道,是北宋道学的普遍共识,无论是程颢还是张载都讲这个道理。但是比较起来,还是程颐讲得更为精准。生生之理的观念根源于《易传·系辞》里讲的"生生之谓易"。其实汉语当中一直有对生意的强调。比如,《史记·货殖列传》里面,"货殖"的"殖"就是生的意思,所以我们称经商为"做生意"。再比如劳动,在我们日常语言里就说成"干活儿"。这里面透露出中国人最基本的世界观:这个世界只有一件事是确定无疑的,那就是永恒的生生不已。

天地万物有没有统一性? 当然有。二程认为万物的统一性就体现在所有事物都是"继此生理"①而生的。"继之者善也","继此生理者"就是善的。所有的事物都"继此生理"而生,在这一点上万物是统一的。二程及门下弟子多以生意言仁。程子以谷种喻仁,这跟我们的日常语言是可以相互印证的。程子的弟子谢良佐在讲到"仁"字的时候,就将这个字与日常语言中的果仁儿、核桃仁儿、花生仁儿的叫法联系起来。"仁儿"就是植物种子最核心的地方,是生机、生意之所在。

在讲天地生生之理的时候,程子对张载的那种循环论、气本论的思想做了批判。张载的气本论其实是一种循环论,实际上是在强调宇宙间有恒定不变的气。张载的气本论预设了固定不变的、不可消灭的质料。张载哲学当中的气与西方哲学里面的质料是有区别的。二程之所以不能接受张载的哲学体系,根本原因就在于不能接受永恒质料的观念。因为张载那里太虚不能再分解了。太虚不是无,是有,这是张载反复强调的;太虚只是幽,只是不可见。太虚既是有,而太虚又不可能再消散为无,所以太虚就是永恒的:只有形态的变化,没有真正意义上的彻底的消失。所以说,在张载那里,质料或材料是永恒的。但如果质料是永恒的,那也就意味着造化是有限的,生生造化受到了限制。所以程子说:

> 若谓既返之气复将为方伸之气,必资于此,则殊与天地之化不相似。天地之化,自然生生不穷,更何复资于既毙之形,既返之气,以为造化?②

---

① 《二程集》,第29页。

② 同上书,第148页。

虚气之间的反复循环,也就意味着万物的创生要资借此前已经死掉的尸骸,在这尸骸的基础之上再创造出新的事物来。二程认为这违背了生生之理,因此是不可接受的:

> 道则自然生万物。今夫春生夏长了一番,皆是道之生,后来生长,不可道却将既生之气,后来却要生长。道则自然生生不息。①

气的生生是相继不已的,不是在一个不可消灭的永恒质料的基础上造化出世间的万物来,而是绝对意义上日新的创生。

既然没有永恒质料,那气岂不是凭空而来的?这难道不是一种变相的无能生有吗?这里,我们可以回过头来看看郭象。魏晋玄学对宋明理学的理论思维是有很大的启发和影响的。郭象讲“自生”②,又讲“独化于玄冥之境”③。“自生”其实就是不知其所以生而生,“独化于玄冥之境”就是在不可知之域里的创生、神秘的创生。这个创生观念与程颐的创生观念是有一致之处的。天地自然生生不已,它就是能凭空创生出气来。由于天理是永恒的,以之为根基的世界就在不断创生的过程当中,没有虚无的阶段。程子讲的当然不是无能生有,不是说先有一个绝对虚无的阶段,然后在下一个阶段才产生出气和万物,而是说这个世界永远在气的生生不已的产生和消灭当中。而且气的消灭是彻底的灭尽无余,而非像张载理解的那样,万物散而为太虚,太虚就不再会消散了。在张载那里,作为基础质料的太虚是永恒的。程子则认为构成万物的气,总是全新产生又散尽无余的。天地生生之理、天地生生之道是无条件的、绝对的、永恒的造化。生生之理是永恒的,无成毁的;而气则是有生灭的。程子说:

---

① 《二程集》,第149页。
② 《庄子集释》,第46页。
③ 同上书,第111页。

> 凡物之散,其气遂尽,无复归本原之理。天地间如洪炉,虽生物销铄亦尽,况既散之气,岂有复在? 天地造化又焉用此既散之气? 其造化者,自是生气。①

物消散了,气就彻底消尽了,不会再回来。天地间像个大熔炉一样,有什么东西是消不尽的? "其造化者,自是生气",强调的是气的无条件的产生。

四　道无无对

二程反复强调"无独必有对"②"万物莫不有对"③。程颢说:

> 天地万物之理,无独必有对,皆自然而然,非有安排也。每中夜以思,不知手之舞之,足之蹈之也。④

世间没有任何事物是单独的,都有其相对者。朱子认为程颢这一思想受到了周敦颐的影响。"安排"指的是人为的造作。这"无独必有对"之理,不是人为安排的结果,而是世界自然而真实的图景。程颢常深夜体认这道理,兴奋不能自已。

"道无无对"的思想关联的问题是多方面的:第一,可以由此推出一种均衡对称的精美的宇宙观,朱子的宇宙观就根源于此;第二,强调了对立的普遍性;第三,强调了对立双方感应的无处不在,其中就包括天人之间的感应。

二程显然是讲天人感应的,但他们的思想与汉儒有所不同。在汉

---

① 《二程集》,第163页。
② 同上书,第121页。
③ 同上书,第123页。
④ 同上书,第121页。

儒那里,天人感应的中介是数。汉代的思想根本上指向大一统的意识形态的建构,要形成一个包罗万象的、对当时世间所有的事物都有明确解释的大一统的理论。这个理论得能够发挥帝国意识形态的功能。而要发挥这个功能,就要对各种理论、各种知识进行拼接。将各种理论和知识拼接起来的媒介就是数字:五行对五常,五行对四季等。二程、张载等人并不反对天人有感应之理,只是拒绝数字上的牵强比附。在他们看来,天地间自有一个感应之理,感应的真实和普遍是确定无疑的。北宋儒者倡导一种理性的精神,但这种理性的精神必须为如下两个方面赋予合理性:第一,占卜的有效性。北宋道学以《易》为基础,所以不能不面对占筮的有效性问题。二程长期与邵雍交往,占筮的效验对他们而言是非常直接的,理性的精神不能不面对身边的真实经验;第二,天人感应。强调人君的行为对天地的影响。君主做得不好就会有地震、洪水、干旱之类的灾异。这种天人感应的观念指向的是对君主的约束。在中国古代,对君主的行为构成约束的除了现实的权力关系外,还有天人感应和祖宗之法。两宋道学没有将占卜、感应和灾异看作迷信,而是将其视为天地自然之理的体现。

五　公与仁

　　程颢的思想中尤其重视"仁"的知觉义,"以觉言仁"可以说是程颢的一大发明。在孔孟以后漫长的遗忘中,他重新拈出了仁的知觉义,进而以"天地万物一体"来讲仁。程颐在这一点上,至少从表面上看是与程颢有很大不同的。与程颢"以觉言仁"不同,程颐更主张"以公言仁"。程颐说:

　　　　公则一,私则万殊。至当归一,精义无二。人心不同如面,只是私心。①

人心就像人的容貌一样,千差万别。这些差别其实都属于"私"。"公"则超越种种私我,达到人格上的普遍性。

关于"公"与"仁"的关系,程子说:

> 仁之道,要之只消道一公字。公只是仁之理,不可将公便唤做仁。公而以人体之,故为仁。只为公,则物我兼照,故仁,所以能恕,所以能爱,恕则仁之施,爱则仁之用也。②

只一个"公"字,仁之道就已经包含在其中了。当然,我们不能直接说"公"就是"仁",程颐说"公"是"仁"的所以然,是"仁之理"。"公"之理落实在人身上就体现为"仁"。人能做到这个"公"字,就能够"物我兼照":既能够看到对象的特性,也能够深刻地理解自己。在"物我兼照"的基础上,既能够深切地体认到自己,也能够深切地理解他人。由此出发,才能够"恕",也才能够"爱"。"恕"和"爱"都是以"公"为根基的。程颐"以公言仁",是对程颢思想的一个重要的补充和发展。程颢以知觉、体认义理为仁,进而强调仁的一体义。沿着这一理路进一步发展,是能够推演出"以公言仁"的道理来的。

六　人性论

程颐的人性论中有两个重要概念——"性"与"才"。他讨论人性,也是以"天地之性"和"气质之性"为基本结构的。后来朱子说最早讲"气质之性"的是张子和程子,但张载和程颐谁启发了谁,朱子也无法确定。当然一般来说,我们还是认为二程影响了张载。在讲到"天地

---

① 《二程集》,第144页。

② 同上书,第153页。

之性"和"气质之性"的时候,张载说"形而后有气质之性",又说"气质之性,君子有弗性者焉"。① 人们对人性的理解,往往从不同的角度讲,有些人以"天地之性"为本性,有些人以"气质之性"为本性。先秦儒学讲人性,主要是讲"性"和"习"。而没有这个"气"字,"性"和"习"对于理解现实的人性来说是不够全面和充分的。人和人的差别很大,有的人生而性善,有的人生而性恶。只讲"性""习",不讲"气",有些现象是解释不通的。所以程子说:

> 论性,不论气,不备;论气,不论性,不明。②

只有兼言"性""气"和"习",才能对人性有全面的理解。两宋道学继承了孟子的性善论,但做了重大的补充和发展。这一发展的关键就在于"气质之性"的提出。

程子明确提出"性即理"的主张:

> 性即理也,所谓理性是也。③

> 性即是理,理则自尧、舜至于涂人,一也。才禀于气,气有清浊。禀其清者为贤,禀其浊者为愚。④

在程颐那里,"天地之性"或"天命之性"是"理"的性。"理"是万事万物的所以然。在人伦日用当中,天理就是人行为背后的依据——为什么要这样安排自己的生活,为什么要这样做事。如何安排自己的生活,其根据在于人性。人性作为人之所以为人的本质,也就是人的所以然,也就是天理。所以程子说:"性即理也,所谓理性是也。"这个"理"对于所有人都是统一的。不论是尧舜这样伟大的圣贤还是普通人,他们的

---

① 《张载集》,第 23 页。

② 《二程集》,第 81 页。

③ 同上书,第 292 页。引文标点有微调。

④ 同上书,第 204 页。

"理"都是一样的。人人都有普遍的理的性,但气禀上却个个不同。气质是分清浊的。清浊这对概念在张载那里更多是着眼于通与不通。在讲张载的时候,我们特别强调张载的"性""命"概念的动态性。而到了程子的表述中,"性"好像又变成了一个单纯的名词。当然,这并不意味着程子简单地把人性当成一种客观的物质属性。如果仔细体会,我们仍会发现他是从动态上理解人性的。

"气质之性"和"才"这两个概念,是有明显的区别的。程颐有一个说法很有意思,他说:

> 才犹言材料,曲可以为轮,直可以为梁栋。若是毁凿坏了,岂关才事?①

"才"就像木材一样,这木材当然是气质层面的。弯曲的木材可以用来做车轮,直的可以做栋梁。"才"是"气禀"的某种用的可能性。"才"是无所谓好坏的,好或者坏都是人为的。比如,弯曲的木材本来可以做车轮,却被人为地"毁凿坏了",这就不是"才"的问题了。在这个意义上,"才"更多的是在说"气禀"给人带来的一种潜在的可能性。这潜能有其固定的用的方向,无所谓好坏。比如,弯曲的木材不见得就是不好的,但是用弯曲的木材去做栋梁就用错了地方。气禀或气质之性是有善恶的。才虽出于气,却是无所谓善恶的。

程颐谈到气禀,有的时候是从清浊的角度上讲的,有的时候是从它的用的可能性上讲的。从用的角度讲就是"才",从清浊的角度讲就是"气"。理解程子这方面思想的时候,要注意其概念的复杂性。这种复杂性源于理论建构和经典解释的需要——必须在自己的思想和孔孟的理论表达之间建立起关联来。中国哲学的一个重要特点就是通过经典解释来发挥和创造。冯友兰先生在两卷本《中国哲学史》中把中国哲

---

① 《二程集》,第 207 页。

学的发展分成两个阶段,一个是子学时代,一个是经学时代。子学时代就是先秦诸子的原创的时代。经学时代是汉以后通过阐发经典来进行思想创造的时代。汉以后的中国哲学家基本都不是"横出",而是"纵出"的。所谓"纵出",就是再原创的哲学也要承接前代的伟大经典。

七　主敬

我们在前面讲到程颢的时候说过,程颢在道学基本话语的建构方面贡献极大。后来宋明道学的展开,基本上是在延续程颢的架构。比如在修养功夫上,程颢就特别拈出一个"敬"字,这确实是北宋道学的一大发明。"敬"这个字在《论语》《孟子》里并不常见,但"敬"的观念却隐含在其中的很多段落当中。比如《论语·颜渊》:"仲弓问仁。子曰:'出门如见大宾,使民如承大祭。'"孔子这里说的就是一个"敬"字。《中庸》讲"慎独",《大学》也讲"慎独","慎独"所要强调的也是"敬"。《中庸》第一章讲:"是故君子戒慎乎其所不睹,恐惧乎其所不闻。"里面也有敬畏的意思。然而,从汉代到唐代,却再没有哪个思想家强调"敬"字了。直到程颢出现,这个"敬"字才被重新拈出。程颢说:"敬胜百邪。"①"敬"可以点化一切邪妄的东西。

那么,什么是"敬"呢? 为什么"敬"在修养功夫里有这样根本的重要性? 程子说:

> 敬是闲邪之道。闲邪存其诚,虽是两事,然亦只是一事。闲邪则诚自存矣。②

这里的"闲"是防卫的意思。"敬是闲邪之道",与程颢所讲的"不是将

---

① 《二程集》,第119页。
② 同上书,第185页。

清来换却浊"①是一致的。"闲邪则诚自存",不好的东西一旦被克服掉,好的东西就自然彰显出来了。之所以要讲一个"性善"的道理,就是因为这是最"易简"的。如果人的本质是恶的,或者人干脆没有本质,那么,人伦日用中的种种规范就只能是"人旋安排"的结果。不应该是人忙忙碌碌地去安排、创造和发明人的生活方式,生活方式的安排应该根源于人的本质。好的生活安排得是符合人的本质倾向的。所谓的"邪"就是"不正","不正"本质上就是"不中","不中"则有"过"和"不及"。"闲邪则诚自存",是真正意义上的易简之道。把不正的东西清除掉,正的东西自然而然就出来了。社会生活中的"过"或"不及"通常是用"礼"来规范的,而真正的"礼"一定是与自然秩序相一致的。《礼记·乐记》篇讲:"大礼与天地同节。"礼的规范虽难免有人为的因素,但从根本上讲,却是根源于天道和人性的。在程子那里,忙与闲正是儒佛的分判处。程子与富弼有这样一段对话:

> 富公尝语先生曰:"先生最天下闲人。"曰:"某做不得天下闲人。相公将谁作天下最忙人?"曰:"先生试为我言之。"曰:"禅伯是也。"曰:"禅伯行住坐卧无不在道,何谓最忙?"曰:"相公所言乃忙也。今市井贾贩人,至夜亦息。若禅伯之心,何时休息?"②

富弼对程子说:你每天这么从容不迫,真是天下最闲的人。程子回答说:我做不到天下最闲的人。接着他问富弼:你觉得天下最忙的人是谁?富弼请程子明言。程子说:"禅伯是也。"富弼很惊讶:"禅伯念念不忘的都是道,怎么能说最忙呢?"程子曰:"相公所言乃忙也。今市井贾贩人,至夜亦息。若禅伯之心,何时休息?"你说的那"无不在道"正是最忙的表现。那些奔忙于生计的市井之人,到了夜里也就睡了,所以

---

① 《二程集》,第 11 页。
② 同上书,第 293 页。

哪怕再忙也有休息的时候,禅伯的心何时休息呢? 而且他那个"忙"只是在"强生事"。凭白生出许多事端,却又不是从人的本质出发的。人情所不可免的天天要压抑着,每天在跟人最根本的倾向做斗争。不可免的牵挂要克服,正当的欲望也要去克服,每天跟人的本质做斗争,得忙成什么样子? 程子的意思是:我顺理而行,不就是天下最闲在的吗? 这个"天下最闲人"的"闲"字,讲的就是"易简"。

敬既是闲邪之道,那么如何理解"敬"呢? 程子说:

> 所谓敬者,主一之谓敬。所谓一者,无适之谓一。①

"主一"就是精神凝聚专一的状态。当然,光讲专一显然是不够的。一心一意地就爱赌博,一心一意地就是好色,也是专一。所以,程子进而讲:"一"是没有任何具体对象的情况下,内心保持收敛、整齐、专一、纯净的状态。"主一无适",就是没有任何对象和方向的精神凝聚、炯然在中的状态。程颢说:"心要在腔子里。"②与"心在腔子里"相反的就是心不在焉,心全然不在此处。把心收到自己腔子里,就是"主一无适"。对于今天的人来说,"敬"是打破自我中心主义和个人主义的良药。"敬"把个人还原到恰当的位置上去。往往越是沉迷于自我的人,越不幸福。自我观念太强的人得失心就重,患得患失,永远在煎熬中。凡事出于公心,再焦虑也有限。"敬"这个字可谓点雪洪炉,一切纷扰都能消得净尽。

必须注意的是,程子讲的是"敬",而非"静"。有人问程颐:"敬莫是静否?"程颐回答说:

> 才说静,便入于释氏之说也。不用静字,只用敬字。③

---

① 《二程集》,第169页。

② 同上书,第96页。

③ 同上书,第189页。

这与周敦颐、邵雍对"静"的关注已经有很大的不同了。程子自觉地将儒家的修养方法与佛教区别开来。《孟子·公孙丑上》曰:"必有事焉,而勿正心,勿忘,勿助长。"儒家的根本修养功夫不是静坐,而是在事上磨炼。人就是一件事、一件事认真做去,在事上去印证此心,在事上去磨炼此心。在程子看来,只要讲到这个"静"字,就已经落到禅宗那边去了。

八 格物致知

北宋的时候,《大学》的重要性已经得到了极大的提高。无论治学还是修身,《大学》都是绕不过去的门径。而《大学》所讲的"格物"究竟如何理解,却始终是个问题。程颐讲格物时说:

> 格犹穷也,物犹理也,犹曰穷其理而已也。[1]

格物就是穷理,就是研究事物的道理,把事理弄明白。在讲到格物的具体内容时,他说:

> 穷理亦多端:或读书,讲明义理;或论古今人物,别其是非;或应接事物而处其当,皆穷理也。[2]

穷理可以从多方面着手:读书讲明义理,讨论古今人物、分辨是非,在应对事物的时候看能否恰当地处理,都是穷理的功夫。值得注意的是,程子讲的穷理显然包含了对客观事物之理的探索。这样的格物观念,强调了明理的重要性。以"敬"来涵养,藉以调整和澄治人的气质之偏,这固然重要,但更重要的是明道理,明理才是根本。

程子强调"真知"与一般的"知"的不同。"真知"就是深入而切己

---

[1] 《二程集》,第316页。

[2] 同上书,第188页。

的知,知得深方能行得实。比如,我们都知道火烫,见到火自然会躲。这就是由真知而来的实行。但是,人的大部分"知"都不是"真知"。因为没有亲身经历过,即使知道了也未必能够做到。《大学》在"格物致知"下面讲"诚意",就是要解决知行不能合一的问题。程子对"格物"的理解对朱子产生了深刻的影响。

"五四"以来严苛的批判,使得时至今日仍有很多人对程颐抱有成见。比如关于寡妇再嫁的问题。有学生问程颐能不能娶再嫁之妇,程子说不可娶。那学生接着问:她没有生计,饿死了怎么办? 程子回答说:"饿死事极小,失节事极大。"[1]后来戴震批评说:这是"以理杀人"。单就这个问题,我们可以说程子有苛刻之处。但如果撇开具体问题一般地看,那么"饿死事小,失节极大"其实是人类社会普遍强调的伦理原则。贺麟先生说:"人人都有其立身处世而不可夺的大节,大节一亏,人格扫地。"[2]即使是寡妇再嫁的问题,程子也不是一味取苛刻的态度。当时常会有人因为一个极小的理由出妻,比如当着婆婆的面骂狗。有人问程子这样做是不是太苛刻了,程子说:应该不是因为这么小的事就出妻。之所以出妻,一定是因为妻子有更大的过恶。但不能以这种大的过恶为理由出妻。出妻得考虑她将来的生路,得让她有再嫁的可能。所以表面上的苛刻,背后其实是有非常忠厚的考虑的。这跟孟子解释孔子以微罪去鲁的原因,是同一个道理。孔子离开鲁国的时候,找的是一个极小的借口——"郊祭不致膰"。后来就有人说:孔子离开鲁国是因为没吃上肉。实际上,孔子以微罪行,是要为鲁国国君分担一部分过错;是不想用自己的离开,彰显出国君的过恶来。于程子宽厚的话一概不取,不考虑具体语境,从割断的上下文中截出一句,然后不遗余力地批判,这显然不是知人论世应有的态度。

---

① 《二程集》,第 301 页。

② 参见贺麟:《文化与人生》,北京:商务印书馆,1988 年,第 192—193 页。

第十三讲

理气动静：朱子的哲学

朱熹字元晦，一字仲晦，生于宋高宗建炎四年(1130)，卒于宋宁宗庆元六年(1200)。号晦庵，又号紫阳先生、考亭先生、沧州病叟、云谷老人等，晚年号遁翁。祖籍徽州婺源，生于福建尤溪，因为他长期在崇安、建阳讲学，所以思想史上称朱子的学派为闽学。

朱子在中国思想史上的地位是非常崇高的，可以认为是孔孟之后，一人而已。我甚至觉得在很多方面，朱子的思想是超过孟子的。朱子学问的格局极大。不仅思想深刻，学问也极广博，且诗文俱佳。与程子终身只是谨严不同，朱子自有活泼生动处。朱子喜饮酒，常酒后纵歌。张栻曾为此专门写信规劝。其《观书诗》曰："半亩方塘一鉴开，天光云影共徘徊，问渠那得清如许，为有源头活水来。"①与这样的诗相比，唐诗大都显得雕琢。看朱子用词，无一丝锤炼的痕迹，全是自然流淌出来。

朱子的哲学主要是以程颐的思想结构来统合北宋其他哲学家的理论探索，他把北宋五子的贡献都凝结在自己集大成的哲学体系当中。在哲学探索的同时，朱子对儒家经典也做了系统的整理和阐释，以"四书"为核心重塑了儒家经典的格局，为宋以后中国文化的展开奠定了新的基础。

----

① 《朱子全书》(第二十册)，第286页。

一　体用

我们前面已经强调过"体用"在不同哲学家的话语系统中的复杂性。在讲到"体用"时，我们常常把这两个概念用得太过简单，忽略了其上下文中的具体所指，从而把很多思想的可能消解掉了。在哲学表达的历史中，"体用"这对曾经极具揭示力的概念，由于在既有研究中简单僵化的使用，失去了其固有的揭示力，反而成了某种遮蔽——只要将问题纳入到体用范畴当中，似乎就获得了解决。这样一种语焉不详的惯习，使得进一步深入思考的道路隐没在含糊笼统当中。

在朱子的思想里，"体用"这对概念是得到了具体充分的分析和讨论的。而他的体用观又是以其整体世界观为基础的。在朱子眼中，作为大化流行的总体的世界，是有几何学般的对称和均衡的。朱子说：

> 大抵天下事物之理，亭当均平，无无对者，唯道为无对。然以形而上下论之，则亦未尝不有对也。盖所谓对者，或以左右，或以上下，或以前后，或以多寡，或以类而对，或以反而对，反复推之，天地之间，真无一物兀然无对而孤立者。[1]

"亭当"就是稳当，道理一定是稳当均平的。"无无对者"，没有无对立面的存有。如果一定要说有无对的，那只能说"唯道为无对"。但以形上、形下论，道也是有对的。而所谓的"对"，"或以左右，或以上下"，既有左右、上下，空间的结构就出来了；"或以前后"，有了前后，时间就出来了；"或以多寡"，既有多寡，数量就出来了。"或以类而对，或以反而对"，有些东西相对是因为彼此相似，有些东西则是因为彼此相反而相对。因此他说，反复推演，世界上没什么东西是孤立无

---

[1] 《答胡广仲》，《朱子全书》（第二十二册），第 1904 页。

对的。这是对程子"无独必有对"的思想的发挥,也是朱子世界观的完整体现。

这种几何学般对称均衡的世界观,在朱子那里,成了衡量道理的标准——正确的道理不可能是有体无用、有阳无阴的。在批评胡广仲时,朱子说:

> 故凡以左右而对者,则扶起其一边;以前后而对者,则截去其一段。既强加其所主者以无对之贵名;而于其所贱而列于有对者,又不免别立一位以配之。于是左右偏枯,首尾断绝,位置重叠,条理交并。凡天下之理势,一切畸零赘剩、侧峻尖斜,更无齐整平正之处。[①]

朱子认为胡广仲所论,或者有体无用,或者有用无体,体用之间悬隔;或者悬空立一个不需要的概念,标榜以无对之名。偏于左则背离右,偏于右则背离左。空间上不均衡,时间上也无照应。在朱子看来,凡是这种有始无终、有体无用、有左无右、有上无下的道理,一定是不对的,因为世界不可能是"畸零赘剩、侧峻尖斜"的。朱子在整理《太极图》的时候,对当时流传的各种版本都做了检讨。在有些版本的《太极图》中,太极被画成了不对称、不平整的样子。朱子说这样的太极就成了"尖斜"的太极。天下的道理一定是齐整平正的。这种齐整平正,其实就是"对"的具体体现。"体用"是最重要、最根本的一对。

朱子有不少关于体用的讨论,最主要的集中在《朱子语类》第六卷,其中有连续六则语录全都在讲体用问题。通过这几则语录我们可以了解朱子的体用观的丰富含义。在以水作比喻讲体用问题时,朱子说:"如水之或流,或止,或激成波浪,是用",就是说水的各种具体的动态变化,是水的"用";而"即这水骨可流,可止,可激成波浪处,便是

---

① 《答胡广仲》,《朱子全书》(第二十二册),第 1904 页。

体"，以水的物理特性为基础的各种可能性是体。以身体为喻，朱子说：我们的身体是"体"，"目视，耳听，手足运动"就是"用"。① 朱子还说过：现在的是"体"，后来生的便是"用"。这里，体用又与时间性关联起来。从现成的事物的结构角度上讲，静态的结构是"体"，而依此静态结构而发生的种种运用就是"用"。又讲："天是体，'万物资始'处便是用。地是体，'万物资生'处便是用。就阳言，则阳是体，阴是用；就阴言，则阴是体，阳是用。"②这里又是以《周易》的《乾》《坤》两卦的《象传》言体用。我们一般讲静的是体，动的是用，但是在朱子那儿阴阳又互为体用。朱子又说："体是这个道理，用是他用处。"③比如"无独必有对"是这个道理，我们在观物时看到的真实的互为条件、互相作用的关系就是用。朱子还有"礼是体"的讲法，引来学生的疑问：

> 问："先生昔曰'礼是体。'今乃曰'礼者，天理之节文，人事之仪则。'似非体而是用。"曰："公江西有般乡谈，才见分段子，便说道是用，不是体。"④

"乡谈"就是没见识的村言。这里的江西人应该指的是江西陆氏。朱子不同意那种认为只要分了体段的就不是体而是用的说法。他认为体不是浑沦无分别的。既是"天理之节文"，就已经是有分别、有内容的了。如果说不分体段的是体，分了体段的就是用，那就等于说尺子只要有了刻度就不再是体了。如果只守着一个没有内容的体，那体用之间就隔断了。这样的理解，显然是"畸零赘剩、侧峻尖斜"的。体不是无星之秤、无寸之尺。在儒家的价值系统里面，仁、义、礼、智显然是有分

---

① 《朱子语类》，第101页。

② 同上。

③ 同上。

④ 同上书，第101—102页。

别的,是分了体段的,不能因为分了体段,就将其理解为用。在朱子那里,仁、义、礼、智显然是"体",是天理层面的,属于形而上者;但它们既然有了分别,分了"段子",就一定有其气质性的倾向。将太极理解为浑沦无分的、无内容的体,其余分了体段都看作用,此种空洞的"体"正是朱子要批判的。

概括地说,朱子的"体用"概念,至少包含如下三个层面的内涵:其一是"始终"。"大哉乾元,万物资始",是"诚之通",强调"物之生";"乾道变化,各正性命",是"诚之复",强调"物之成"。[①] "生"对应"始","成"对应"终"。站在"终"的角度,看万物之"成",那么"始为体"而"终为用";从"始"的角度,看万物之"生",则"终为体"而"始为用",因为此物之始必源于彼物之终,有"成之终"才能有"生之始"。

其二是"动静"。总体说来,朱子讲"体"的时候,更多是从"静"的角度讲的;讲"用",就主要强调"动"的意思。这只是一般的讲法,不能一概而论。正如前面提过的,就"阳"言,则"阳"为体而"阴"为用;就"阴"言,则"阴"为体而"阳"为用。阴阳、动静是互为体用的。

其三是可能性与现实性。在朱子那里,可能性是体,可能性的具体实现是用。这样的用法,与始终、动静的内涵是相关联的。如果以可能性为始,则可能性的具体实现就是终。当可能性仅仅停留在可能的层面时,就是静的。这样一来,可能性的实现就属于动了。

二　太极

在讲北宋五子的哲学时,我曾指出,北宋哲学家提出了三个实体概念,即周敦颐的"太极诚体"、张载的"太极神体"和二程的"太极理

[①]　参见《通书注》,《朱子全书》(第十三册),第97—98页。

体"。整个北宋道学的发展,到朱子这里有了一个集大成的综合。北宋道学的核心关切是如何为合道理的生活方式奠定哲学基础。在我看来,任何一种哲学都指向某种生活安排,要为这种生活安排提供哲学上的根据。北宋五子的哲学探索被朱子结构在了一个集大成的系统当中,而这一哲学系统的最高概念就是"太极"和"天理"。《太极图解》开篇解《太极图》的第一圈,说:"此所谓无极而太极也。"①这个"无极而太极"就是所以动而阳、静而阴的本体。换言之,天理就是阴阳、动静的"所以然"。"无极而太极"也就是《诗经》所说的"上天之载,无声无臭"②,是"无形而有理"③。"太极"即"天理",是真正意义上的形而上者。

但这形而上者的具体内涵到底是什么呢?关于天理的内涵,二程并没有给出明确的解释。既有的哲学史研究,对于朱子的"天理"概念也多是似是而非的说法,比如将其理解为共相、规律等等。太极或天理当然是万物之所以然。但仅仅停留在这样笼统的层面,是无法展开进一步的深入追问和思考的。对于朱子这样的哲学家,任何的含糊其辞都是对其哲学精神的背离。所以,我们有必要对天理的内涵给出具体明确的,或者说至少是可以证伪的解说。

要解决这一问题,得从朱子对"格物致知"的理解入手。在朱子那里,格物就是穷理。我们可以从他格物的方向,看他所要穷的"理"是什么样的理。也就是说,我们先去了解朱子所穷之理,然后再来讨论"天理"内涵的问题。《大学章句》的相关部分主要是在解释"格物致知",对于格物的内容则说得比较笼统。相较而言,还是《大学或问》说得详尽:

---

① 《太极图解》,《朱子全书》(第十三册),第70页。

② 《太极图说解》,《朱子全书》(第十三册),第72页。

③ 《朱子语类》,第2365页。

若其用力之方,则或考之事为之著,或察之念虑之微,或求之文字之中,或索之讲论之际。使于身心性情之德,人伦日用之常,以至天地鬼神之变,鸟兽草木之宜。①

这里所讲的"格物"的范围,从人伦到自然无不涵括其中。朱子本人就是这样做的。《朱子语类》载:"王丈云:'昔有道人云,笋生可以观夜气。尝插竿以记之,自早至暮,长不分寸;晓而视之,已数寸矣。'次日问:'夜气莫未说到发生处?'曰:'然。然彼说亦一验也。'后在玉山僧舍验之,则日夜俱长,良不如道人之说。"②朱子对每一事物都有自己认真的思考研究,而这些思考研究又都能跟他的哲学思想统一起来。

如此宽泛的穷理的内容,研究的目标是什么呢?朱子是要让人们通过这样的格物实践,体认事物当中的"天理"。更具体地说,就是:

所当然而不容已,与其所以然而不可易者。③

这是朱子对天理概念的最完整的表述。"不容已"这一表达可以有两种解释:其一是"不得不这样",如果这样解释,那么"不容已"就是一种必然;另一种是"必须得这样",如果这样理解,"不容已"就是一种道德命令。"所以然而不可易"是讲固有的、恒常不变的根据。在今本《四书或问》中,是有"所当然而不容已"和"所以然而不可易"这两句话的。但在陈淳与朱子的书信中可以看出,"其所当然而不容已"与"其所以然而不可易"是朱子曾经的讲法,后来他把"所以然"一句去掉了,因为只说"所当然而不容已"就足以把天理讲清楚了,"所以然"的意思是可以包含在其中的。④ 陈淳有一段关于"天理"的详密讨论深得朱子的激

① 《大学或问下》,《朱子全书》(第六册),第527—528页。

② 《朱子语类》,第3288页。

③ 《大学或问下》,《朱子全书》(第六册),第528页。

④ 参见《答陈安卿》,《朱子全书》(第二十三册),第2736—2737页。

赏。陈淳说：

> 理有能然，有必然，有当然，有自然处，皆须兼之，方于"理"字训义为备否？且举其一二：如恻隐者，气也；其所以能是恻隐者，理也。盖在中有是理，然后能形诸外为是事。外不能为是事，则是其中无是理矣。此能然处也。又如赤子之入井，见之者必恻隐。盖人心是个活底，然其感应之理必如是，虽欲忍之，而其中惕然自有所不能以已也。不然，则是槁木死灰，理为有时而息矣。此必然处也。又如赤子入井，则合当为之恻隐。盖人与人类，其待之理当如此，而不容以不如此也。不然，则是为悖天理而非人类矣。此当然处也。……又如所以入井而恻隐者，皆天理之真流行发见，自然而然，非有一毫人为预乎其间，此自然处也。①

理有四个方面：能然、必然、当然、自然。具体来说，以《孟子》中"今人乍见孺子将入于井，皆有怵惕恻隐之心"为例，人之所以能有恻隐之心是因为我们内在固有的天理。这个能然的恻隐之心不是想不生发就不生发，而是遇到相应的情景想不生发恻隐之心都不可能，所以是一种必然。而从道理上讲，遇到这个情景本就应该恻隐，所以是当然的。这个恻隐之心并不是人为造作出来的，所以是自然。在上述对恻隐之心的分析中，理的"能然、必然、当然、自然"四个方面得到了充分的展现。朱子对陈淳的这一阐发也极为欣赏，认为陈淳讲出了他自己要讲的道理。当然，这个讲法也不是全无问题。陈淳把"能然、必然、当然、自然"平铺在那里，并没有明确讲哪一个是核心。而朱子在回复陈淳时指出：真正讲明了"所当然而不容已"，则能然、必然、自然等方面就包含其中了。由此看来，在朱子那里，天理就是"所当然"，或者说"应然"。

但是这里又衍生出一个问题来——天地万物是如何具有其"应

---

① 《答陈安卿》，《朱子全书》（第二十三册），第 2736 页。

然"的,这个背后的"应然"到底是什么? 朱子讲"不容已"时,并没有仅仅从道德律令方面讲——把"不容已"仅仅理解为"不应该不这样做",而是同时强调了"不得不如此做"的必然性的。《朱子语类》中有这样一段对话:

> 问:"《或问》云:'天地鬼神之变,鸟兽草木之宜,莫不有以见其所当然而不容已。'所谓'不容已',是如何?"曰:"春生了便秋杀,他住不得。阴极了,阳便生。如人在背后,只管来相趱,如何住得!"①

春生而后就有秋冬之杀,阴阳交代,有始就会有终,好像有人在后催迫般,不得停驻。这里的"不容已"就包含了"必然性",而非脱离必然性来谈空洞的、道德上的应然。朱子的上述表达不是偶然的,在《周易本义》里有几处相同的表达。比如,在解释《无妄》卦《象传》之时,朱子就用了"天命之当然"的概念。② 在《周易本义》中,"天命之当然"有的时候也表达为"天运之当然"。③ 此处的"当然"显然不是康德意义上仅仅作为道德律令的"应然"。用康德的"自律""他律"来衡量朱子,其实是在矮化朱子。

天理既是"必然",又是"应然",但以何者为主仍然是个问题。结合前面朱子和陈淳的讨论,则"所当然"是天理之根本。所以,我曾在文章中指出:天理的内涵是"所当然"的具体化。④ "所当然"不是抽象的,最抽象的"所当然"是"做你应该做的"。这当然有意义,这是一个道德律令,是知行合一的根本,《大学》讲"诚意",重心也在这里。但问

---

① 《朱子语类》,第413—414页。

② 《周易本义》,《朱子全书》(第一册),第96页。

③ 同上书,第94页。

④ 杨立华:《天理的内涵:朱子天理观的再思考》,载《中国哲学史》2014年第2期。

题是,所有的"应然"都必须弄清楚几个方面问题:第一,为什么应该?第二,应该怎么做?而"为什么应该"又衍生出两个问题:第一,为什么必然要这样做?第二,为什么可以这样做?由此可见,所有的"应然"里面都有陈淳所说的"能然、必然、当然、自然"的完整展开。以"当然"为核心,"能然、必然、自然"的完整展开,就是"天理"的真正内涵。简单概括之,最高的"天理"就是"生生之理",就是生生不已的必然和当然。

将天理理解为"所当然"的具体化,在朱子那里,我们可以找到明确的根据。《语类》中有这样一段话:

> 人多把这道理作一个悬空底物。《大学》不说穷理,只说个格物,便是要人就事物上理会,如此方见得实体。……且如作舟以行水,作车以行陆。今试以众人之力共推一舟于陆,必不能行,方见得舟果不能以行陆也,此之谓实体。[1]

这个"实体"就是"能然、必然、当然、自然"的完整展开,就是"所当然"的具体化。未见实体而空讲道理,这样的抽象的"所当然"只是"想当然"而已。由这样的"所当然"出发,就难免推舟于陆,对实际的生活没有任何真正的指导意义。

三 理与气

我们在前面讲过,程子以"所以"二字强调出形而上与形而下的分别以后,一个巨大的哲学思辨的空间就敞开了。形上、形下指涉的就是"理""气"的问题。对于程朱理学,有两点必须明确:第一,最真实的、始终存在的是"理"不是"气",所以"理"为本;第二,凡是"气",皆有消

---

[1] 《朱子语类》,第 288 页。

尽之时,但"气"消尽并不意味着"理"也消失了。气有生灭,理无成毁。

形上、形下的明确区分,使得很多潜在的问题浮现出来。理作为包含"必然性"的具体化的"所当然",是形而上者。形上之理与形下之气何者在先?作为形而上者的理是如何有动静的?朱子说:"太极动而生阳",是"天命之流行""天命之当然"。但太极或天理既是形而上者,又如何能动呢?一谈动静不就落入时空范畴当中了?既然万事万物都根源于天理,而天理是纯善的,那么它怎么会创造出一个参差不齐的世界?换句话说,在万物生成以后,"理"作为本质遍在于万物之中,那么,是否所有的万物属性都来自于"太极"呢?如果是的话,那万物之间的差异从何而来?如果不是,则万物的统一性何在?朱子对这些问题都做了详密深细的思考。

(一) 理生气

朱子明确有"理生气"的讲法。但这种讲法到底是偶然的说法,还是其思想体系固有的结构性论述呢?朱子明确说"理生气"的地方极少。在《语类》和《文集》当中只有一条:

> 谦之问:"天地之气,当其昏明驳杂之时,则其理亦随而昏明驳杂否?……若气如此,理不如此,则是理与气相离矣!"曰:"气虽是理之所生,然既生出,则理管他不得。如这理寓于气了,日用间运用都由这个气,只是气强理弱。"[1]

值得注意的是,朱子说出"气虽是理之所生"这一论断时,并没有引起弟子的质疑。由此可见,这一思想在朱子及其门人那里,是一般的共识。但这样一种有普遍共识的思想,朱子为什么极少谈及呢?

合理的解释只能是:"理生气"所要表达的道理是朱子及其门人普

---

① 《朱子语类》,第71页。

遍接受的,但这个说法却不是其标准的理论表达,只是问答中较为随意的偶然说法。实际上,在朱子的哲学话语中,这一思想的更为准确的表达是"理必有气"。也就是说,只要有理,就必然有其气质性的倾向。用体用概念说,则"理必有气"是说只要有这个"理",就必然体现为相应的"用",必然体现为时空当中的某种可感的东西,体现为象或形。即使最高的形上者——理或太极,也有其气质性的倾向:实有和分别。我们在前面讲过,"理"的本义是治玉,有"使纹理显现"之义。所以,理本身就有动态的产生差异的倾向。由于理总是在不断地分别,本身就构成了一种动的倾向,这种动的倾向可以称之为"理之用"。"理之体"是静的、不变的。气有变化、始终,理本身却无生灭、成毁。理只是作为所有差异、条理基础的实有的、分别的根本倾向。天理作为最高的形上者都有分别的倾向,何况更为具体的理。气不是别有根源的,只是理的气质性倾向而已。

只有在此基础上,朱子的许多论述才能得到理解。比如,朱子关于仁义阴阳的讨论。朱子《太极图说解》刊行以后,受到了广泛的质疑。朱子为之辩护甚力。在众多的质疑当中,一个重要方面就是:朱子在"仁义中正"间区分了体用阴阳。在朱子看来,"仁义中正"就是"仁义礼智"。"仁义礼智"又分阴阳体用:"义""智"属"阴","仁""礼"属"阳";"义""智"为"体","仁""礼"是"用"。这样的说法引来多方质疑。因为按照当时的普遍理解,仁义礼智皆是天理,在仁义礼智间分阴阳,岂不是说理变成气了?其实朱子强调的是理的气质性倾向。仁就有积极的意思,义就有消极的意思。在朱子那里,"仁义礼智"对应"元亨利贞",同时对应"生长收藏"的四个阶段。"生、长"是舒发开来的状态,故属"阳";"收、藏"是闭敛的状态,故属"阴"。而阴阳、动静、阖辟,都是理本体固有的气质性倾向。

既然"理必有气",气只是理之气,那么理为什么管束不得它?所以要进一步讨论理强还是气强的问题,究竟是理强气弱还是气强理弱。

气是理之用,理必有气,有这般理就有这般气。仁就有个阳的意思,义就有个阴的意思。所以才说仁阳而义阴。当然,后来朱子又有更为复杂的表达——"仁体刚而用柔""义体柔而用刚"。为什么由"当然"之理生出来的气会有驳杂之气?所谓驳杂之气就是不善之气。理是善的,气作为理之用就应该生出善的气来,为什么会有不善的气呢?关于气强还是理强的问题,朱子实际上是说,一旦变成了个体以后,气强过理。一般的事物身上,理在气之中的体现是直接的,刚的就是刚的,柔的就是柔的。水、火、木、金、土,五行各有其气质,每种气质都是理的一偏而非完整的体现。理的一偏,也就是理的某一个方面突出出来。金就是金之气,木就是木之气。甚至到了动物那里,都是这样。朱子讲,虎狼就是个义,所以《语类》中有一段讲到老虎被射杀的时候,临死前最后跑的那几步都是直的,因为虎的气直。① 至于动物和植物,按理说动物的气更灵,植物的气不灵,因为植物没有知觉。但朱子说植物也有植物的好处,动物一死,没过几天就腐烂了,植物死了却很久都不烂,所以相比起来植物的形魄又比较强。再下面就涉及到人心的问题。动物身上禀得的某一方面的理比较突出,这理就直接地表现出来。但人就比较复杂,人能够主动地知觉这个理,当然也能够主动地拒绝去知觉这个理。这就有了一个主观选择的问题,而不再是理的直接体现。②

天地生生不已之理,是不断地创生的。世间万物如果只创生一次就结束了,那么这个世界就简单了,就是纯善无恶的。从太极到两仪、两仪到四象、四象到八卦、八卦到六十四卦,当然还可以再分下去,但无论怎么分都是纯善无恶的。但问题是,所谓生生不已,不是今天生完了,明天就不生了,它是每时每刻都在生长出新的东西来,每时每刻都在生长出新的阴阳之气,那么这个新的阴阳之气和旧的阴阳之气之间,

---

① 参见《朱子语类》,第 60 页。

② 同上。

就自然而然形成了某种冲突。生生之理必然要落实为有限的东西。有限的存有,都要经历生、长、收、藏的阶段。前一个阶段的有限的物还没结束,新的有限的事物又生出来了。于是就形成了冲突。不同的事物处在不同的阶段,有的处在生的阶段,有的则到了藏的阶段。导致这个世界充满了冲突的原因就在于该结束的不结束,就对后来的生长形成了阻碍。恶不是别的,不过是各种形态的过和不及而已。当生的阶段,生得过了,是恶;生得不及,也是恶。人处在顺境,自然容易生过度的倾向。生的阶段鲜花怒放,但如果已经该凋谢了却还要顽固地怒放,那就不好了。具体的道理也有其适用的阶段,所以是有终结的。而普遍的天理却是恒常不变的。

(二) 理气先后

接下来讲理气先后的问题。实际上,讲完理生气的问题,理气先后的问题就已经有答案了。我们前面讲了"理必有气","理必有气"也就意味着不可能有"孤露"之理。理为本,气为末;理为体,气为用。在根本层面上可以说理优先于气,但在具体的实存中则无所谓先后。所以朱子讲:"理未尝离乎气。然理形而上者,气形而下者。自形而上下言,岂无先后!"①

我们之所以要特别辨明这点,在于朱子对理的根本地位的强调中,有一些容易产生误解的说法。比如他说:

> 且如万一山河大地都陷了,毕竟理却只在这里。②

这样的讲法似乎又有理是时间上在先的意思。有些学者认为,"且如万一山河大地都陷了"是在说有可能出现只有理没有气的阶段。这样

---

① 参见《朱子语类》,第3页。
② 同上书,第4页。

的理解显然是不能成立的。在朱子的哲学话语里,山河大地虽然大,但仍然是有形的物。既是有形的物,也就一定是有限的,终会灭尽无余。也就是说,在朱子"理必有气"的思想系统当中,是有可能出现没有任何具体事物的宇宙发展阶段的。但是,即使在没有任何具体事物的时候,理也不是孤立存在的,理仍然跟气结合在一起。那种情况下的气,就是天地公共之气,也就是没有任何具体形质的气。朱子曾经说,天地最初不过是水火二物。山峦最初也是柔软的,因此呈波浪状。所以,在理论上的确可能出现"山河大地都陷了"的阶段,但即使"山河大地都陷了",毕竟理还在那里。既然理在,气就在。实存的世界依然是理和气的结合,只不过这时候的气处在极简单的分别状态,而不是以山河动植等具体的形式存在罢了。

一般地讲,理、气之间不能说谁在先、谁在后,理气先后的问题讨论的是何者更为根本的问题。在朱子那里,究竟理是第一性的还是气是第一性的?这是一个根本问题。如果理、气都是第一性的,那就成了二元论,就不再是一本了。在朱子的思想里,理是第一性的。从根本性上看,理更根本;从实在性上看,理更实在。气是理之气,或者气是理之用。只要是气,就一定有生灭、成毁。不管什么样的气,都有生灭,而且是完全彻底的消灭,没有任何遗存的消灭。理解程颐和朱子,特别重要的一点就是在他们的思想里没有永恒的质料。物质不灭的观念,在程朱那里是不成立的。这是程朱与张载的最大区别。气,来无所由,去无残迹。关于理气先后,朱子通常的表达是:理气本无先后,但是,如果你一定要推上去,看起来却像是理在先、气在后似的。[①] 当然,朱子强调,这个理在先、气在后,不是说今日有是理,明日再有是气。不是时间上的先后关系。理在先,是逻辑上的在先。

———————————

① 《朱子语类》,第 3 页。

(三) 理气动静

接下来我们讲理气动静。关于理气关系,特别关键的一个问题就是太极动静。《太极图说》讲"太极动而生阳,动极而静,静而生阴,静极复动。一动一静,互为其根",强调的是动静互为条件。但问题是太极如果有动静,那么太极岂不成了具体的物? 太极是形而上者,形而上者就没有时空的位置,既然没有时空的位置,何以能有动静呢? 如果有人问:理存在在哪儿? 我会回答他说:你问错了。因为"哪儿"作为空间的位置,是根源于太极的。理是时空之本,问太极存在在哪儿,那也就等于将太极当成形而下的了。在朱子那里,形上、形下的分别是非常明确的。

既然太极不在时空关系里,则太极显然是不能动静的。那如何理解《太极图说》里的"太极动而生阳"呢? 有学者以为:太极动静应理解为太极含动静之理。这种理解的根本问题在于违背了一本的原则,"理论补丁"太多,无法从一个根本的原则里推演出其他的道理来。如果太极含动之理、静之理,是不是还得有时间之理、空间之理? 进一步地,是不是还得有大小之理、上下之理? 在朱子那里,太极或天理就是一个生生之理。这生生之理是天命之流行,永不停息地创生。只有这是根本。一切原理皆根源于此。

关于太极动静的问题,朱子与弟子有很多讨论。有弟子问:太极动静,是否可以理解为"太极兼动静而言"。"太极兼动静",也就是说太极贯通在动静当中。对此,朱子回答说:"不是兼动静,太极有动静。"[①]很显然,这里面"有"这个字非常关键。在《语类》的另外一段材料里,朱子讲:

---

① 《朱子语类》,第 2372 页。

阳动阴静,非太极动静,只是理有动静。①

"太极兼动静"和"理有动静"的区别,在朱子那里,显然是经过深思熟虑的。动静与阴阳的关系,不是动了以后才生阳,静了以后才生阴,动和阳分成两段,静和阴分成两段。朱子明确说:

"太极动而生阳,静而生阴。"非是动而后有阳,静而后有阴,截然为两段,先有此而后有彼也。只太极之动便是阳,静便是阴。②

不是动和阳、静和阴截然分为两段,而是"太极之动便是阳,静便是阴"。以上是朱子关于太极动静问题的经典论述。那么,如何将这几个经典论述结合起来,从而获得对太极动静问题的确切的理解呢? 关于理气动静的问题,朱子还有一个总结性的论断:

盖太极者,本然之妙也;动静者,所乘之机也。③

"太极者,本然之妙"的这个"妙"字,强调的是创生义。那么什么是"所乘之机"呢? 朱子说:

机,是关捩子。踏着动底机,便挑拨得那静底;踏着静底机,便挑拨得那动底。④

"关捩子"是一种能转动的机械。朱子以此来比喻动中含静、静中含动的道理。"太极有动静",强调的是太极就是相互包含的动静的根本,同时太极又必定体现为互为条件的动静。

关于理气动静的问题,朱子用过一个人跨马的比喻。这个比喻在

---

① 《朱子语类》,第2374页。

② 同上书,第2373页。

③ 《太极图说解》,《朱子全书》(第十三册),第72页。

④ 《朱子语类》,第2376页。

把道理形象化的同时,也加深了将天理或太极视为某个具体物件的错误印象:

> 理搭在阴阳上,如人跨马相似。①

不过由此引出的问题本身是真实的:理既寓于万物当中,那么具体事物中的理是否会随物而动,就像马行人亦行那样?举个例子,我们拿起这本书,书的理是否也随之而动?书有其质性,它的质性会不会随着它的运动而运动?人跨马的比喻,讲的应该是具体事物这个层面的问题。也就是说,在朱子看来,具体事物运动,事物中的理也随之而动。比方说一物体上的"刚"的属性,物在动,这物上的"刚"性也随之而动。我们能体会到的事物的运动,不就是它的"刚"的属性在运动吗?人走在操场上,被球砸了一下,不就是这个皮球的刚性移动到了人身上吗?当然,物的质性并不在天理或太极之外。一切质性都是天理或太极的具体体现,不是别有根源的。

所以,关于理气动静的问题,我们得把不同层面的问题分开来看:一个层面是太极动而生阳的问题,一个层面是具体事物的理的动静的问题。当我们说太极有动静的时候,实际上是指认理本体分别的倾向;当我们说事物的理有动静的时候,实际上是表达根源性的生生之理正是通过具体事物的生灭变化实现的。事实上,"理有动静"与"理必有气"是完全一致的。理必有其气质性的倾向,而一旦落实到气质的层面,则动静已经包含其中了。

(四) 理一分殊

"理一分殊"这个命题来源于程子。二程教育自己门人的时候,一般是以《西铭》作为入门功夫的。杨时是程门高弟,当然也以读《西铭》

---

① 《朱子语类》,第 2374 页。

为入手处。杨时后来怀疑《西铭》有流于兼爱的倾向。因此专门写信去问程颐。程颐回答他说：

《西铭》明理一而分殊，墨氏则二本而无分。①

在程子这句话里，"分"字应该读成四声。这里的"理一分殊"是说爱之理都是一样的，而爱的分(fèn)却有不同。对天地的爱，对父母的爱，对君主的爱，对大臣的爱，都有所不同。所以，爱自然是有差等的。"理一分殊"强调《西铭》的原则是爱有差等。这是程子所讲的理一分殊的原本含义。到了朱子那里，"理一分(fèn)殊"在很多地方被读成了"理一分(fēn)殊"。这并不是说朱子不了解"理一分(fèn)殊"这种读法，朱子强调"理一分(fēn)殊"是出于他的哲学理论建构的需要。当然用理一分殊来表述理和万物之间的关系，应该是道南学派的一贯主张，不是朱子的发明。但朱子对这个问题的解决要更为系统和深入。

"理一分殊"要解决的是这样的问题：万物形成以后，太极是否还寓于万物之中？如果太极还寓于万物之中，那么这个太极与作为生生不已的根源的太极之间又是什么关系？如果太极不在万物之中，那岂不是说，万物的本性与太极无关，或者不是根源于太极的？如果太极在万物之中并且作为万物的本性，则万物都完整地禀得了理，那么万物之间何以会有差异？所有这些问题，在朱子那里都可以统摄在"理一分殊"的命题当中。

实际上最初的思想困境之所以会产生，是因为我们把太极当成了一个物件。在语言当中，我们不自觉地把太极当成了一个东西。好像万物禀得太极是说万物禀得了太极这样一个东西。朱子在解释周敦颐的"无极而太极"时指出，太极就是一个极好至善的道理。他说："原

---

① 《答杨时论西铭书》，《二程集》，第 609 页。

'极'之所以得名,盖取枢极之义。"①极就是我们房屋的那个极顶,是极至之义,由此引申出极好至善的道理的意思来。所谓个别事物当中的太极,具体地讲,也就是具体时空关系里那个恰当的点,或者恰当的分寸。所有的事物都体现为具体的时间空间当中的差异,每一处的差异当中都有其极好的至善的分寸。

对理一分殊这一原理的解说,影响最广的莫过于"月映万川"的比喻。② 估计是朱子跟学生怎么说都说不明白,就指着一汪水说:你看这月亮,在所有的水里都能看见同一个月亮,这就是理一分殊。其实这是个极为糟糕的比喻,在朱子的书中也就出现了一次。水中月不是水的本质,水也不是水中月的现象,这跟太极与万物的关系完全不同。关于理一分殊最好的比喻,在《语类》"周子之书"一卷:

> 此理处处皆浑沦,如一粒粟生为苗,苗便生花,花便结实,又成粟,还复本形。一穗有百粒,每粒个个完全;又将这百粒去种,又各成百粒。生生只管不已,初间只是这一粒分去。物物各有理,总只是一个理。③

所谓浑沦,就是完整的意思。如同一粒种子种下长出了苗,苗当然是种子的体现,但不能说苗就是种子。苗开了花,花和苗既有差异又有内在的关联。进而花结果,果中的种子又生苗,无穷无尽。种子生芽、开花、结果、再生芽的各个阶段,都是种子完整的生生之理的具体体现,这是"理一";这一生生之理又必然在不同的阶段表现为差异的形式,这是"分殊"。通过这个比喻,朱子解释了万物与太极之间的关系:一切存有都包含太极,但在不同的情况下太极有不同的体现。

---

① 《朱子语类》,第 2366 页。
② 同上书,第 2409 页。
③ 同上书,第 2374 页。

分析地讲，一方面，太极是极好至善处，每种具体处境当中都有其极好至善处；另一方面，万物继天地生理而生，天地生生之理具体化到每个事物身上，也就构成事物的本性。这两个方面都是理一分殊原则的体现。如果认真思考，我们将会发现这两方面是分不开的。

正如我前面讲到的，所有事物都是"继此生理"而来的，就都有保持自身同一性的倾向：生命体都有自我保存的本能，没有生命的东西也倾向于维持其自身现有状态。具体到人，五脏六腑都各有其结构和功能，在各自维持自身的同时相互协调，才构成了人的生命整体。身体的每个细胞都有其生长收藏的不同阶段，在应该舒发活性时良好运作，在应该代谢的时候自我分解，由此才构成了新陈代谢中良好生存的完整个体。一切存有的自身同一性的维持，是与其所处处境中的极好至善处紧密关联的。比如，人潜入水中，要想自我保存，只能尽力屏住呼吸，鱼则相反。表现不同，却同是一理的体现。

四　心性论

朱子把对心灵的种种复杂理解，统摄到心、性、情的结构当中。概括来说，"性"是理在人身上的体现，是"心"的内在结构。这就意味着，一方面，"性"是人不得不如此的本质倾向和根源可能性；另一方面，这种倾向和可能性又不是直接实现出来的。比如，每个人皆禀天地生生之理而生，但生命力实现的程度、方式却有着很大的不同。个中差别是由"心"的主宰功能决定的。理本体或"性"的实现程度取决于心的主动作用。人的意识整体，是由性的本质结构、心的主宰作用和情的经验内容构成的。情一定是掺杂物质经验的，是作为有限存有的人对其生存境遇的整体把握。

首先看人性问题。在这一问题上，朱子完全承继了程子、张子"天命之性"与"气质之性"的讲法。朱子强调，"气质之性"的发明极有功于圣学。孔子仅仅说"性相近,习相远",理论上是不完备的。①　实际生活中人与人性情的差异很大,且大都是生来如此。这就要引入"气"的概念才能解释。对于"气质之性"不能完全作物质化的理解,其中很大部分是多年沉积在人们身上的习惯的体现。具体人物的复杂的刚柔气质、整体的精神面貌,根本上也是对某种理的习染。从朱子的理一元论出发,"天命之性"被理解为"理的性","气质之性"被表达为"气的性"。由于"理"是遍在的,"天命之性"就体现为人的普遍倾向,也即"仁"的倾向,而"气质之性"则构成了对普遍本性遮蔽的可能。朱子尤其推崇程子"论气不论性,不明;论性不论气,不备"的说法。也就是说,要从"天命之性"和"气质之性"两个方面来把握人性,才能对人性有一个全面的、完备的理解。

与天命之性、气质之性相关联的,还有人物理气同异的问题。朱子最初是讲理同气异,即人与物的理是相同的,差别只在于气禀的不同。但这个讲法的问题在于人性和物性反而没有区别了,有流于"犬之性犹牛之性,牛之性犹人之性"的错误的危险。朱子后来对此做了修正:

> 论万物之一原,则理同而气异;观万物之异体,则气犹相近,而理绝不同。②

即说到万物的统一的根源,则理是相同的,差异在于气禀;讨论万物的差异的时候,则构成万物的材料是相近的,反倒是理根本不同。

对于心、性、情的关系,朱子有两个重要论述:"性体情用"和"心统性情"。

"性"是人的本质倾向,"情"则是性的具体实现。人所有的情感意

---

① 参见《朱子语类》,第 70 页。

② 同上书,第 57 页。

绪,都是某种道理引导下的对生存境遇的整体理解。性体现为情,仁、义、礼、智作为本性,自然而然就发为恻隐、羞恶、辞让、是非之情,这就是朱子讲的"性体情用"。"情"的内容极丰富,既包括四端,又包括七情。四端和七情并不在同一个层面上,是完全可以结合起来的。比如,恻隐有的时候体现为喜爱,有的时候则体现为愤怒。当我们遇见某个令人发指的场面时,恻隐之心完全可以表达为愤怒。相较而言,七情是更为基础的情绪。

在心性关系上,朱子特别重视张载"心统性情"的主张。"心统性情"有两层意思:一层意思是"心包性情"。心有性和情两个方面,所以朱子有的时候说:"性是心之理,情是心之用。"①性和情其实是心的不同方面。另一层意思是"心主性情"。仁自然而然会发为恻隐,但是恻隐之心能否转化为行动,还需要心的主体性作用。在这个意义上,"心统性情"强调的就是心的主宰义。所以朱子说:

> 性对情言,心对性情言。合如此是性,动处是情,主宰是心。②

性和情是相对的,而心是与性情相对的。从性到情是必然的,有性必有情。性是"合如此",即应当如此。情则是动处,即情总是展现为我们对当下的直接理解和把握。作为性的内涵的"理"是"不容已"的"所当然","所当然"发动处就是情。情是现在时的,本身没有节制和反省的能力,也就没有相应的节次和分寸。心是主宰者,恻隐、羞恶、辞让、是非之情的发显和节制都是由心决定的。

对于"心"的理解要结合"意"的概念,朱子讲:

> 凡营为、谋夺、往来,皆意也。③

---

① 《朱子语类》,第96页。
② 同上书,第89页。
③ 同上书,第96页。

凡是经营计较，要主动发挥作用的都是"意"。这就和"心"的主宰作用关联在一起了。性作为人的本质倾向，是理在人身上的体现。但性的实现必须通过心的主动作用。如果"性"是"合当如此"，是天命之当然的具体化，那么为什么我们有可能背离这种天命之当然呢？稍微认真思考一下，我们就会发现，人并没有违背他的所当然。所有人都是按照他自己认知的所当然来判断和选择的。区别在于不同人对"合当如此"的理解不同。"天命之性"一旦落实到气质当中，个体对"合当如此"的理解就难免会有种种偏差。气是习的积累，情是当下的发显，而心和意则不仅是现在时的，在时间性上，心和意一定是指向将来的。心的主宰功能就在于它是在现在的基础上指向将来的，而这种指向总以它所认为的"合当如此"为根据。心的主宰作用，根本上还是通过"知"来实现的。

五　涵养

在涵养问题上，朱子完全继承了程子"涵养须用敬"的思想。当然，朱子对"敬"的解释更为具体。他说：

> 然敬有甚物？只如"畏"字相似。不是块然兀坐，耳无闻，目无见，全不省事之谓。只收敛身心，整齐纯一，不恁地放纵，便是敬。①

"敬"比较接近"畏"。"畏"和"怕"不同。"怕"是有具体对象的，"畏"则是在没有具体对象的情况下，心灵的整齐收敛。宗教禁忌往往出于对末日审判、轮回报应等惩罚的惧怕，而"敬"则只是一种内向的整齐、收敛、不恁地放纵。"敬"与"静"不同。朱子有时强调"敬"是"常惺惺法"。②

---

① 《朱子语类》，第 208 页。
② 同上书，第 1503 页。

这里的"惺惺",就是醒觉的意思。我们日常说"假惺惺",讲的就是本来没知觉却装出有知觉的样子。

涵养问题与朱子对中和问题的思考有关。中和问题源于《中庸》第一章:"喜怒哀乐之未发谓之中,发而皆中节谓之和。中也者,天下之大本也。和也者,天下之达道也。"这里,如何理解未发、已发的关系,是中和问题的关键。关于中和问题,朱子先后有两次觉悟。第一次是丙戌中和之悟。著名的《观书诗》就写于此时。丙戌中和之悟后,朱子强调"凡言心者,皆指已发"①。也就是说,朱子认为心时时处处都是已发,未发只是心之本体。心没有一个无喜怒哀乐的阶段,人始终处在喜怒哀乐的情绪当中,未发只是已发的深层次结构而已。联系"性体情用"的思想,性就是未发,情就是已发。这个时候,朱子与湖湘学派是很接近的。第二次是己丑中和之悟。朱子有一次在讲"凡言心者,皆指已发"的道理时,突然自己起了怀疑。当晚心里不安,就从书架上取来程子的书读,只读了几条便涣然冰释。己丑中和之悟使得朱子体会到心的思虑未萌的阶段。在这个阶段,心没有任何具体的思虑,没有任何具体的心灵内容,这一状态就是《中庸》所说的"喜怒哀乐之未发"。②

己丑中和之悟对于朱子的意义在于确立了静中涵养功夫的地位。他开始认识到思虑未萌、事物未至之时涵养的重要性。朱子原来主张心时时都是已发,因此涵养就要在动处用功,要在求知和做事中磨炼此心。己丑中和之悟后,朱子意识到仅仅事上磨炼是不够的,还是要有一段静中涵养功夫。值得注意的是,在朱子那里,静中涵养只是"随事体认"的补充而已。人不能总在事中磨炼,得有沉静下来的时候。

---

① 《与湖南诸公论中和第一书》,《朱子全书》(第二十三册),第 3130 页。

② 《已发未发说》,《朱子全书》(第二十三册),第 3267 页。

六　致知

朱子把《大学》收入"四书",并对《礼记》中的《大学》古本做了修订:一方面,根据程子的修订对古本的文本顺序做了调整,校正了错简的地方;另一方面,以程子对格物的理解为基础,补写了《格物致知传》。朱子在《大学章句》上用力极深,临终前一天还在修改。他对《大学》的理解,总体上讲,堪称不易之论。朱子《补格物致知传》曰:

> 所谓致知在格物者,言欲致吾之知,在即物而穷其理也。盖人心之灵莫不有知,而天下之物莫不有理,惟于理有未穷,故其知有不尽也。是以《大学》始教,必使学者即凡天下之物,莫不因其已知之理而益穷之,以求至乎其极。至于用力之久,而一旦豁然贯通焉,则众物之表里精粗无不到,而吾心之全体大用无不明矣。此谓物格,此谓知之至也。[1]

与程子一样,朱子也把"格"解释成"至"。这里的"至"有三层含义:第一层是"即物",也就是接触事物,向客观性、具体性开放自己;第二层是"穷理",也就是研究事物的应然之理;第三层是"至极",即把所研究的道理推至极处。即物穷理需要一个长期的积累过程。指望研究一件事物就通晓天下的道理,即使颜回也做不到。天下事理无穷无尽,所以也不可能穷尽天下的事物。只能一点点地积累,也就是程子讲的"今日格一物,明日格一物"。积累久了,才能豁然贯通,从而达到物格知致。一方面,对所有事物的外表、内在、细节、大体都有了清楚的了解,对客观事物的知识、对事物的秩序有了充分的把握;另一方面,也使得人的心灵的固有秩序彰明出来,使心灵的秩序具体化,从而成为人行动的指引。

---

① 《四书章句集注》,第6—7页。

第十四讲

自作主宰:陆九渊的哲学

陆九渊(1139—1193),字子静,因曾在贵溪象山讲学,自称象山居士,故以象山先生之名闻。象山思想成熟极早。十三岁时读《尸子》"四方上下曰宇,往古来今曰宙",顿有所觉,援笔疾书,写下了著名的论断:"宇宙便是吾心,吾心即是宇宙。"①陆九渊年少时听到别人诵读程颐的话,"自觉若伤我者"②,认为程子的思想"与孔子、孟子之言不类"③。当然,我们不能把"宇宙便是吾心,吾心即是宇宙"当成主观唯心主义的论述,陆九渊这句话要强调的是"宇宙内事乃己分内事,己分内事乃宇宙内事"④,也就是说我们对普天下所有的事物都有责任。这与程颢《识仁》篇中"以天地万物为一体"⑤之仁、"仁者,浑然与物同体"⑥一致,也与张载《西铭》的基本思想一致。陆九渊觉悟后,对自己所持道理极其自信。在我看来,陆九渊的思想可以说是极端化、纯粹化、简单化了的孟子。它从整体上把握孟子,拈出了儒家最核心、最关

---

① 陆九渊:《年谱》,《陆九渊集》,北京:中华书局,1980 年,第482—483 页。
② 《象山先生行状》,《陆九渊集》,第388 页。
③ 同上。
④ 同上。
⑤ 《二程集》,第15 页。
⑥ 同上书,第16 页。

键的东西。但事实上,这种极端化、纯粹化、简单化只有在北宋和南宋初期道学发展的基本氛围中才有可能出现。陆九渊三十四岁中进士第。参加省试时,当时的考官吕祖谦读到他的卷子,"击节叹赏",说"此卷超绝有学问者,必是江西陆子静之文"①,直接拔为高第。陆九渊仕宦生涯虽不甚显赫,但所到之处,颇有政绩。

一 本心

"本心"概念是陆九渊思想的核心,也是解开陆九渊思想的一把钥匙。陆九渊的"本心"概念根源于孟子,他特别运用孟子所讲的"良知""良能"来解释"本心"这一概念,并强调这种"良知""良能"是"我固有之,非由外铄我也"②,也就是说这一本心不是从外面陶铸、塑造而成,是我本来就有的。

陆九渊"本心"的概念更多的是一种不可遏制的道德情感,其根源也就是孟子所讲的"四端"。陆九渊特重孟子的"四端"说。当然,关于"四端"《孟子》里有两种讲法:一种是"恻隐""羞恶""辞让""是非"(《孟子·公孙丑上》),另一种是"恻隐""羞恶""恭敬""是非"(《孟子·告子上》)。在讲"恻隐""羞恶""辞让""是非"时,孟子特别强调:"恻隐之心,仁之端也;羞恶之心,义之端也;辞让之心,礼之端也;是非之心,智之端也"。这里的"端"字,有不同的理解。朱子解为外在表现,即"恻隐"是"仁"的外在表现,"仁"是性,"恻隐"是情,性为体,情为用。③ 另一种解释将"端"解为萌芽、端绪、种子。不管是何种解释,在这一语境下恻隐之心还并不等于仁。而在讲"恻隐""羞恶""恭敬"

---

① 《年谱》,《陆九渊集》,第 486—487 页。
② 《与曾宅之》,《陆九渊集》,第 5 页。另见《与赵监》,《陆九渊集》,第 9 页。
③ 《四书章句集注》,第 238 页。

"是非"时,孟子却又讲:"恻隐之心,仁也;羞恶之心,义也;恭敬之心,礼也;是非之心,智也。"陆九渊更多地用后面这种讲法。他直接把恻隐、羞恶、恭敬、是非这样的道德情感等同于仁、义、礼、智,这是他的"本心"概念的关键。

"本心"这一概念可以从两方面理解:一方面,凡言心就必有觉知,"本心"所觉知的内容则是不受私欲遮蔽的应然之理。另一方面,"本心"意味着某种道德情感。"本心"所生发的道德情感是无所计较、自然发显、面向道理而非功利的情感。陆九渊最常举的例子就是孟子讲的:"今人乍见孺子将入于井,皆有怵惕恻隐之心。"这里的"乍"字强调这种道德情感的涌现的非功利性,是自然而然的、没有做作的。我们看到一个小孩子、小动物受到伤害、遇到危险,必然会涌现这样的情感。羞恶之心、恭敬之心、是非之心也是如此。按照陆九渊的理解,这种必然发显的道德情感就被称为"本心"。

当然,在陆九渊那里,"本心"的这些含义是熔铸在一起的。我们可以进一步将"本心"称为"心之本来之体",即人心本来的样子。人心在没有被私欲遮蔽的时候,完整地包含恻隐、羞恶、恭敬、是非之情。而这些道德情感在陆九渊看来都是纯善无恶的。由这些道德情感引发出来的行为也应该是善的。人们之所以会有各种各样的恶,原因在于人欲的遮蔽。

陆九渊是一个极具道德感染力的人,又极善指点,常常几句话就让人豁然省悟。有一次他的弟子詹阜民问"本心"如何理解。当时陆九渊坐在那儿,詹阜民在旁边陪侍。陆九渊突然站起,詹阜民想也不想,跟着就站起来了。于是陆九渊一指,问道:"还用安排否?"[1]这里有什么计较吗?这不就是"本心"的发显吗?詹阜民的行为体现出的正是

---

① 《陆九渊集》,第 470 页。

"四端"里的"恭敬之心"。这一恭敬之心,在你不去计算、不去思考,没有理性的东西参与其中的时候,反而表现得更加突出。这种恭敬之心人人都有,这就是人的"本心"。我们只要把人的本心充分发挥出来,不被物欲遮蔽,也就完成了我们的道德修养。在陆九渊那里,儒家生活方式是否合理已经不再成为问题了。他认为儒家生活方式的合理,是理所当然的,完全不用论证、毋庸置疑的。他的易简之道,是以此前的道学哲学建构为基础的。陆九渊的"本心"概念是直接承继孟子而来的,是对孟子的思想简单化和纯粹化。

二 心即理

在北宋道学的理论建设塑成的基本氛围当中进行思想构造,无论如何离不开"天理"的概念。所以,陆九渊必须面对"本心"与"天理"之间关系的问题。

陆九渊提出"心即理"的说法,与程朱的"性即理"说明显不同。程子说:"性即理也,所谓理性是也。"①性作为人的固有倾向,就是天理在人身上的实现。朱子认为这个说法"颠扑不破"。但"性即理"的思想有一个关键的问题,就是心、性如何统一。性虽是人固有的本质倾向,却必须经由心的主动作用才能充分发挥出来。若讲性即理,那么,心的主动性是从何而来的呢?心与天理又是什么关系呢?陆王心学之所以影响深远,至少有一个原因,就是能将天人一贯的道理落实到人心与天理的关联当中。人心的能动作用是天理的生生不已的直接呈显。

陆九渊强调"理"的客观性。他说:"此理乃宇宙之所固有"②,"此

---

① 《二程集》,第 292 页。

② 《与朱元晦》,《陆九渊集》,第 28 页。

理在宇宙间,固不以人之明不明、行不行而加损"①。理既有客观性,又有必然性和普遍性。因此,这个理的讲法在大的方面与朱子是一致的。那么,"本心"与客观的、普遍的、必然的天理是什么关系呢?陆九渊认为:"心即理也。"②这个"心"是指"本心",即孟子所讲的"心之所同然"。《孟子》有这样一段话:"口之于味也,有同耆焉;耳之于声也,有同听焉;目之于色也,有同美焉。至于心,独无所同然乎?心之所同然者何也?谓理也,义也。圣人先得我心之所同然耳。"(《孟子·告子上》)对于口味我们有共同的喜好,对于声音我们有共同的喜好,难道对于义理我们就没有共同的喜好吗?我们对义理有共同的喜好,每个人都有这样的心,只不过圣人"先得我心之所同然"。

如果本心和天理是分开的,那就带来一个根本的问题:不再是"一本",而是"二本"了。客观、普遍、必然的理是万物的根源,由本心出发的人的行为是万事的基础。人的行为的基础和万物的根源是不应该打作两截的。所以,陆九渊说:

> 心,一心也。理,一理也。至当归一,精义无二。此心此理,实不容有二。③

所有人的心本质上都是同样的心。人、我之心具体内容上虽有不同,但在都有分别、知觉、灵动的作用上,却是一致的。万物的形态虽千差万别,但都是以理为根源和根据的。具体的物在属性上总有殊异,但在维持自身的同时不断变化这一点上,却并无不同。人心能贯通于不同情势的事情当中,给相关的人和物以不同的安顿。这是心的作用的普遍性的体现。人心既能安顿事物,则必定是能够觉知事物之理的。

---

① 《与朱元晦》,《陆九渊集》,第26页。

② 《与李宰》,《陆九渊集》,第149页。

③ 《与曾宅之》,《陆九渊集》,第4—5页。

由此可知,事物之理不在人的心外。既然理是事物的普遍根源和根据,心能普遍地觉知应该如何安顿事物,两者在本质上必定是一致的。陆九渊心与理一的论证,可以说是中国哲学史上最简洁、精美的论证之一。

"心即理"这一命题的困难在于我们似乎只能把人心同然的心看作理,因为每个人具体的私心杂念必然有不合于天理之处。有学者认为这一命题表达为"本心即理"或许更加合适一些。如果从人的本心的角度来理解人的心,那么作为天地的本性的仁义礼智,落实在人的行为上,自然而然地就体现为恻隐、羞恶、恭敬、是非之情,这就是陆九渊所讲的"本心即理"的逻辑。然而,陆九渊在关于"心"的各种论述中,又常常强调知觉、念虑、情感都属于心的内容。这就使得,在陆九渊那里,心的范畴实际上是比本心大得多的。

如果我们说"本心即理",那么,心灵当中种种不合义理的内容从何而来?如果不合义理的内容不是根源于天理的,那岂不等于说有天理之外的心?如果说"心即理",则心是直接实现和呈显出来的,不是一种本质的倾向,那么,岂不是说每个人的心都是理的直接实现?这样一来,人与人的差别从何而来?修身的必要性又何在呢?由于陆九渊的哲学论述中缺少详密的分析,所以,这些问题都隐涵在那里,没有得到充分的展开。这就使得心与理一的杰出论证,未能展开为更具深度和说服力的系统思考。这是非常遗憾的。心学传统太过关注修养方法的问题,以至于错失了思理上深入开展的可能。而在修养的路径上,个体差异其实是巨大的。所以,关于为学和涵养方法的讨论,还是以宽为宜。总是试图以自己的身心证验作为普遍的涵养之方,导致了很多并不必要的争执。这一点在阳明后学的分化当中,可以清楚地看到。

三 收拾身心,自作主宰

在陆九渊思想里面,我最激赏的一个表述就是"收拾身心,自作主宰",这是真正意义上的儒家的精神。

我对孔子、孟子讲的"仁"有这样一个理解,"仁"所有的内涵中最核心的是"自",是一种主体性的高扬。"仁"就是心灵最高的主动状态,是人自我做主的状态。有了这种自主性也就有了心灵最高的自由。所以,儒家强调的是自立、自主,这种自主在我看来才是自由的本质。

这里,我们有必要对"主动性"与"不得已"做一点分析。完全被动地受环境的限制,没有改变环境的愿望和能力,如一块没有生命的石头,是没有主动性的呈显的。从单细胞生命到人这样一个复杂的生命形式,都有在适应环境的同时改变和超越环境的能力。人的独特性在于,人有超越一切环境的可能。比如,一个为了道义的追求决意赴死的人,整个世界都被超越为他的背景。当然,人既然是以个体形态存在的,就必定有从自身躯壳上起念头的种种"不得已",如自保的倾向。当然,这些躯壳上起念头的"不得已",并不是人的本质的"不得已"。因为,这种自我保存指向的是人的有限性。人的心灵的主动性,才是人之所以为人的本质的"不得已",它指向了人的无限性。人的最高的主动性就是诚实地面对这指向无限的本质的"不得已",让它充分实现出来。这是"收拾身心,自作主宰"的思想精髓。这种心灵最高程度的主动性发挥出来,道德情感才能真实地体现到具体行动当中。"本心""四端"的自然发显并不必然带来为善去恶的努力。只有"收拾身心,自作主宰"的自主精神、心灵最高的主动状态,才能让道德情感获得持恒的方向,进而落实为具体的行动。

在这个意义上,如果不从在哲学上论证儒家生活方式是否合理的角度看,仅就道德实践而言,陆九渊的哲学是有他易简直截之处的。这种易简直截也把儒家的精神高度地提纯了。当哲学上论证儒家生活方式的合理性显得不再迫切的时候,道德涵养和实践就日益成为一切问题的核心。在这样的氛围里,陆九渊"收拾身心,自作主宰"的主张是极富影响力和感染力的。

在象山看来,只要能够存得此心,那么"当恻隐时自然恻隐,当羞恶时自然羞恶"①,恻隐、羞恶的恰当发显,是主体性的充分调动和发扬的结果。这种主体性的发扬在孟子的思想中有其突出的体现,是孔子"为仁由己,而由人乎哉"的精神的延续。当然,这种高度主动的心灵,要特别强调义和智的作用:人不能只有情,不能只有泛滥的道德情感;必须得有义和智的主导,才能保持心灵的方向。这样一种具有高度主动性的精神才能让自己沿着心灵的确定方向走下去。

四　格物与静坐

陆九渊的思想是在两宋道学的基本氛围里展开的,对"格物"问题的讨论当然是其题中之意。陆九渊对"格物"也持易简直截的主张。在字义训诂上,陆九渊与程、朱并无不同。他说:

> 格,至也,与穷字、究字同义,皆研磨考索,以求其至耳。②

陆九渊也把"格"解释成"至",表面上看似乎与朱子没什么区别。但他讲"研磨考索"不是关注外在客观事物的知识,而是指向返归内心,也就是要在人情事理当中,具体地去做存天理、去人欲的功夫。所以,他说"格物":

---

① 《陆九渊集》,第456页。

② 《格矫斋说》,《陆九渊集》,第253页。

格物者,格此者也。①

"此"指的是"我",是此心之理。他把"明理"讲为"明此心",所以把"格物"等同为"格此心"。陆九渊特别强调孟子所说的"万物皆备于我"(《孟子·尽心上》),在他看来,既然万理皆备于此心,那么我们只要把此心之理讲明,万物的道理也就自然而然明了了。陆九渊所讲的"本心"是所有人心灵的共同结构,"格物"就是让这样的心灵结构明朗起来。只要把遮蔽心灵的物欲去除掉,此理自然就会发显出来。纯善之理发显出来,就体现为一种善的意志。在这种善的意志的引领下,在这种能够"收拾身心,自作主宰"的具有最高主动性的心灵的引领下,我们自然而然就能做出正确的行为来。这就是陆九渊易简直截的"格物"说。

这样一种指向心灵的向内的功夫,最简单的做法就是"静坐"。陆九渊强调"静坐",静坐省观是他的基本功夫。有一次,陆九渊跟他的弟子讲:"学者能常闭目亦佳。"于是弟子"无事则安坐瞑目,用力操存,夜以继日。如此者半月"。终于一天"忽觉此心已复澄莹中立",于是去见陆九渊。陆九渊远远见他来了,便说:"此理已显也"。弟子惊问:"何以知之?"陆九渊说:"占之眸子而已。"②陆九渊的功夫讲究"易简",他常说自己教人的方法是"减担子"的功夫:

> 且如"弟子入则孝,出则弟"。是分明说与你入便孝,出便弟,何须得《传》《注》。学者疲精神于此,是以担子越重。到某这里,只是与他减担,只此便是格物。③

只要一念分辨清楚,能"先立乎其大",此后的功夫自然水到渠成。这

---

① 《陆九渊集》,第478页。

② 同上书,第471页。

③ 同上书,第441页。

是陆子简易直截之学对朱子之学的一个重要补充。朱子之学没有对"先立乎其大"做突出的强调,其流弊或至于汨没于功利而不自觉,有沦为俗儒的危险。

正因为这种对简易的强调,陆九渊不像朱子那样重视读书,用力于讲明义理。曾有人问陆九渊为何不注经,陆九渊说:"六经注我,我安注六经?"这里所说的"我"应该从"心即理"的角度理解。我心之理,就是六经要讲的理。所以说:

> 学苟知本,《六经》皆我注脚。①

如果所学知其根本,六经实际上都是对我本心之理的揭示和阐发。这样的精神气象,当俗学流行之世,往往有振起颓风之效。

五 义利之辨

陆九渊特重"义利之辨"。对"义利之辨"的强调,与"收拾身心,自作主宰"的精神是相贯通的。有一则陆九渊的弟子傅子渊和陈正己之间的对话,很能彰显象山之学的品格:

> 傅子渊自此归其家,陈正己问之曰:"陆先生教人何先?"对曰:"辨志。"正己复问,曰:"何辨?"对曰:"义利之辨。"②

"辨志"即辨识一个人的志向。陈追问所谓"辨志"到底分辨什么呢?傅回答:义利之辨。"义利之辨"的确是儒家最根本的原则之一,但我们今天对"义利之辨"的强调要防止两种倾向。第一种倾向是完全不讲"义利之辨",只讲一个"利"字。另外一种倾向是把"义""利"之间的

---

① 《陆九渊集》,第 395 页。
② 同上书,第 398 页。

紧张绝对化。把"义"与"利"的冲突绝对化,在道理上是讲不通的。《周易》之《无妄》卦六二讲:"不耕获,不菑畬,则利有攸往",程子、朱子都从中发挥出义利之辨的主题,突显出董仲舒所说的"正其谊不谋其利,明其道不计其功"的原则。儒家是要强调义利之辨的,但不能把义利之辨绝对化。以种地为例,强调义的原则意味着不论收成如何,我们都得努力耕种。但如果确定完全没有收获的可能,还在那儿耕种,那就是智力有问题了。我们赞赏孔子的"知其不可而为之",但要明白,孔子的"知其不可"讲的是他的理想不可能完全实现,但并不是一丁点儿的可能性都没有。

义利之辨的"辨"字非常紧要。在现实生活中,我们考虑任何问题都是各种要素的权衡、综合。在各种权衡、综合当中,对发心动念那一念之微的分辨是至为关键的。做一件事"最根本目的是什么",是君子、小人的分野。陆子"辨志"的讲法非常可贵。人的行为当中,这一念之微是分别善恶的根本:你到底想成为一个好人,还是一个坏人,你到底是出于公还是出于私,你到底是出于利的心还是出于义的心,都只在这一念之微。这是陆九渊最发人深省、震撼人心的地方,这一念之微的分辨是心学得以挺立的根由所在。陆九渊那过分简单化的思想体系之所以成为宋明道学发展过程中一个重要的里程碑,原因就在于此。陆九渊曾说:

> 某观人不在言行上,不在功过上,直截是雕出心肝。[1]

"雕出心肝"处就在义利之辨。不仅看人要如此,看自己也需如此。这样一种庄严深刻的态度,以之律人,或有失之苛酷的危险;但以之来正己,则是确乎无疑的关键所在。

北宋儒学复兴运动的思想路径是纷繁多歧的。在儒学复兴运动的

---

[1] 《陆九渊集》,第466页。

众多学脉当中,道学之所以能脱颖而出,主要不是时代环境的影响——如很多思想史研究试图表明的那样,而是哲学品质的结果。道学传统所达到的哲学高度,其有效的论证和说服力,是其最终成为正统的关键。北宋时期,儒统并起,以北宋五子为核心的道学、司马光的"朔学"、三苏(以苏洵、苏轼、苏辙为核心)的"蜀学"以及王安石的"新学",是其中较为突出的。在相当长的一段时间内,新学和蜀学都更具影响,而关洛之学,尤其是洛学,则受到了压制。然而,到了南宋初年,一直被压制的洛学却凸显出来。其所以如此,最根本的原因在于洛学真正把握住了儒学复兴运动的方向,也因此具备了更高的哲学品质。南宋初年,洛学兴起。二程思想开始成为士大夫精神世界的主流。当时的道学家的思想都跟二程有不同程度的渊源。乾道、淳熙年间,出现了几个重要的思想家,后世称为"乾淳诸老"。其中,朱熹、张栻、吕祖谦最为重要。"乾淳诸老"虽理路不尽相同,但同为洛学后劲这一点却殊无二致。在"乾淳诸老"当中,朱子无疑居于核心地位。虽然是道南学派的后继者,朱子的身世与家世显赫且学统纯正的张栻和出身政治世家、文献世家的吕祖谦还是无法相比的。但从当时的思想交流看,朱子的影响已在张栻和吕祖谦之上。与朱、张、吕等人相比,乾道、淳熙时期的其他思想家的影响和地位就相对较弱,其中就包括江西陆氏和浙东的陈亮。

相对于"乾淳诸老",江西陆氏学无师承,在当时的思想界处于弱势。陆九渊思想的表达容易走向极端,常有不平之气流露,与此不无关联。朱陆之辩最终流为意气之争,也有这方面的原因。当然陆九渊确是豪杰之士。如果他生活在北宋,也许真能发展出一套精致的哲学系统。但南宋时期,道学发展的疆域已开拓完成,新理论诞生的可能性几乎穷尽。朱子对北宋五子的哲学作集大成的综合,是真正把握住了南宋哲学发展的主题和方向的。陆九渊的"本心"概念是在儒家的思想旨趣已经成为士大夫普遍的精神趣味的背景下提出的。通过对佛道二教的批判,北宋道学确立起自己的道统,基本上完成了为儒家生活方式奠定哲学基础的工作。而这些思想的努力在南宋时期开始深入人心,由此才产生出陆九渊这样自信的思想。当为儒家生活方式提供辩护的迫切性和必要性开始被淡忘,程颐"向外寻求"的格物穷理便有了支离的嫌疑。对更易简、更直接的思想和方法的寻求,也就应运而生了。

第十五讲

心外无理：王阳明的哲学

王阳明，名守仁，字伯安，本名王云，生于明宪宗成化八年（1472），去世于明世宗嘉靖七年（1529），谥号文成。祖籍浙江余姚，少年时随父迁居会稽山阴。因为他曾在会稽山阳明洞修习，所以世称阳明先生。王阳明是琅琊王氏后裔，也就是王羲之、王献之一族的遗脉。家世传统有道教背景，道教的神秘主义倾向在王阳明的生平经历中每有表现。《阳明年谱》里记载了他出生时的种种异象。据说，王阳明出生当夜，他的祖母梦里听闻鼓乐之声，有绯衣神人自云中将一婴儿交托给她。梦中惊觉时，阳明就诞生了。因为这孩子是云中送来的，所以初名王云。虽然出生时有种种异象，但阳明到五岁都不会说话。有和尚从他旁边经过时说："好个孩儿，可惜道破！"于是更名为守仁。

阳明的一生充满了神异的色彩。关于王阳明的成学经历，有所谓"五溺"之说：

> 初溺于任侠之习；再溺于骑射之习；三溺于辞章之习；四溺于神仙之习；五溺于佛氏之习。正德丙寅始归正于圣贤之学。[1]

最初阳明倜傥豪爽，有任侠之气。后来喜欢骑马射箭。他十几岁的时

---

① 吴光等编校：《王阳明全集》，上海：上海古籍出版社，1992 年，第 1401 页。

候曾到关外，"逐胡儿骑射，胡人不敢犯"①。成年后又转而沉溺于文学之好。王阳明诗文俱佳，文章极具感染力，其直达人心的力度，可谓孟子以后，一人而已。"四溺于神仙之习"，这恐怕是家世背景的影响。据《年谱》说，他修习道术的时候曾有前知之异。后来醒悟，明白这是玩弄光影、耗费精神。"五溺于佛氏之习"，是指他对禅宗的沉迷。但参研既久，发现依然免不去对亲人的牵挂与生死的执念。由此知道这条道路违背人的本性，终于返归圣学。王阳明精神发展的历程相当曲折，但每一阶段都对他后来的成就产生了深刻的影响。王阳明讲"心外无理"，教人不要去外面的事物上寻求天理，其实他本人是有非常丰富的积累和历练的。他那良知是百死千难中历练得来，非等闲可至。

阳明虽然早慧，但直到二十八岁才举进士第。三十五岁时，因为反对当时把握朝政的宦官刘瑾，受廷杖四十，被贬到贵州龙场驿。在赴贵州龙场驿途中也经历了很多的险难。在龙场驿"居夷处困"，彻悟格物致知之旨，这就是著名的"龙场悟道"。至此，阳明有了自己真正成熟的思想。正德十四年（1519），阳明四十八岁。宁王朱宸濠经过多年准备起兵叛乱，很快占领了九江，兵锋直指南京。这可以说是明中叶的一场大危机。阳明在江西赴任的途中，纠合义军，三战而生擒朱宸濠。平定宁王之乱使得王阳明在当时的影响急剧提升。阳明学后来的影响，与阳明事业上的成功是密不可分的。阳明的地位和影响力对同辈学者构成了巨大的压力。举个例子，阳明晚年倡导良知说，他的朋友黄绾感叹说："简易直截，圣学无疑。"②从此退居弟子之位。我们虽然不能说阳明思想的影响主要来自于他在事功方面的成就，但其影响力的形成与此不无关联。

阳明最后六七年的时光基本是在绍兴度过的。当时他已名满天

---

① 《王阳明全集》，第 1222 页。

② 黄宗羲：《明儒学案·浙中王门学案三》，北京：中华书局，2008 年，第 280 页。

下。四方"裹粮而来"者不计其数,他家附近凡能住人的地方全都住满了,且"更相就席,歌声彻昏旦"①,可以想见当时的盛况。越到晚年,阳明的思想表达就越易简,而越是易简传播得就越广泛,影响就越大。嘉靖六年,思州、田州发生了少数民族的暴动,朝廷起用阳明前去平叛。阳明启行赴思州、田州的前夜,正赶上中秋。与诸生会聚,即兴赋诗,诗曰:

> 处处中秋此月明,不知何处亦群英?
>
> 须怜绝学经千载,莫负男儿过一生!
>
> 影响犹疑朱仲晦,支离羞作郑康成。
>
> 铿然舍瑟春风里,点也虽狂得我情。

王阳明很快就平定了思州、田州的叛乱。在返回的途中,卒于南安。关于阳明临终有两种不同的记载:一种是未留一言,平静离去;一种则是弟子哭问遗言,阳明回答:"此心光明,亦复何言?"②

一 心外无理

阳明的思想比较接近陆九渊,两人都讲心即是理,但问题的起点是不同的。王阳明在思想表达上也更趋极致。阳明讲心外无理,这让他受到了非常大的质疑。当然,从哲学的角度为阳明辩护是完全可能的。在经典解释方面阳明有很多问题,比如他对"格物"的解释基本上可以断定是错的,再比如他对《大学》古本的坚持也没什么道理。这不是阳明擅长的。当然他的思想可以自圆其说。讲陆九渊的时候我们曾说,在陆九渊那个时代,很多儒者已经意识不到有为儒家生活方式的合理性提供论证的必要了,儒家生活方式之合理被认为是理所当然的。阳

---

① 《王阳明全集》,第118页。

② 同上书,第1324页。

明时代的思想处境则更进了一步：朱子式的世界观和朱子式的修养方法已经被当作理所当然的东西了。从王阳明求学的经历可以看到，当时已经很少有人会去质疑朱子，即使个别有自己的创见的哲学家，也整体上被笼罩在朱子学的氛围里。王阳明为学的入手处也是朱子学。十几岁上私塾的时候，阳明突然问塾师："何为第一等事？"老师回答说：当然是读书中状元。阳明当即表示怀疑，他认为做圣贤才是第一等事。受朱子学的影响，阳明认为要想成圣成贤当然得去格物。他与一个钱姓友人，"指庭前竹子，令去格看"，那钱姓的朋友对着竹子格了三天，什么也没格出来反而病倒了，于是阳明来格，格了七天也病倒了。这种格物的方式明显是对朱子的误解，但这次实践让他产生了很强烈的挫败感，因而认为圣贤做不得。从这种为学经历中我们可以看见那个时代的朱子学氛围。朱子学已经被认为是不容置疑的、理所当然的正道。贵州龙场"居夷处困"的经历为王阳明的思想飞跃提供了契机。经历了如此重大的政治挫折，又被贬到龙场驿这样的荒蛮之地，其心灵的震动是可想而知的。阳明就逼问自己：如果是圣人在这种处境，会怎样做呢？暝目苦思累日，忽然彻悟格物致知之旨。龙场顿悟解决了长期困扰王阳明的一个根本问题——"物理吾心，歧而为二"，也就是说，外在的客观之理和我的心始终是分做两截的。

程朱论修身主要讲两个方面："涵养须用敬，进学则在致知。"格物、致知、诚意、正心，是一个递进的阶次，格物是入手处。所以朱子讲：

> 论先后，知为先；论轻重，行为重。①

若论知行的先后，一定是知先行后，不知又怎能行？若论知行的轻重，那一定是行重于知。我们说某个人知孝知悌，当然是因为他已经具体地行孝行悌了，而不能只是道理上明白。所以，朱子强调要先去明道

---

① 《朱子语类》，第148页。

理,明白道理以后再用诚意功夫,把所知的道理付诸实践。朱子强调先知后行,但是知和行之间得有一个转渡者,否则知和行就会脱节。《大学》讲格物、致知、诚意、正心,在朱子那里阶次是非常清楚的。朱子关注的是道德行为的实践过程。在他看来,任何一个完善的行为都要经历"格物、致知、诚意、正心、修身"的过程。具体说来,"格物致知"解决认知的问题。"诚意"则立一实践的主体,使所知的是非能够付诸实践。在付诸实践的时候难免会有偏差,因为心灵状态有可能出现问题,"正心"讲的就是心灵状态的问题。"格物致知"解决的是心灵内容的问题。但即使人的心灵内容都是好的,也不见得就能把事情做对。因为心灵有可能因为"执滞"而产生"过"或"不及",典型的如"迁怒"。由此可见,朱子把从"格物"到"修身"的过程视为一个完整的道德行为发生的过程。在朱子看来,人的道德境界只有在这样具体的道德实践过程中才能逐步地提高,人格才能逐步地完善。在《补格物致知传》中,朱子写道:

> 至于用力之久,而一旦豁然贯通焉,则众物之表里精粗无不到,而吾心之全体大用无不明矣。①

这里,"吾心之全体大用无不明矣"这句话阳明是可以接受的。在格物的过程中,我这颗心的大用和全体因此都明朗起来,凡是被遮蔽的东西全部都展现出来了。被物欲遮蔽的本心,重新朗现出来。就好像一面镜子,按照道理讲镜子是应该能够清楚地照见事物的,但是如果镜子上面有了锈斑就得用东西去擦一擦。把整面镜子都擦亮就是"全体",用这整面的镜子去照见事物就是"大用"。如果只擦亮了一个部分那就不是"全体"了。问题在于"众物之表里精粗无不到"一句,因为里面涉及到了客观知识。在具体的道德实践当中,客观知识是非常重要的,

---

① 《四书章句集注》,第7页。

这一点王阳明也不会否认。王阳明的早期弟子中最杰出的是徐爱。在王阳明最初宣扬他的"知行合一"和"心外无理"的思想时，徐爱颇多质疑。问题的焦点之一就是：在具体的道德实践中，到底需不需要外在的客观知识或道理？比如，你的父亲生病了，你是从自己身上割块肉下来炖汤给他喝呢，还是煎药给他？煎药的时候，你到底应该给他煎什么药？这个药是温性的还是凉性的，这个药是热的还是寒的，这个药有毒无毒，毒性大小如何？如果这些东西都不懂，怎么来治病呢？阳明当然不会荒谬到连这一点都不承认的地步。

　　这里的问题是，仅仅经验知识的获得并不能促进道德人格的养成。阳明要强调的是：所有的道德行为都得发源于一种完善健全的道德人格，那么，在成就这种完善健全的道德人格的过程当中，这些具体知识的追求是否也必要呢？客观的知识与道德人格的完善之间到底有什么关系呢？我们显然不能说，一个人的知识越多，他的道德人格就越完善。所以，关键在于在成就我们的道德人格的过程当中，外在的客观知识到底有什么用？像阳明少年时那样去"格"竹子，即使格出那竹子的道理来又怎样，对道德人格的完善有何增益？如果我们的目标是想培养出完善的道德人格，这种道德人格如果是纯善无恶的，没有任何物欲的遮蔽，在这一过程中对客观知识的寻求就并非必不可少的了。在阳明看来，我们应该把追求完善的道德人格作为自己的目标。此种完善的道德人格一旦建立起来，由此产生的念头和行为就自然而然都是善的。这样一来，《大学》的八条目就成了完善道德人格的步骤，而这也就意味着外在的客观知识反而成了负担。即使不是负担，至少也是不必要的。一个知识并不完备的人，也可以有一颗完整的善良的心；一个道德人格境界很高的人，不见得满腹经纶。在讲陆九渊的时候我曾说过，陆九渊最大的贡献就在于强调"义利之辨"。义和利的分辨非常重要，就这一念之微，分辨明白了，你的人生就有了主导。讲到这里，"物理吾心，歧而为二"问题的由来也就清楚了。与朱子更多地关注具体的道德实践、强调在道德实践中逐步完善人们的道德人格不同，王阳明把道德人格的完善看作唯一重要的事。这样一来，外在的客观知识也就不再是必不可少的了。但这是不是就要抛却外在的物理呢？当然不是。龙场悟道的真正意义在于使王阳明认识到："物理、吾心"本是一体，自己从前将"物理吾心，歧而为二"是不对的，去外在事物那里求这个理也是根本错误的。因此他批评朱子的格物是"外驰"，是"逐物"。在阳明看来，在不断向外寻求的过程中，反而荒废掉了这灵明的主体。越是去追求客观的知识，人的主体性、心灵的最高的主动性就丧失得越多。对物理和吾心的关系的彻悟，在阳明那里就表述为"心即是理"和"心外无理"。如果阳明仅仅讲"心即是理"，那跟陆九渊的思想并没有什么大的不同。

当阳明最初提出"心外无理"这一极端的表达时，各种质疑也就随之而来了。比如《传习录上》有这样一段对话：

> 爱问："至善只求诸心，恐于天下事理有不能尽。"先生曰："心即理也，天下又有心外之事、心外之理乎？"爱曰："如事父之孝、事君之忠、交友之信、治民之仁，其间有许多理在，恐亦不可不察。"先生叹曰："此说之蔽久矣，岂一语所能悟！今姑就所问者言之：且如事父，不成去父上求个孝的理；事君，不成去君上求个忠的理；交友治民，不成去友上、民上求个信与仁的理：都只在此心，心即理也。"①

徐爱的质疑是：在具体的道德实践当中，如事父之孝、事君之忠、交友之信、治民之仁，中间一定有很多细节的、客观的知识和道理，这些道理并不现成地呈现在我们的心里，怎么能不去讲求呢？从"此说之蔽久矣，岂一语所能悟"这句话看，阳明的解答只是一个权宜的说法。此前的

---

① 《王阳明全集》，第 2 页。引文标点有微调。

旧说蒙蔽太久,所以只能"姑就所问者言之"。"且如事父,不成去父上求个孝的理;事君,不成去君上求个忠的理",这话告诉我们孝和忠的道德原则不是来自于对象。在讲张载的"德性之知""闻见之知"时,我曾讲过,道德主体的道德意志才是道德行为的发动者。我们不能说道德意志来自于它的对象。难道父亲值得孝我们才孝,不值得孝我们就不孝了?君当忠则忠,不当忠就背叛他?在这里,"都只在此心,心即理也"强调的是道德行为的根源。在阳明看来,所有的道德行为都得从一个主体的道德意志、道德意识出发,这种道德意志不是来自于道德对象,而是来自于道德主体。从"心"作为道德行为的发动者、道德行为的发端这个角度上讲,我们可以说,所有的"善"都不在"心"之外。这其实强调的是"至善不在心外",善源自心灵的道德意志的发动。这是理解"心外无理"这个论断的一个角度。

阳明的回答,其实一定程度上回避了徐爱的问题。道德行为由此心发动,确实可以说善不在心外。但客观的物理是否在此心之外,仍然是一个没有解决的问题:

> 爱曰:"闻先生如此说,爱已觉有省悟处。但旧说缠于胸中,尚有未脱然者。如事父一事,其间温凊定省之类,有许多节目,不亦须讲求否?"先生曰:"如何不讲求?只是有个头脑,只是就此心去人欲、存天理上讲求。……此心若无人欲,纯是天理,是个诚于孝亲的心,冬时自然思量父母的寒,便自要去求个温的道理;夏时自然思量父母的热,便自要去求个凊的道理。"①

"温凊"就是冷暖,对父母孝得知道他们的冷暖,冷了得知道如何御寒,热了得知道如何消暑。何物能御寒,何物能消暑,这些客观的物理如何从此心中推出呢?在这里,阳明没有否认客观知识在道德实践中的必

---

① 《王阳明全集》,第2—3页。

要性。"如何不讲求？只是有个头脑。""有个头脑"就是要有个入手处。"只是就此心去人欲、存天理上讲求"，要讲求这些，不能在别的地方讲求，而是上来就要有个头脑。讲求客观知识，首先要看你讲求的目的是什么，是出于一个为善的心，还是出于一个好利好货的心，这是有着根本不同的。所以，必须有一个主脑，有一个正确的引领者——完善的道德人格。而要养成这样的完善的道德人格，就必须从"去人欲、存天理"上下功夫。在阳明看来，人的恶来源于物欲对本心的遮蔽，一旦去除了人欲，此心便纯是天理。由此纯然天理之心出发，孝才是真诚的。而源自于诚孝的讲求，也方能真切详密，无丝毫敷衍草率之处。从这里推出，看似客观的事物之理本身也是发源于人的心念，比如医学的发展就出于人的生存欲求。经验科学一定跟物理有关，物的属性虽然有客观的一面，但进入人的精神世界被我们认知，就一定有人心的分别作用，比如颜色、数目、音调。可以说所有的理都不在人心的分别之外，而分析认知的深浅在于人欲求的深浅。在这里，阳明强调的是探求客观物理的主观条件。这是理解"心外无理"的另一个角度。

"理也者，心之条理也"，这是阳明的另一个重要论述。这"心之条理""发之于亲则为孝，发之于君则为忠，发之于朋友则为信"。① 所谓的"条理"，就是心灵的本质倾向，或者心灵的结构。心灵发挥作用的时候，必然沿着这样的方向、这样的路径。在这个意义上，我们认知到的所有的物理也都是心灵内在条理赋予的存在方式。这里有点像康德讲的知性的范畴。比如，大小、轻重、多少，都是人心分别的概念。

当然，上述说法都还是权宜的讲法。这从他对徐爱说的"今姑就所问者言之"可以看出。《传习录下》有两则语录更能体现出阳明对此问题的真正理解：

---

① 《王阳明全集》，第 277 页。

朱本思问:"人有虚灵,方有良知。若草木瓦石之类,亦有良知否?"先生曰:"人的良知,就是草木瓦石的良知。若草木瓦石无人的良知,不可以为草木瓦石矣。岂惟草木瓦石为然,天地无人的良知,亦不可为天地矣。盖天地万物与人原是一体,其发窍之最精处,是人心一点灵明。"①

　　先生曰:"良知是造化的精灵。这些精灵,生天生地,成鬼成帝,皆从此出,真是与物无对。人若复得他完完全全,无少亏欠,自不觉手舞足蹈,不知天地间更有何乐可代。"②

没有我的心,没有我的良知,天地也不成其为天地了。因为,若无我的灵明,谁去仰天之高;若无我的灵明,谁去俯地之深。阳明基本上不讨论宇宙论的问题,不讨论天地万物是怎么创生的,因为这类问题在阳明那里已经不成问题。由此可以看出,两宋道学的哲学建构是何其成功!在两宋道学的基础上,阳明可以一入手就考虑有了人的世界。阳明的整个哲学,边界就到这儿。他思考的是有了人类文明以后的世界,人类文明疆域内的世界。在这样的世界里,物理意味着什么呢? 我们以事物的属性为例。速度、硬度、温度等等,所有这些东西都源于什么? 都源自于对比和分辨。那么,如果没有人的灵明,谁来对比和分辨呢? 在人没有出现之前的世界里,即使有这些属性,也等于没有。有了人类以后,在人类不断追求的过程当中,产生了越来越多的对比和分辨,也产生了人的文明疆域里"理"的丰富性和多样性。而所有这些丰富性和多样性都根源于最初的对比。在这个意义上,文明就是这种对比和分辨的累积。这里,最根本的分别是:人的欲求与欲求的阻碍之间的张力。有了分辨,才有了人对物的属性的理解。如果我们把整个人类文

---

①　《王阳明全集》,第107页。

②　同上书,第104页。

明当作一个大"心"的话,那么,所有的"客观"之理都不在这个大"心"之外。如果我们把阳明的"心"理解为一个民族的历史精神发展的整体,那么,"心外无理"可以说是完全正确的。

二 心外无物

"心外无物"的论断其实是"心外无理"的自然延伸。既然我的良知就是草木瓦石的良知,这个良知是造化的精灵,"生天生地,成鬼成帝",这等于已经讲出了"心外无物"的道理。在这个意义上,"心外无物"不是说心之外没有事物存在,而是说即使有物,也不是我们心目中的物。为了更清楚地讲明问题,阳明对《大学》的"心、意、知、物"做了界定,也就是著名的"四句理":

> 身之主宰便是心;心之所发便是意;意之本体便是知;意之所在便是物。①

在"心、意、知、物"四个概念中,阳明显然是以"意"为核心的。阳明中岁教法强调的不是"致知"而是"诚意",这与他对《大学》古本的坚持以及对知行合一的强调都有密切的关联。"心"是身体的主宰。"心"发念出"意"。在阳明这里,"意"的范畴显然与朱子不同。朱子讲"意",与"心"能知能觉的能力是紧密关联的,主要强调"意"的经营、往来义。阳明将心中所发的种种念虑情感都概括为"意"。这里面稍微有点费解的是"意之本体便是知"。我一般倾向于把它理解为"意本来便能知"。你有意念发显,这意念发显的同时,你对自己的意念就是有所省察的。这意念是好的还是不好的你是有知觉的。同时"意"本身也是一种知。由"意之所在便是物"可知,阳明讲的物不是离开人的

---

① 《传习录上》,《王阳明全集》,第6页。

认知的纯客观的物,而是与意念相关的物,也就是"事"。这样一来,他所讲的"心外无物"指的是在人类的行为之内所牵涉到的"物"。所以,这个"物"当然是跟意识关联在一起的。可见阳明哲学关注的不是客观的宇宙,而是人的生活世界。

"心外无物"这一命题受到了更多的质疑。《传习录下》载:

> 先生游南镇,一友指岩中花树问曰:"天下无心外之物,如此花树,在深山中自开自落,于我心亦何相关?"先生曰:"你未看此花时,此花与汝心同归于寂;你来看此花时,则此花颜色一时明白起来。便知此花不在你的心外。"①

"一时明白"的"一时"强调的是没有时间的过程:我们不用一片一片辨认,整朵花自然而然就在你心中完整地呈现,这说明你心中早有花的概念。由于我们心中本有颜色、气味等分辨能力,进而在文明分辨的积累中,我们把这一分别的整体称为"花",所以如今一眼看去就知道这是一株花树。如果心中没有这些让花树如此显现的条理,那此花是不可能"一时明白起来"的。阳明"心外无物"的命题依然只能在历史性民族的历史意识的积累中才能得到理解。我们在这个文明当中,我们的心灵被这个文明刻上了烙印。在这样一个"大心"中"心外无理"和"心外无物"才是可以理解的。若仅从个体的心灵出发,阳明所讲的这些道理就总会遇到无法回避的困难。

三　格物

既然阳明把所有的关注点都放在完善的道德人格的建立上,阳明的"格物"也就当然是从"减担子"出发的。对客观知识的寻求至少不

---

① 《王阳明全集》,第107—108页。

是首要的。阳明强调《大学》古本的原因何在？因为《大学》古本上来先讲"诚意"。正因为上来先讲"诚意"，阳明才能进一步讲"知行合一"。如果上来先讲"致知"，那是不能直接讲"知行合一"的，因为"知"要转化为"行"，总得有一个转换的枢纽。在朱子、程子那儿，知和行之间是要有一个"诚意"功夫的。所以，《大学》的改本一定要把《诚意章》放到《格物致知章》后面。在阳明看来，《大学》八条目的头脑就是"诚意"。由此出发，阳明在解释"格物"的时候就发明了一个前无古人的解释：

> 格者，正也。正其不正，以归于正也。①

这里的"其"指的是我们心中的意念："正吾心之不正，以归于正。"因为事物本身是没有道德属性的。不仅物本身无所谓善恶，事本身也无所谓善恶。这是我多年都在讲的道理：我们不能说任何一个行为无条件是善的，或是恶的。比如杀人。孟子就曾说过：如果有人问"人可杀乎？"我会说："可"。但是，你不能听了这话就去杀人，然后说孟子让你杀的。你必须问："孰可以杀之？"事物本身是无所谓善恶的，善恶的分别源于道德主体的善恶。某个东西，你可以用来做善事，也可以用来做恶事。某件事，你可以把它变成好事，也可以把它变成坏事。这都取决于你的善良意志，取决于你的道德人格的整体。所以，只要能"正其不正，以归于正"就够了。所以，要"静时念念去人欲、存天理；动时念念去人欲、存天理"②，而这是最难的。阳明曾说："去山中贼易，去心中贼难。"③从经典解释的角度来讲，阳明对"格物"的解读应该是不能成立的，但从思想建构的角度上讲，阳明还是构建起了一套结构自足的哲

---

① 《王阳明全集》，第 25 页。

② 同上书，第 13 页。

③ 同上书，第 168 页。

学。我们应该特别注意的是,北宋道学的思想主题跟阳明那个时代的主题是不同的。到阳明这个时代,为儒家的生活方式奠定基础已经不再是问题的核心了。这从阳明已经开始讲"三教合一",而不再强调"儒佛之辨"就可以看出。在那个时代,佛老思想已经无法撼动儒家的正统地位了。

四 知行合一

"知行合一"是阳明思想成熟期的基本教法,也就是陈来老师在《有无之境》中所说的"中岁教法"①。"知行合一"跟"心外无理""心外无物"等论述构成了阳明哲学成熟期的基本架构。当然"知行合一"的提出也遇到了极大的挑战。我们说过,朱子讲知行问题强调:"论先后,知为先;论轻重,行为重。"阳明提出知行合一来,就必须不断面对现实生活中知行不相应的现象。如果知行是合一的,那为什么处处能见到知而不能行的情况?

阳明讲的"知行合一"有三个方面:

第一,他强调的是"知行本体"的概念,即知与行的本来样态。"知行合一"首先强调一个知行本体。因为他认为知行本来就应该是统一的,只是人欲的隔断才导致知行不再统一。没有人欲的污染,人的知行本身就应该是合一的。

第二,他强调在一个过程中理解知行关系:

> 知是行之始,行是知之成。若会得时,只说一个知已自有行在,只说一个行已自有知在。②

---

① 陈来:《有无之境:王阳明哲学的精神》,北京:三联书店,2009 年,第 367—370 页。
② 《王阳明全集》,第 4 页。

> 知是行的主意,行是知的功夫。①

他把知行看作一个连贯的完整过程。行动总是出自基于已有的知而来的意愿,而知又在行动和实践中得到了进一步展开。知对行有一个引导的作用,而行则是知的具体落实。从知行作为一个整体这个角度讲,我们也可以说知行是合一的。

第三,"知行合一"的另一种表达就是"真知"的概念:真知必能行。阳明说:

> 真知即所以为行,不行不足以谓之知。②

这里的"真知"就是前面说的"知行本体"。这一点其实程子、朱子也讲过。大家都知道老虎伤人,但是被老虎咬过的人和没有被老虎咬过的人的所知完全不同。③ 但我们的知识一般都不是真知。我们的大部分知识都是间接得来的,没有在自己身心上验证过。"真知即所以为行"这个道理,其实并没讲出什么新的东西。

阳明讲知行合一,从道理上讲没什么了不起的地方,但知行合一这个提法本身还是非常重要的。因为他一下子就点出了最关键的东西。我们每个人都了解自己的缺点,但最大的麻烦就是了解了之后改不了。修身之难,就在于知行不能合一。所以有的时候阳明的弟子在质疑知行合一的时候,阳明就讲:你必须知我立言宗旨。④ 其实阳明在讲"心外无理""心外无物"的时候也讲这个话。"立言宗旨"也就是说:我讲

---

① 《王阳明全集》,第4页。

② 《答顾东桥书》,《王阳明全集》,第42页。

③ "真知与常知异。常见一田夫,曾被虎伤,有人说虎伤人,众莫不惊,独田夫色动异于众。若虎能伤人,虽三尺童子莫不知之,然未尝真知。真知须如田夫乃是。故人知不善而犹为不善,是亦未尝真知。若真知,决不为矣。"《二程集》,第16页。

④ 《王阳明全集》,第96页。

这个话是有目的的,你如果根本不明白我立言宗旨,勉强地把它说成一个,或者说成是两个,都没什么意义。阳明讲知行合一,恰恰是针对当时的知行分隔的状况。而对知行合一的强调也与王阳明对《大学》古本的强调有关。我们知道,自二程以来,《大学》古本在文本结构上就受到了的质疑。二程兄弟很早就指出《大学》古本有"错简"。所谓"错简"就是文本顺序不对。《礼记》当中的《大学》古本,第一章后面紧跟着的是《诚意章》,而且第一章结尾处还残留了两句没来由的话——"此谓知本。此谓知之至也。""此谓知本。此谓知之至也"这两句放在这儿,完全不合文脉。《大学》一共十一章,第一章是《经》,二到十一章是《传》,是解释第一章的。这是一个典型的经传体结构。经过程子、朱子整理过的《大学》改本的次序就非常合理:《传》的第一章解释明明德,接下来讲新民,然后再讲止于至善。《传》的第四章讲"听讼吾犹人也……此谓知本",是在解释首章的"物有本末,事有终始"一句。第五章是"此谓知本。此谓知之至也"。朱子认为这两句话是散佚掉的《格物致知章》残留下来的部分。《大学》古本却将《诚意章》放到解释三纲领的各章前面,无论如何是说不通的。所以《大学》古本应该是有错简的。但阳明认为《大学》古本完整无缺,不必修订。为什么他一定要坚持《大学》古本?因为他要想建立一个知行的本体,这个知行的本体只有在诚意的功夫里才有。做到了诚意,知行才可能是合一的。知行之所以不能合一,原因就在于未能做到诚意。《诚意章》讲:"所谓诚其意者,勿自欺也。如恶恶臭,如好好色,此之谓自慊。是故君子必慎其独也。"这里,慎独是诚意的方法。只有通过慎独的长期积累,才能真正做到知行合一。诚意要达到什么程度呢?"如恶恶臭,如好好色",对恶的厌憎就像对臭味的厌憎那么真诚,对美德的欣赏就像对美色的欣赏那么真诚。达到这种程度,真正的知行本体才能确立起来。

对于"知行"关系，阳明也有比较特别的讲法，比如他说：

> 一念发动处，便即是行了。①

有的人觉得我动了一个不好的念头，只要没有付诸行动，就没什么关系。阳明针对这种想法，强调一念不善就已经是行了。后来王夫之批评王阳明"销行归知"②，是彻头彻尾的曲解。阳明要人们从源头上、根本上克服掉自己的私欲，不要以为一念发动之微并无大碍，其实这一念发动就已经是"行"了。客观地讲，一念发动，如果你不加以克制的话，都会种下病根。

当然，这个讲法虽然是一种对道德修养有具体针对的提点，但其中也蕴涵了明代中后期一种道德极端化的危险。实际上从北宋新儒学出现以来，儒家渐趋严苛，通情达理的一面越来越少。在一念之微上考索太深会导致道德修养成为心灵的一个极大的负担。如果是像陆九渊那样讲"义利之辨"，强调我们做任何事情的时候都应该想想我们到底是为了什么，是为"义"，还是为"利"，这样的一念之微是应该去考索的。但如果每一个小念头都要这样去雕琢的话，反而会成心病。王阳明的道德极端主义虽然激动人心，但把道德的标杆立得太高，也会导致这样的后果：既然绝大多数人都达不到这标准，也就意味着绝大多数人都不是君子，既然都不是君子，那么人与人之间也就没了差别。榜样反而失去了真正感染和鼓舞人的力量。所以《礼记》中才讲这样的话：要"以人望人"，而不能"以义责人"。③

---

① "我今说个知行合一，正要人晓得一念发动处，便即是行了。"《王阳明全集》，第96页。

② 王夫之：《尚书引义》，《船山全书》（第二册），长沙：岳麓书社，1988年，第312页。

③ "是故君子以义度人，则难为人。以人望人，则贤者可知已矣。"《礼记正义·表记》，第1476页。

五　致良知

"致良知"说是阳明对中岁教法的一个晚年的总结和提炼。致良知说的提出使阳明的思想更加精粹，更加简易直截。我们知道，《大学》讲"致知"，《孟子》讲"良知"。阳明把《大学》和《孟子》联结，提出了"致良知"说。《孟子》说："人之所不学而能者，其良能也；所不虑而知者，其良知也。"良能、良知这两个"良"字都是本有、固有的意思。阳明把它解释为知是知非的心。良知就是一个好恶之心，"只好恶就尽了是非，只是非就尽了万事万变"①。良知就是一个知是知非的心。阳明讲："尔那一点良知，是尔自家底准则。""它是便知是，非便知非，更瞒他一些不得。"②在一个文明里成长起来的人，不用格外地、特别地教化，他的行为的善恶，他那一念之微的是非，他是知道的。也就是说，知是知非的能力是人们完整地具备的，但这种知是知非的能力还不能变成具体的道德实践，因此还要有一个推扩的过程，而"致良知"就是这样一个扩充的过程。在什么地方扩充呢？还是要在"存天理，去人欲"上做功夫。从这一念之微出发，复得这良知完完全全，然后任此良知妙用，以应对世间万事。正如黄绾所说，"致良知"说确实简易直截，所以能深入人心，焕发起普通人在日常生活中的道德激情。让大多数人在日复一日、蝇营狗苟、缺少明确人生意义的生活当中保持一种高度的主动性，是非常困难的，阳明学在明代中叶发挥的正是这样的作用。阳明学之所以有如此的感染力，根源于这种简易直截的主体性的发扬。这种心灵的高度的主动性，落实在每个人的生活当中，就是用生命的激情去肯定自己日复一日、简单重复、平凡朴素的生命。让每一个人，哪怕

---

① 《王阳明全集》，第 111 页。
② 同上书，第 92 页。

在最细小的努力当中,都贯注自己道德的激情。

阳明晚年将自己的教法概括为四句话:

> 无善无恶是心之体,有善有恶是意之动,知善知恶是良知,为
> 善去恶是格物。①

这就是著名的"四句教"。"四句教"中争议最多的是第一句——"无善
无恶是心之体"。这里的"体"是指本来面目、本来样子、本来状态。
"无善无恶是心之体"的正确解释是:无善无恶是心的本来面目、本来
状态。心的本来面目的"无善无恶",指的是不执着于善恶。王阳明
说:比如天之太虚,底下云聚云散。但不管云聚云散,都不影响天体之
湛然清虚。天体之湛然清虚,比喻无善无恶的心之本体;善恶就好像云
聚云散。不管云聚云散,都不能影响心体之自然、无滞。② 这其实也就
是禅宗所讲的"不思善、不思恶"。在阳明看来,人的心灵就应该像太
虚一样,不管云聚云散,都应该一过即化,纤毫不留,没有一丝滞留在心
里。这个道理和《大学·正心章》有密切关系。《大学·正心章》讲:
"心有所忿懥,则不得其正;有所恐惧,则不得其正。"其实讲的也是心
灵的无滞。心之本体公平、无私、无滞,仿佛镜子。阳明曾经讲过,"迁
怒"不是"怒于彼而迁于此",而是"为怒所迁"。你心中只要滞留了愤
怒,你的心体就为怒所迁了。阳明有一个非常妙的比喻:心灵仿佛眼
睛,眼睛里容不得任何东西。你往眼睛里撒几粒沙子,眼睛当然睁不
开。这不是因为沙子不好。你往里撒点儿好东西,比如黄金玉石的碎
屑,眼睛同样是睁不开的。什么样的善是最高的善?比如,一个小孩从

---

① 《王阳明全集》,第 117 页。

② "良知之虚,便是天之太虚;良知之无,便是太虚之无形。日月风雷山川民物,凡
有貌象形色,皆在太虚无形中发用流行,未尝作得天的障碍。圣人只是顺其良知之发用,
天地万物,俱在我良知的发用流行中,何尝又有一物超于良知之外,能作得障碍?"同上
书,第 106 页。

你旁边经过,险些摔倒,你顺手扶了他一把,然后就过去了。这事你做完了当时就忘掉了,这样的善才叫至善。特别小的好事,我们做过就忘了;但稍微做了好一点的事情,心中就念念不忘,不断地想起来就美,想起来就激动。其实不管多大的功业,都应该像"太虚中一点浮云过目"①,得有这样的心态才行。当然一味地讲无滞,也是要不得的。父母去世了,心里持久的哀痛算不算一种"滞"? 如果这也要无滞的话,那三年之丧岂不成了伪善? 如果你解释说,悲痛虽凝滞在心里,但心体仍旧是和乐的。这就不仅是伪善的问题,恐怕可以归类为某种精神疾病了。好在阳明不是只讲"无善无恶是心之体",他还讲"有善有恶是意之动"。你的心不可能总处在无善无恶的本然状态,心必然发为意。一旦发为意,那就有善有恶了。"知善知恶是良知",人一念发动就知道它是善的还是恶的,知道了善恶就实实在在地去为善去恶就是了。所以阳明说:我这个教法颠扑不破,所有人用这四句,都能有受用。上根人"一悟本体即悟工夫",彻上彻下;下根人按照这方法去做,也能循序渐进,下学上达,笃实地成长上去。

但正是这个在阳明看来彻上彻下的教法,使王门弟子产生了分歧。阳明起行去征讨思、田之乱前的那个中秋夜,宴请他的学生。宴会结束以后,王龙溪和钱绪山两位王门高弟展开了辩论。王龙溪认为,既然心体无善无恶,那么后面三句都应该讲无。而钱绪山则认为"无善无恶是心之体"一句有问题。两人相持不下,便去请阳明。此时阳明已经安歇,一听之下,非常兴奋,于是在天泉桥上重开宴席,令两人各举所得。这就是著名的"天泉证道"。在听完两人议论后,阳明说:

> 二君之见正好相取,不可相病。汝中须用德洪功夫,德洪须透

---

① "虽尧、舜之事,亦只是如太虚中一点浮云过目。"《二程集》,第61页。

汝中本体。二君相取为益,吾学更无遗念矣。①

钱德洪你须透达王龙溪所理解的本体,而王龙溪你要体会钱德洪所说的功夫,你们俩的学说应该相资为用。王龙溪的"四无",阳明从根本上是认同的,但他知道这只是对根器最好的人才能用的教法;而钱德洪的"四有"说,虽然有益于下学,但确实未达向上一机。

"天泉证道"后,王畿和钱德洪都没有完全想通,于是在阳明起行后,二人又追送至严滩,进一步请益。这就是我们后来说的"严滩答问"。对于二人的疑问,阳明答曰:

> 有心俱是实,无心俱是幻;无心俱是实,有心俱是幻。

钱德洪全然不解。王龙溪则解说道:

> 有心俱是实,无心俱是幻,是本体上说工夫。无心俱是实,有心俱是幻,是工夫上说本体。②

这话看起来玄妙,其实说的无非是:功夫要实,心体要虚。心体要虚说的就是"无善无恶是心之体",无善无恶不是说彻底没有善恶之别,而是不执著于善恶,这是心的本来面目。一旦实了就有了执着,即使是善也成了"伪善";但功夫不能虚,即"为善去恶"的格物功夫要落实,否则就彻底流入虚无一边了。所以,"有心俱是实,无心俱是幻",是从本体上说功夫,本体是无,功夫却不能不实;"无心俱是实,有心俱是幻",是从功夫上说本体,功夫虽要笃实,但不能扰动本体之虚。阳明真正要强调的,就是本体与功夫的合一。

---

① 《王阳明全集》,第1306页。
② 同上书,第124页。